国家社会科学基金项目（06BJY001）

王广起 著

公用事业的市场运营与政府规制

On Market Operation and Regulation of Public Utility

中国社会科学出版社

图书在版编目（CIP）数据

公用事业的市场运营与政府规制/王广起著．—北京：中国社会科学出版社，2008.7

ISBN 978-7-5004-6939-1

Ⅰ．公…　Ⅱ．王…　Ⅲ．公用事业—体制改革—研究—中国　Ⅳ．F299.241

中国版本图书馆 CIP 数据核字（2008）第 068063 号

责任编辑　周晓慧
责任校对　李　莉
封面设计　王　华
技术编辑　李　建

出版发行　中国社会科学出版社
社　址　北京鼓楼西大街甲 158 号　　邮　编　100720
电　话　010—84029450（邮购）
网　址　http://www.csspw.cn
经　销　新华书店
印　刷　北京新魏印刷厂　　装　订　丰华装订厂
版　次　2008 年 7 月第 1 版　　印　次　2008 年 7 月第 1 次印刷
开　本　880×1230　1/32
印　张　8.875　　插　页　2
字　数　212 千字
定　价　22.00 元

序　言

潍坊学院王广起博士在2006年6月成功申请了《公用事业的市场运营与政府规制研究》（06BJY001）这一国家社科基金项目，这是潍坊学院以及潍坊市历史上第一项国家社科基金项目，历经一年的努力，现已顺利结题，作者在此基础上，进一步整理成书，由中国社会科学出版社出版发行。我称赞之至，欣然应邀作序。

公用事业是经济性基础设施的一部分，公用事业以其特殊的市场结构、竞争行为、市场绩效而备受国内外研究学者所关注，国内外对其研究的重点和脉络大体是一致的，主要是以提高经济效率为中心，围绕公用事业的自然垄断性问题、政府规制问题、结构行为问题、运营机制问题、治理结构问题、投融资体制问题等层层展开。但是，西方发达国家公用事业的理论和实践具有其特殊的社会基础，我国公用事业与西方市场经济国家存在极大的差异。在我国经济处于特殊的双重经济转型期，研究公用事业的运营与规制问题，在理论和实践上都具有重要意义。

我浏览了全部书稿，认为该书有如下特点和创新：

1. 视角新颖，方法规范

本书以产业组织理论为指导，以限制垄断、提高效率、增加社会福利为主线，以从国外到国内、简单到复杂、特殊到一般、理论到实践为内在逻辑，以国内外公用事业改革成功的经验为基础，以潍坊市自来水价格改革为实例，通过翔实的材料，归纳总结了公用事业改革的一般规律，探讨了公用事业运营机制转换与政府规制改革的管理对策，视角和切入点比较合理。

本书综合运用实证分析法、规范分析法、对比分析法、系统研究法等研究方法，沿“资料采集→实证分析→对比分析→集体讨论→理论归纳”的技术路线深入展开，研究方法比较规范。

2. 结构清晰，富有新意

本书按照从总体到具体、从抽象到一般、从国外到国内、从理论到实践的总体思路安排了整体框架。第一部分概述了全文；第二部分指出了公用事业产业自然垄断效率的冲突及其解决方式；第三部分论述了有效竞争市场的构建问题，分析了有效竞争理论及其效率，提出了有效市场假说；第四部分回顾了美、英、日对公用事业运营与规制的改革历程，研究了美、英、日改革的共性；第五部分总结、分析了我国公用事业的市场化改革与投融资体制构建问题；第六部分重点分析了我国公用事业运营政府规制的理论基础、实质内涵、目标原则、面临的主要问题以及路径选择问题；第七部分论述了价格规制及潍坊市水价形成机制问题。总体看来，结构比较严谨。

此外，该书有如下创新点：（1）在分析了有效竞争理论中存在的公共产品属性与供给的冲突之后，提出了有效市场假说，认为从市场的角度，而不是单从竞争的角度思考自然垄断产业效率，在自然垄断产业的各个环节、各个要素之间建立协调、平衡、有效的市场体系，是进一步提高自然垄断产业效率的必然要求。（2）在分析了目前公用事业存在的问题之后，指出问题本身并不能说明公用事业必然是一个亏损的行业，经营者可以通过收费或成本补偿机制获得一定的预期收益。在具体分析 BOT 投融资方式时，首次提出了BOT模式的四阶段论、三主体论，描绘了不同主体在不同阶段的风险、风险曲线及其防范措施。(3)在分析公用事业运营的政府规制方面，认为政府规制的实质：一是政府主体的一种行政行为；二是一种制度安排或结构；三是一种利益分配、调整和平衡。认为政府规制的路径选择应是产权改造、合理选择经营模式、科学设置规制机构、科学运用规制手段、制定完备的应急预案、建立政府规制效益的评价体系。

理论归纳总是落后于实践进程，随着公用事业改革的不断深入，新矛盾、新问题层出不穷，与实践的要求相比，本书还有诸多缺陷和不足，尚有许多有待深入研究的问题，如在公用事业市场运营的改革方面，改制后的公用企业，并没有从根本上改变垄断市场结构，只是以新的面貌继续占据垄断市场地位；在政府规制方面，公用产品定价问题一直被“成本黑洞”和徒有虚名的价格听证会所困扰，政企同盟依然难以打破；在投融资方面，依然带有短期行为的深深烙印……凡此种种，仍然需要长期的研究，相信并希望该书的出版会深入推动这方面的研究。

潍坊学院院长

2008.3.17

目　录

前　言

公用事业（Public Utility or Utility）是经济性基础设施的一部分，公用事业以其特殊的不完全市场结构、花样繁多的竞争行为以及难以令人满意的市场绩效而备受国内外研究学者的关注。国外对公用事业的研究大都是在自然垄断（Natural Monopoly）理论的研究框架内进行的，西方发达国家公用事业的理论和实践具有其特殊的社会基础，我国公用事业与西方市场经济国家存在极大的背景差异。在我国经济处于特殊的双重经济转型期，研究公用事业的运营与规制问题，在理论和实践上都具有重要意义。

在完成山东省社科规划办立项项目的基础上，再将公用事业问题作为一个国家社科基金项目进行更为深入的研究，是我梦寐以求的事情。2006 年夏，在我院党委、行政以及系部各级领导的直接鼓励、支持、关怀下，我终于如愿以偿，在此谨表示由衷的感谢。我的博士生导师，山东农业大学经济管理学院胡继连院长，从课题的选题、设计、申报、构思、调研、成文、修改等都给予了悉心的全程指导，在此谨表示衷心的感谢。

课题组的每一位成员，都是经过深思熟虑后精心挑选的，他们大都既具有深厚的理论基础，又具有丰富的实践经验。课题研究展开后，他们都迅速、积极地投入到各自的分工工作中，在完成教学任务的同时，按时高质量地完成了计划分工的任务，保证了整个课题任务的总体进展，在此谨表示深深的感谢。

在前期调研阶段，得到了潍坊市政府办公室及有关行政局的各位领导、朋友的大力支持，他们不仅帮助联系协调有关单位，以提供调研方便，而且还主动提供了大量的有关原始材料。涉及的朋友甚多，恕不一一列举，在此谨表示真诚的感谢。

正是在各级领导、导师的关心、爱护、支持下，在各位同事、同学、朋友的热心帮助下，笔者才得以按时完成这一课题。感谢之情难以言表，惟希望取得更好的业绩以谢大家。

王广起

2007 年 11 月

1 导言

1.1 选题与目的

公用事业（Public Utility or Utility）是经济性基础设施的一部分，是由地方政府或其委托的政府部门直接管辖的、为辖区内公众或不特定的多数人提供特定公共产品或公共服务的行业。具体包括供水、供热、燃气、城市公交、污水收集和处理、垃圾处理、园林绿化、环境卫生、道路与桥梁。公用事业具有如下诸多特点：不可替代性；消费上的兼容性；地域性；公用和公益性；生产经营上的规模性；价格机制不灵活；政府和社会干预；自然垄断性。

公用事业以其特殊的不完全市场结构、花样繁多的不正当竞争行为，以及难以令人满意的绩效而备受国内外研究学者的关注。国外对公用事业的研究是在自然垄断（Natural Monopoly）理论的研究框架内进行的，而国内对公用事业的理论研究，自20世纪末开始陆续出现，但一般局限于对国外理论的挖掘、消化、吸收上。各国公用事业发展的进程不同，对公用事业的研究阶段、重点也不尽相同，但研究的大致脉络和重点是相似的，主要围绕公用事业的自然垄断性问题、政府规制问题、结构行为问题、运营机制问题、治理结构问题、投融资体制问题等层层展开。

西方发达国家公用事业的理论和实践具有其特殊的社会基础，一是经过几百年的市场经济的发展，其市场发育比较成熟，各种生产要素都以市场为基础配置手段，价格、竞争和供求等市场机制能发挥其基础性的调节作用；二是政府可主要通过价格水平、价格结构等规制手段来实现规制目标；三是其政府规制主体比较独立，在规制动议、规划、研究、评估、决定、执行与监督阶段已经形成了比较有效的上下互动机制；四是其相关的反垄断及规制的法律法规体系比较健全。

相比之下，由于我国的经济发展水平、体制和文化传统等基本国情不同，特别是我国经济正处于特殊的双重经济转型期，即由二元经济转向一元经济、由计划经济转向市场经济，我国公用事业与西方市场经济国家存在极大的差异。具体地说，一是市场发育不完善，市场机制尚未完全发挥基础性的作用。二是行政垄断与自然垄断并存，政企尚未完全分离，市场主体的培育仍未完成，历史上进入壁垒的限制，使新的企业主体还没有做强做大，供给能力和供给规模偏低偏小。三是供求市场低水平运转。一方面，公用事业大都负债经营、效率低下、产品供不应求；另一方面，城市居民的收入水平虽有所提高，但也很难承受高价消费，结果是价格倒挂，用户仍以具有惯性的较低价格享受着低水平的劣质服务。四是在有限的地方政府财政预算约束下，在政府多重目标的价值趋向下，企业仍承担着一些本该由政府承担的社会性义务。五是规制机构的体系不科学。机构尚未独立和健全，职能尚未完成转换，制度残缺，方式方法仍是原行政体制的历史沿革，规制水平和规制能力相对低下。六是相应的法律法规仍不够健全。

从实际运行与管理情况来看，我国城市公用事业长期采用区域性垂直一体化管理，地方公用事业管理部门所属公用企业，垄断本地区公用事业产品或服务的生产、输送、销售等所有环节。近年来各地出现了越来越多的公用企业凭借垄断优势，限制竞争、损害消费者利益的问题。调查显示，近几年公用企业利用独占地位侵权成为消费者申诉举报的热点问题之一。这些问题集中表现为设置障碍，控制终端产品；利用审查申报之际控制设计施工；捆绑交易，滥收费用；恶性膨胀成本，任意抬高价格等。究其原因，主要在于现行我国公用事业的管理体制不尽合理，自新中国成立以来，与长期以来的低工资政策相适应，我国一直将公用事业视为公益性事业，采取的是低价格、高补贴的机制，价格基本上不受供求关系和成本变动的影响。20 世纪 90 年代以来我国对公用事业进行了一系列改革，如减少或取消财政补贴、实行以成本为基础的定价制度等。但是，从总体上看，城市公用事业二十多年来改革幅度较小。全国各城市几乎都设有市政管理局或类似的政府机构，对公用企业进行集中统一管理。政府既是政策制定者和监督者，又是具体业务的实际经营者，表现出典型的行政性垄断。其运营的结果必然是：第一，亏损经营，财政补贴沉重。第二，企业缺乏自主权和积极性。第三，生产效率低，服务质量差。第四，投资主体单一，缺乏稳定、规范的建设资金来源渠道。

实际情况表明，对公用事业的改革已势在必行。自 2001 年开始，国家及政府有关部门颁布实施了一系列法规来支持公用事业的改革。如 2001 年 12 月 11 日，原国家计委发出了《关于印发促进和引导民间投资的若干意见的通知》，指出要“逐步放宽投资领域”，“除国家有特殊规定的以外，凡是鼓励和允许外商投资进入的领域，均鼓励和允许民间投资进入；鼓励和引导民间投资以独资、合作、联营、参股、特许经营等方式，参与经营性的基础设施和公益事业项目建设。”2002 年 1 月，原国家计委发出《“十五”期间加快发展服务业若干政策措施的意见》，指出要积极鼓励非国有经济在更广泛的领域参与服务业发展，放宽外贸、教育、文化、公用事业、旅游、电信、金融、保险、中介服务等行业的市场准入。原国家计委2002年3月4日公布的新的《外商投资产业指导》中，原禁止外商投资的电信和燃气、热力、供排水等城市管网首次被列为对外开放领域，国家在城市公用事业及基础设施行业扩大开放的政策正逐步到位。建设部2002年12月27日出台的《关于加快市政公用行业市场化进程的意见》要求，以体制创新和机制创新为动力，以确保社会公众利益，促进市政公用行业发展为目的，加快推进市政公用行业市场化进程，引入竞争机制，建立政府特许经营制度，尽快形成与社会主义市场经济体制相适应的市政公用行业市场体系，推动全面建设小康社会。鼓励社会资金、外国资本采取独资、合资、合作等多种形式，参与市政公用设施的建设，形成多元化的投资结构。市政公用行业主管部门要进一步转变管理方式，从直接管理转变为宏观管理，从管行业转变为管市场，从对企业负责转变为对公众负责、对社会负责。另外，允许企业跨地区、跨行业参与市政公用企业经营。2005年2月19日《国务院关于鼓励支持和引导个体私营等非公有制经济发展的若干意见》的颁布和实施，彻底消除了非公有经济进入公用事业的政策性壁垒，进一步拓展了非公有经济的发展空间。

但是，面对新一轮改革的浪潮，国内对公用事业的理论研究却相对滞后，如何在积极借鉴西方发达国家现有理论的基础上，构建适合我国国情的、全面而系统的理论分析框架，从而为我国改革实践提供理论支持，是一重要的研究课题。

实践经验为理论提供了研究对象，理论的进展为实践指明了发展方向。本书试图以我国公用事业的运行与管理为研究对象，在分析借鉴西方发达国家现有理论的基础上，进一步探讨公用事业的运行与规制问题，其目的一是通过对公用事业问题的系统研究，形成完整的理论分析框架；二是探讨建立与完善公用事业科学运行机制的有效途径；三是探讨建立与完善政府规制制度；四是探讨完善公用特许经营机制；五是探讨建立与完善科学合理的价格形成机制；六是探讨建立与完善公用事业投融资制度；七是以潍坊市自来水的改革实践为实例，分析其价格形成机制。

本书在理论和实践上都具有重要意义。从理论层面上看，本书通过对公用事业问题的系统研究，形成完整的理论分析框架；探讨建立与完善公用事业科学运行机制的有效途径；构建出完善的政府规制制度；有重点地研究了公用事业特许经营机制、公用事业投融资制度、科学合理的价格形成机制。它从独特的视角，运用产业组织学的相关理论，系统研究公用事业的运营管理问题，将有关理论应用于实践，又从实践中总结提炼出新的理论观点，再将新的观点应用于具体实践。从实践层面上看，我国城市公用事业市场化改革已全面展开，但由于我国地域广阔，经济发展水平参差不齐，改革进程也快慢不一。发达地区公用事业政府规制日臻完善，急需进行理论总结；欠发达地区才刚刚起步，急需有关的理论指导。本书在进行充分理论探讨与实践总结的基础上，在明确市场化改革为总体趋向的前提下，具体回答了建立和完善什么样的运行机制、如何防止私人垄断替代政府垄断、如何既要保证企业合法权益又要保护公众利益、如何既要减轻财政负担又要完善政府监管等问题，探讨了城市公用事业运营机制转换与政府规制制度改革的管理对策。无疑，本书对当前公用事业的市场化改革具有重要的借鉴和指导意义。

1.2 国内外研究现状综述

国内外对公用事业的研究，涉及面比较广泛，涉及的学科门类也比较多，难以进行全面系统的综合论述，只好分门别类地从几个相关方面给予简要总结回顾，其目的一是要介绍国内外有关的前沿理论研究成果，二是要总结其给予我们的启示并探讨其存在的不足，以寻找合适的研究切入点。

1. 关于公用事业的自然垄断性问题

公用事业具有自然垄断（Natural Monopoly）的特性，国外对公用事业的研究大都在自然垄断理论的框架内进行。自然垄断理论主要回答垄断得以存在的经济学基础、垄断对社会福利的损害、如何进行帕累托效率改进等问题。自然垄断理论从产生到发展变化的过程可分为两个阶段：一是停留在单产品生产领域的认识水平之上，以规模经济为标志，整个自然垄断理论建立在规模经济的基础之上；二是超越了单产品生产领域，进入了对多产品生产领域的更一般性的认识，其标志是成本次可加性（或劣加性）和范围经济概念的提出。

具有现代意义的自然垄断讨论可以追溯到1848年，约翰·穆勒（John S. Mill）在谈到自然垄断问题时，观察到英国伦敦的某些公共设施不应该进行竞争性经营，指出如果由一家企业经营特定的公共设施，按照当时的利润率定价就可以大大降低收费价格。亚当·斯密（Adam Smith，1887）在《政府与产业行为的关系》一文中讨论了自然垄断问题，把自然垄断定义为产业的规模经济技术状况，主张对具有规模效益递增的产业实行政府规制，成为第一个建议对自然垄断产业实行政府直接规制的学者。托马斯·法勒（Thomas Farrer，1902）把那些从来没有发生过竞争，或者发生竞争而最终失败的产业归为自然垄断产业，并认为五个经济特征是真正的自然垄断存在的必要条件：（1）产业必须提供生活必需的产品或服务；（2）产业必须具有良好的生产环境和地理条件；（3）产业的产品必须是无法存储的；（4）产业的生产必须以规模经济为特征；（5）产业的顾客要求获得稳定的、可靠的供应，通常只能由一个企业才能提供这种供应。查德·T. 伊利（Richard T. Ely，1937）则把自然垄断划分为三类：依靠独一无二的供应资源而形成的自然垄断；以秘密或特权而形成的自然垄断；由于业务上的特性而形成的自然垄断。他认为最重要的自然垄断是诸如铁路和公共设施的第三种自然垄断。①

关于自然垄断的传统观点，以后来的肯尼思·W. 克拉克森（Kenneth W. Clarkson）、罗杰尔·L. 米勒（Roger Leroy Miller，1982）等经济学家所下的定义最具有代表性，他们主要是从规模经济的角度来说明自然垄断的经济特征的。② 认为自然垄断的经济特征是生产函数一般呈规模报酬递增状态，一个企业大规模生产，比若干家较小规模的企业同时生产能更有效地利用资源，此时众多企业被一家垄断企业所替代的边际成本曲线将全部落在原来的产业供给曲线之下。垄断者若以边际收益等于边际成本的原则确定产量，并制定相应的价格，就能以较低的价格提供更多的产品，从而增进社会福利。在图 1.1 中，D 是市场需求曲线，竞争条件下的市场供给曲线是若干家企业的 $\sum MC$，它是这些企业在其平均可变成本曲线最低点上的边际成本曲线的水平加总曲

① 参见王俊豪《政府管制经济学导论》，商务印书馆 2001 年版，第 67—86 页。

② Kenneth W. Clarkson, Roger Leroy Miller, 1982, Industrial Organization: Theory, Evidence, and Public Policy McGraw-Hill Book Company, p. 119.

线，P_C、Q_C 是竞争条件下的均衡价格和均衡产量。垄断者以边际收益（MR）等于边际成本（MC）的原则确定产量 Q_M，并制定相应的价格 P_M，从而可以较低的价格提供更多的产品。

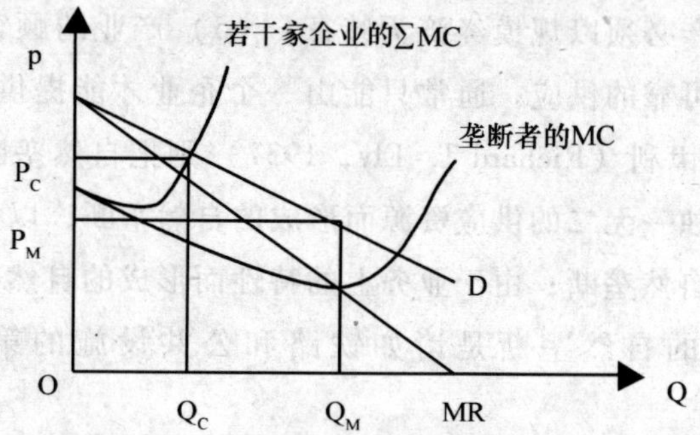

图 1.1 规模经济导致的自然垄断

自然垄断的现代观点始于对范围经济和成本劣加性（Subadditivity）的研究。1981 年鲍莫尔（W. J. Baumol）、帕恩查（J. C. Panzar）和韦利格（R. D. Willig）发表了《范围经济》一文，在成本劣加性基础上首次提出了范围经济的概念。1982 年在他们共同出版的《可竞争市场和产业结构理论》一书中，用范围经济和成本劣加性系统论证了自然垄断。他们认为，成本劣加性是定义自然垄断的关键特征。一个单一产品企业的生产具有规模经济效应时，必然具有成本劣加性特征。当这个企业的产量超出其规模经济点，即出现规模不经济时，只要其成本比两个或多个企业来提供这些产量时的成本低，即具有成本劣加性，就仍具有自然垄断特征。现实中，单一产品生产者十分少见，多产品组合的厂商更符合实际。在多产品组合中，产品间的相互依赖性体现为范围经济。范围经济是指单一企业生产不同产品的组合较之几个特定企业分别生产这些产品的成本更为低廉，即组合生产比单一生产节约资源。范围经济也具有成本劣加性特征的。

建立在成本劣加性基础上的自然垄断新定义扩大了自然垄断的边界。如图 1.2 所示，产量 Q_1 点是边际成本曲线 MC_1 和平均成本曲线 AC_1 的交点（也是平均成本 AC_1 的最低点）所对应的产量。传统定义的自然垄断只包括 Q_1 点左边的平均成本持续下降的情况，而新定义则包括了 Q_1 点左边和 Q_1 点右边至 Q_2 点的平均成本上升的情况。

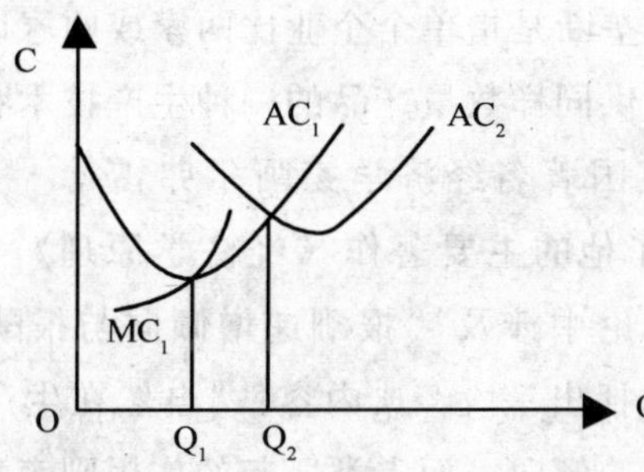

图 1.2 成本劣加性导致的自然垄断

针对需求的不同水平，伯格（Berg）和奇尔赫特（Tschirhart）（1988）进一步区分了自然垄断的不同情况。通常把市场需求低于边际成本曲线与平均成本曲线交点的自然垄断（位于 Q_1 点左边）称为“强自然垄断”，把市场需求大于或等于边际成本与平均成本交点的自然垄断（位于 Q_1 点右边）称为“弱自然垄断”。强自然垄断对应的是较小的需求和市场，相对于市场容量的有限性，才出现所谓的高沉淀成本以及与之有关的高进入壁垒和退出成本。弱自然垄断则对应于扩大了的需求和市场，产业不再处于规模经济的范围内，企业的垄断地位可能会受到潜在进入企业的挑战，能否长期维持垄断地位是个问题，这就引出了自然垄断行业的“可维持力”（Sustainability）问题。当需求和市场突破自然垄断的成本劣加性条件，使得原有的自然垄断属性消失时，竞争成为合理的组织形式。

目前，西方经济学对自然垄断的定义基本上都是建立在规模经济和范围经济基础上的。如丹尼尔·F. 史普博认为，自然垄断通常是指这样一种生产技术特征：面对一定规模的市场需求，与两家或更多的企业相比，某单个企业能够以更低的成本供应市场。自然垄断起因于规模经济或多样产品生产经济①。从一般意义上理解，自然垄断是指单个企业比两家或两家以上的企业更有效率地向市场提供同样数量产品的一种生产技术状态。

1890 年，英国著名经济学家阿尔弗雷德·马歇尔（Alfred Marshall）发表了他的主要著作《经济学原理》。他在该书第四篇第十三章的结论中涉及“报酬递增倾向与报酬递减倾向的关系”时，从中概括出一段经典内容：“自然在生产上所起的作用表现出报酬递减的倾向，而人类所起的作用则表现出报酬递增的倾向。”这表明他对规模经济的深刻理解，具体表现在他对大企业优势的认识上。但是，垄断也存在着一定的弊端。首先，垄断扼杀了自由竞争的原则，使经济活动丧失活力。其次，垄断会减少产量，提高价格，损害消费者的利益，使社会资源不能得到有效配置。可见，垄断虽能获得规模经济，但同时也扼杀了自由竞争，失去了竞争所能带来的效率。是要垄断带来的规模经济，还是要竞争带来的效率？这便产生了难以取舍的“二难选择”——马歇尔冲突（Marshall's Dilemma，也译为马歇尔悖论或

① 丹尼尔·F. 史普博：《管制与市场》，上海三联书店、上海人民出版社 1999 年版，第 4 页。

马歇尔困境)。“马歇尔冲突”提出以后，人们纷纷探讨如何设计竞争和垄断才能达到效率目标所要求的均衡。1940 年 6 月，美国经济学家克拉克（J. M. Clark）发表的《有效竞争的概念》一文，认为有效竞争可以使竞争和垄断有效协调起来，获得规模经济和竞争所带来的效率。

从总体上看，早期自然垄断理论更多的是从自然因素的角度来探讨自然垄断问题的，把自然垄断的成因主要归结为自然条件及规模经济，而从经济特性的角度来研究自然垄断的理论较少，而且早期自然垄断理论与一般垄断理论之间并没有明确和严格的界限，学者们往往将两者混同在一起，笼统地加以描述。

现代自然垄断理论舍弃了自然垄断赖以形成的自然因素或自然条件等表面现象，从经济特性的角度，将自然垄断的本质和根源归结到规模经济的技术特征上，认为在技术和市场需求不变的条件下，产品的长期平均成本在其产出规模扩大到整个产业的产量时仍然处于递减状态中，那么由一个企业垄断经营就会比多个企业提供相同的产量更有效率（成本更节约），于是就产生了自然垄断。因此，自然垄断存在的根源在于它所特有的经济特性——规模经济。这与早期自然垄断理论相比，确实是一个巨大的进步。但是，在现实经济生活中的某些自然垄断产业里，在一定时期里却出现其成本随着产量的增加而呈现越来越高的趋势，即处于规模不经济阶段。这种现象也许是自然垄断产业发展过程中在某一时期出现的特例，但其背后却隐含着这样一个事实，即虽然处于规模不经济阶段，成本可能随着产量的增加而增加，但该产业由一家经营仍然比两家以上经营的成本更低，即在显然不存在规模经济的情况下，仍然有可能被认为属于自然垄断产业。

夏基（Sharkey，1982）和鲍莫尔、帕恩查与韦利格（Baumol，Panzar，Willig，1982）等人正是看到了这一点，才超越了规模经济和范围经济范畴，利用成本次可加性概念重新定义了自然垄断，显然，其解释能力明显强于把规模经济看作是自然垄断根源的现代自然垄断理论。同时，成本次可加性概念的提出，进一步拓展了自然垄断理论的研究范围，使得这种新的认识更具有一般化特征，同时适用于多产品和单产品的生产情况。因此可以说，这一认识大大超越了早期自然垄断理论和现代自然垄断理论的认识水平，不仅可以解释自然垄断产业的一般特征，而且对自然垄断产业在某一特定时期或特定阶段上出现的特殊情况也同样具有可解释性。从理论本身的层面来看，成本次可加性概念比简单的规模经济概念具有更高的抽象性和普遍性。

但这种理论上的进步却仍然停留在传统自然垄断理论的框架内，同当代自然垄断产业的改革潮流不相适应。我们看到，当代西方发达国家引进竞争的改革措施确实提高了传统自然垄断产业的效率，在一定程度上扭转了质次价高和严重亏损的局面。而当代自然垄断理论无论是建立在规模经济、范围经济还是成本次可加性的基础上，都仍然坚持认为只有独家垄断才能达到资源配置最优，未能就当代自然垄断产业引入竞争和以往实行的独家垄断孰优孰劣的问题做出有效回答，未能有效解释竞争和垄断在什么条件下最有效率及其原因，更缺乏对规模经济、范围经济和成本次可加性等概念的细化，因而不能解释为什么有的自然垄断产业可以引进竞争，而有的自然垄断产业却不能引进竞争，从而使理论与现实之间出现巨大的反差。同其他方法一样，这种形式化方法也存在着某些脱离现实的弊端。也就是说，无论是规模经济、范围经济，还是成本次可加性都存在着理论上的内在缺陷，无法有效解释当代自然垄断产业已经发生的变革与现实。

第一，虽然在理论上可以根据严格的数学定义把规模经济和范围经济区分开来，但在现实生活中却很难将从事多种产品生产经营的企业所享受的规模经济和范围经济区分清楚，二者往往交织在一起，共同起作用，使得企业的成本降低。

第二，成本次可加性概念来自于严格的数学定义，在实践中很难对某一产量水平是否存在成本次可加性进行直接检验。成本次可加性既不完全以规模经济作为赖以成立的条件，更没有说明自然垄断产业的网络特性及其所产生的非线性的网络效应，滞后于当代自然垄断产业改革与发展的现实。

第三，无论是规模经济、范围经济，还是成本次可加性，都仅有质的规定性而无量的规定性，因而无法按照同一标准对自然垄断产业可以引进和不可以引进竞争业务的区分原因做出有效解释。

第四，自然垄断理论分析方法上的缺陷。自然垄断的理论模型通常都假定了技术不变、市场需求不变、时间跨度为长期、投入要素等比例增长等若干前提条件。正是在这些前提条件的约束下，经济学家们得出了自然垄断的结论。

第五，自然垄断理论大都是静态的分析，缺乏动态分析。实际上，无论什么产业并非天生就是垄断的，而是很多因素综合作用的结果。即使在某一时期内某产业是自然垄断的，在另一时期并不能保证该产业继续是自然垄断产业，某些因素的变化可能会引起竞争效应的变化，致使引入竞争成为可能。反之，也可能引起规模效应的增强，使得自然垄断进一步得到强化。所以，必须对动态条件下的自然垄断理论进行探讨，将自然垄断理论发展为动态理论。静态效率强调的是资源配置效率和企业生产效率。动态效率强调的是企业创新的速度，即企业技术创新、产品创新、管理创新等的速度。对于某一产业，究竟选择何种市场结构为好，不仅仅取决于静态效率的衡量，也要从动态效率的角度进行分析。

2. 关于公用事业的政府规制问题

"规制"（Regulation）指立法或政府部门对经济部门的活动进行的某种限制或规定，如市场进入、价格、数量限制或经营许可等。陶爱萍、刘志迎曾就国外政府规制理论研究进行过系统综述①。现参照论述如下。

维斯卡西（Viscusi）等学者认为，政府规制是政府以制裁手段，对个人或组织自由决策的一种强制性限制。政府的主要资源是强制力，政府规制就是以限制经济主体的决策为目的而运用这种强制力。丹尼尔·F. 史普博（Daniel F. Spulber）认为，政府规制是行政机构制定并执行的直接干预市场机制或间接改变企业和消费者供需政策的一般规则或特殊行为。日本学者金泽民雄认为，政府规制是在以市场机制为基础的经济体制下，以矫正、改善市场机制内在问题为目的，政府干预和干涉经济主体活动的行为。而另一日本学者植草益在定义政府规制时，把政府规制限定在限制行为上，认为政府规制是社会公共机构（一般指政府）依照一定的规则对企业的活动进行限制的行为。保罗·萨缪尔森（Paul A. Samuelson）也把政府规制限定在政府对产业行为的限制上。而斯蒂格利茨（Joseph E. Stiglitz）则将规制拓展到更广大的范围，认为政府对产业的保护、扶助以及合理化和转换等，都应看作用于政府微观规制的范畴，如为了促进技术创新而进行的税收和减轻反托拉斯法的执行力度，以及对幼稚工业的保护等。梅尔（Jim Meil）认为规制是指政府控制公民、公司或下级政府行为的尝试，在某种意义上，是指政府对社会范围内公民选择的限制。

市场结构的缺陷，如垄断、不完全竞争和市场失效（Market

---

① 陶爱萍、刘志迎：《国外政府规制理论研究综述》，《经济纵横》2003 年第 6 期。

Failure）等，构成了规制存在的一个重要理由。从规制的实践来看，规制有立法规制和政府规制。立法规制为政府规制提供法律准绳，政府是法律的监督执行者，有相机的规制权，依法进行规制。但要有效地实施规制，就必须支付规制成本。另外，规制对不同阶层的利益会带来不同程度的调整，所以，实践中有关规制实质、规制内容、规制方法、规制效果等问题，导致了规制经济学的产生和发展。

乔治·施蒂格勒（G. J. Stigler）于1971年发表了《经济规制论》（*The Theory of Economic Regulation*），首次尝试用经济学的基本范畴和方法来分析规制的产生，从而开创了规制经济学这一分支。规制经济学因观点不同而存在不同的学派，“社会公共利益”学说（Public Interest Theory）、俘虏理论（Capture Theory of Regulation）、规制信息不对称下的规制失效和规制的滞后效应理论等。

规制的社会公共利益理论以市场失灵和福利经济学为基础，认为规制是政府对公共需要的反应，其目的是弥补市场失灵，提高资源配置效率，实现社会福利最大化。理查德·A.波斯纳（Richard A. Posner）指出，公共利益理论或明或暗地包含着这样一个假设，即市场是脆弱的，如果放任自流就会趋向不公平和低效率，而政府规制是对社会的公正和效率需求所做出的无代价、有效和仁慈的反应。

规制俘虏理论认为，政府规制是为满足产业对规制的需要而产生的，即立法者被产业所俘虏；而规制机构最终会被产业所控制，即执法者被产业所俘虏。斯蒂格勒在1971年发表的《经济规制论》一文中提出，规制主要不是政府对社会公共需要的有效和仁慈的反应，而是产业中的部分厂商利用政府权力为自己谋取利益的一种努力，规制过程被个人和利益集团利用来实现自己的欲望，政府规制是为适应利益集团实现收益最大化的产物。1976 年，佩尔兹曼（S. Peltzman）在对市场失灵、对政府规制结果的预测以及进而推断政府规制在经济上的有效性三个层次上进一步发展了规制俘虏理论。他认为无论规制者是否获得利益，被规制产业的产量和价格并没有多大差异，其主要差别只是收入在各利益集团之间的分配。1995 年，伯恩施坦（Bernstein）树立的“规制机构生命周期理论”认为，公共利益理论是天真的，规制机构起初能独立运用规制权力，但逐渐被垄断企业所俘虏。“合谋理论”则认为初始的规制本来就受被规制者与其他利益集团的影响，即政府规制者一开始就被俘虏。

政府规制的本意是为纠正市场失灵，但由于个人私利、信息不对称等原因以及规制成本的不断上升也导致了政府规制的失灵。由于“规制失灵”日益明显，20 世纪五六十年代，反对规制的呼声日益高涨，70 年代，西方发达资本主义国家出现了“放松规制”或“规制缓和”的浪潮。支持规制放松政策的主要理论有可竞争市场理论、政府规制失灵理论和 X 效率理论。

可竞争市场理论是由鲍莫尔、帕恩查和韦利格提出的，该理论的核心内容是：以关于潜在竞争的一系列假设为前提，指出由于存在潜在进入者的压力，市场在位者无须政府规制也不可能获得垄断超额利润，而只能将价格定在超额利润为零的水平，并实现资源配置的最优化。很明显，可竞争市场理论从理论上对政府规制提出了挑战，在可竞争市场理论看来，即使是自然垄断产业，只要市场是可竞争的，政府规制就没有存在的必要，规制机构所要做的不是限制进入，而是应降低产业的进入壁垒，创造可竞争的市场环境。

阿弗奇和约翰逊对投资回报率规制的研究结果表明：在投资回报率规制下扩大资本基数，可以获得更多的绝对利润，因而在利润最大化的驱使下，受规制厂商有过度投资的倾向，其结果是用过多的资本投资代替其他投入品，造成生产低效率。这种现象被称为"阿弗奇—约翰逊效应"（Averch-Johnson Effect 或简称 A－J 效应）。鲍莫尔和克莱沃里克提出了规制滞后效应理论，认为在政府调整规制政策的间隔期内，被规制企业有可能获得超过正常利润的利润率。卡恩（Kahn，1988）指出，规制会压制技术创新，姑息无效率，引起工资和价格螺旋式上升，发生严重的资源无效率配置，引起成本推动型通货膨胀那样的无益竞争扩大，拒绝采取在竞争市场中所提供的价格多样性和质量选择。

传统规制理论存在的根本性缺陷是，它假定政府规制机构与被规制企业具有同样多的信息，双方进行的是一种对称信息博弈。建立在这种规制理论基础上的规制方式较常见的是服务成本规制或报酬率规制，其主要特征是：允许被规制企业利用服务收费回收总成本，并允许有一个合理的资本报酬率。它的优点是可以保证企业回收成本，保证企业的正常运营。但其缺陷也很明显：首先，由于收费取决于成本，被管制企业缺乏降低成本的激励。其次，由于在收费测算时未考虑需求方面的条件，尤其是需求的价格弹性，因而缺乏形成有效收费体系的激励机制。再次，完全费用分担的个别成本核算方法，增大了收费规制所必需的信息量，加剧了个别成本核定的信息非对称性。最后，传统规制方式要求被规制企业以合理的资本投资回报率作为定价标准，但是，如何才算是合理的投资回报率却难以界定。

现代规制理论的最主要发展就是在规制问题上考虑了信息约束，即现代规制理论的形成在很大程度上得益于信息经济学的发展。劳伯（Loeb）和马盖特（Magat）最先将规制看成一个委托—代理问题，他们认为，规制者通过向公用事业单位支付观察到的价格和数量水平以上的全部消费者剩余，就可以诱使公用事业单位讲出真实状况，从而将价格定于边际成本水平，消费者和生产者剩余就达到了最大化。事实上，这是贿赂撒谎者，撒谎者一旦尝到甜头，他会撒更大的谎，结果达不到规制的初始目的。对规制中存在的逆向选择问题，伯圣科（Besanko）和萨平顿（Sappington）指出，规制者的政策手段体现在所提供的各种不同的合同设计上，以保证面临不确定性时企业能够说真话。因为成本低的企业一般会选择高激励强度的合同，成本高的企业一般会选择低激励强度的合同。

公共部门具有多个委托人分权的特征，巴隆（Baron）和马蒂莫（Martimort）对这种多重委托人或公共代理人结构进行了理论分析。他们假设，监督技术决定规制职责，不同规制机构职责的分配是与其监督技术相对应的。这样一来，每个规制机构只能在自己的职责范围内订立合同，结果势必导致规制过程中规制机构的不合作行为，最终的纳什均衡是每个规制机构以分散化方式向企业提供规制机制。规制机构之间的这种不合作行为将导致给企业提供过强或过弱的激励，具体情况取决于规制机构所控制活动的性质。关于现代规制理论的要点，1993 年拉丰（Laffont）和蒂罗尔（Tirole）作了最完整的阐述。即由于信息不对称的存在，致使效率和信息租金成为一对共生的矛盾，在得到效率的同时，必须留给企业信息租金，而信息租金会带来社会成本。可见，规制控制并不是免费午餐，虽然规制可以避免企业得到垄断利润但必须付出效率的代价。

国内学者对政府规制的许多方面也进行了深入的研究，并取得了比较显著的成果，国内著名学者王学庆教授曾对此作过部分概括。关于政府管制的实质、目的和绩效，余晖（1998）认为："政府管制制度的特殊性在于，它是一种面对市场经济微观主体的行政法律制度，政府行政机构通过法律授权，对市场主体的某些特殊行为进行限制和监督”，即政府可以管制价格、市场的进入和退出、服务标准。张昕竹（2000）认为：“特许经营是一种特殊的规制合同。”姚愉芳（2000）认为：“竞争是市场经济的核心，规制是为了在市场机制存在缺陷的情况下维护竞争及对竞争具有局限性的产业（自然垄断产业）采取对其活动进行的限制（如法律、政策制度等），目的是为了实现公平的分配、防止无效率的资源配置、经济的稳定增长，满足需求者的公平利用。”关于影响政府管制效果的因素，余晖（1998）认为：“政府管制作为一种行政法律制度，无疑具有一种强制力。而其对微观经济绩效之影响的优劣则取决于行政立法、执法及执法监督的质量。我国现有的政府管制制度对维护市场秩序、保障消费者和社会利益、促进产业的发展都产生了一定的推动作用。但由于政企不分、政事不分依然存在，某些政府机构运用其所掌握的行政权力维护本部门、本行业的利益的现象时有发生，在这种情况下，政府管制制度对产业绩效将产生负面的影响。”

3. 关于公用事业改革实践问题

自20世纪70年代起，西方发达国家就对公用事业改革问题进行了实践探索。为了限制垄断经营、提高经营效率、盘活城市资产、减轻财政压力、开辟投资渠道、推动政府职能转换，英、美、日等先后进行了以民营化（Privatization）为核心的经济改革，主要采取了出售（Sall）、特许承包（Contract）、放松管制（Deregulation）三种主要途径。英国在“撒切尔主义”指导下，开始了大规模的非国有化运动，认为产权制度的改革是企业改革的核心问题；改革成功的关键是引入竞争机制；政府要在企业民营化的同时发挥积极的协调作用；改革是一个系统工程，要有计划、有步骤地进行。在政府规制方面，美国芝加哥学派对西方各国公用事业领域规制政策的制定产生重大影响，突破了哈佛学派

S-C-P框架理论体系的限制，提出了新的代表性的观点：(1)私人垄断的相对优越性。(2) 在公用事业领域实施超额利润税。(3) 公用事业的经营许可采用竞标制。(4) 委员会规制体系存在着重大缺陷等。美、英、日公用事业的改革具有共同特征：(1) 放松规制与激励性规制并存。(2) 以完善的自然垄断规制法律法规为改革准绳。(3) 重新组建规制机构。(4) 引入竞争机制与完善产权制度并存。

国内对公用事业的改革探索始于20世纪末，关于政府管制改革，余晖（1998）认为："进一步建立和完善我国政府管制制度的关键在于深化改革。只有彻底打破政企不分、政事不分的传统格局，才能建立起较为中立和有效的行政体制，才能使有关行政机构的职能朝着微观管制的方面健康演变"。王俊豪（1999）认为："中国基础设施产业现行政府管制体制的基本特征是高度政企合一，因此，改革政府管制体制的关键是实行政企分离……"政府管制体制改革应该采取"以立法为先导"的原则，根据各产业的技术经济特征、现行的政府管制体制和改革目标等因素，由全国人大颁布相应的法规。改变过去那种先改革后立法的做法。俞燕山（2002）认为："由于问题众多，目前我国的政府管制改革要采取适当改革的策略，在改革过程中，要妥善处理好各种重大关系，既要打破现有利益格局，又要从实际出发，统筹兼顾，防止操之过急。因为管制改革的过程要受到利益集团、国有企业改革等因素的制约。"胡鞍钢、过勇（2002）认为，中国的政府管制改革须"重新界定政府规制的内容和范围，加速反垄断立法，强化监管职能。放开垄断行业市场必须与强化市场监管能力同步进行。对垄断行业的监管，必须兼顾到消费者、投资者及相关利益者的利益，既要防止市场垄断，也要防止行政垄断。监管的核心是要解决信息不对称和市场失效问题。监管机构既不能是政府机关，也不能是公共机构，而应是独立的、法定的、专职专业化、以法行事的监管组织。”俞燕山（2002）认为，对具有垄断特色的基础设施产业的管制改革，应该采取针对不同部分、采用不同方法的管制手段。“原则上，从事骨干通讯网、路网、电网和大型发电、电信、运输等核心业务的骨干企业交由中央管理，其他一般性辅助服务企业交由地方管理。原有政府和企业承担的中介职能转交独立的中介机构承担。”卢现祥（2002）认为，我国的政府管制改革事实上已经进退维谷、处于两难境地，从深化市场化改革和消费者角度讲，应该放松管制和行业垄断，但是从国有企业的生存和国家财政收入的角度讲，国家又不能放松管制和行业垄断。中国的渐进式改革，决定国家决策者要不断地在这两者之间寻找均衡点。我国政府管制改革的主要阻力主要来自利益集团。“我国基础设施的这种产权国有、行政垄断的格局，从总体上增加了全社会的交易费用，如果政府从全社会的角度来看，应该在我国基础设施领域放开管制、引入竞争。但是这样可能会暂时以国家的财政收入下降为代价。当前我国政府在基础设施领域打破垄断、引入竞争的关键可能不是财政上的约束，而更主要是在这些基础设施领域既得利益集团的阻碍。这主要表现在：第一，这些基础设施领域的主管者往往把本行业的利益等同于国家的利益。这种所谓的观念和理论是我国基础设施领域打破垄断、引入竞争的重要阻碍之一。第二，这些基础设施领域目前凭借其国家给予的垄断地位，日子还都过得可以。如果真正要在这些领域打破垄断、引入竞争，可能在其改革的初期，会出现一定的震荡（尤其这些行业职工的高收入可能会下降）。”（卢现祥，2002）。

总之，国内著名学者如刘迎秋、张曙光、王俊豪、金碚、张维迎、张昕竹、盛洪、余晖、张宇燕、王红梅、胡鞍钢、袁亦峰、戚聿东、于立、肖兴志等认为，为了克服公用事业管理中的垄断经营、效率低下、社会净福利损失等弊端，必须对公用事业进行改革：(1) 市场化是公用事业改革的必然趋势；(2) 产权改革是公用事业改革的核心；(3) 民营化是公用事业改革的重要途径；(4) 市场机制的建立是公用事业运行机制转换的必然趋向；(5) 市场机制的核心是建立有效竞争机制；(6) 价格形成机制的建立与完善是公用事业改革成败与否的关键；(7) 畅通的投融资机制是增加公用事业活力的强大动力；(8) 特许经营机制的建立与完善是推动公用事业改革进程的关键措施；(9) 政府规制制度的建立与完善是企业合法权益与公众利益的有力保障。

纵观国内外对公用事业的理论研究和改革实践，可以看出，虽然已经取得许多理论上的重大成果和实践中的丰富经验，但仍然存在许多缺陷：(1) 缺乏独立的理论体系，表现出强寄生性与弱独立性。国外将公用事业的研究归入自然垄断研究的行列，没有公用事业独立的理论系统；国内的研究难以突破国外的研究框架，局限于简单吸收，难以创新。(2) 分析方法上过于注重静态分析而忽视动态分析方法的应用。(3) 缺乏系统、全面的理论体系。研究重点虽比较突出，如产权改革理论、政府规制理论、价格机制理论等，但对有效竞争、效率市场构建缺少系统研究。(4) 对公用事业的投融资机制研究不够。在实践方面，过多注重了政府规制，部分忽视了社会规制、法律规制；过多注重了价格的程序和形式改革，部分忽视了实质性的内容改革；过多注重了民营化问题，部分忽视了对其他改革途径的探索。在产权改革中，过多注重了增量改革，部分忽视了存量改革。在吸收经验方面，虽然看到了国情的特殊性，但经常忽视公用事业典型的地域性等。因此，有必要对其进行更深入的研究和探索。

1.3 研究视角、方法与技术路线

本书采取的研究视角是：以产业组织理论为指导，以限制垄断、提高效率、增加社会福利为主线，以国外到国内、简单到复杂、特殊到一般、理论到实践为内在逻辑，以公用事业改革的实践为基础，借鉴西方发达国家成功的管理经验与模式，以潍坊市自来水价格改革为实例，通过大量翔实的数据、材料，分析、归纳、总结公用事业改革的一般规律，探讨城市公用事业运营机制转换与政府规制制度改革的管理对策。

本书的研究方法是：（1）实证分析法。以国内外的公用事业改革实践为基础，以潍坊市的改革为实例，分析如何转换公用事业运行机制及如何改革政府规制制度，探索推动公用事业改革的具体管理对策。（2）规范分析法。以市场化是公用事业改革的必然趋势等基本观点为价值判断，以市场组织与管理的一般理论为指导，研究城市公用事业运营机制转换与政府规制制度改革的管理对策。（3）对比分析法。借鉴西方发达国家的先进理论和成功经验，结合我国公用事业的现状与改革实践，对比国内外不同的实际情况，探索具体的管理模式与管理对策。（4）系统研究法。从国外到国内、简单到复杂、特殊到一般、理论到实践，系统研究公用事业的基本概念、基本内涵、基本理论。（5）集体 BS（Brain Storm）法。通过研讨，集思广益，补充、提高和完善我们的研究成果。

本书主要沿“资料采集→实证分析→对比分析→集体讨论（BS）→理论归纳”的技术路线进行。（1）资料采集：着重于采集国内外在如何建立和完善公用事业运行机制与政府规制制度等方面的有关文献、数据、做法、经验、问题等，然后整理、分类、选择并分析其内在逻辑关系。（2）实证分析：利用国内外翔实资料，以国内外的公用事业改革实践为基础，总结归纳公用事业运行机制转换的途径与模式，探索完善政府规制制度的管理对策。（3）对比分析：对比国内外以及国内不同地区的不同实践，归纳建立公用事业运行机制与完善政府规制制度的成功经验。（4）集体讨论（BS）：通过召开研讨会，对研究结论进行筛选、补充、完善。（5）理论归纳：对研究成果进行定性分析，通过精心提炼，总结归纳出城市公用事业运营机制转换与政府规制制度改革的管理对策。

1.4 本书框架及创新成果

本书框架是按照从总体到具体、从抽象到一般、从国外到国内、从理论到实践的总体思路安排的，具体地说，本书的主体分为七大部分，分别是第一部分导言，该部分首先提出了本选题的目的，尔后从公用事业的自然垄断性、公用事业的政府规制、公用事业改革的实践三个方面综述了国内外研究现状，说明了本书的研究视角、方法与技术路线，简述了本书的创新成果。第二部分公用事业运营效率的系统认识，说明了公用事业及其经济学特征，指出了公用事业产业自然垄断效率及其冲突，论述了自然垄断效率冲突的解决方式。第三部分论述了有效竞争市场的构建问题，分析了有效竞争理论及其效率，深化了对有效竞争理论的再认识，提出了有效市场假说，建立了有效市场的综合评价原则与方法。第四部分回顾了美、英、日对公用事业运营与规制的改革历程，分析了美国公用事业的放松规制改革，总结了英国公用事业的民营化改革经验，回顾了日本公用事业打造国际竞争力的成功得失，对美、英、日公用事业运营与规制改革的共性进行了深入研究。第五部分总结、分析了我国公用事业的市场化改革与投融资体制构建问题，论述了公用事业市场化改革的现实背景、制度分析、对象与途径、趋势特征、市场绩效、经验总结；具体论述了公用事业投融资体制的构建，论述了公用事业投融资体制现状与问题、实现形式、运作模式，具体研究了 BOT 投融资方式。第六部分重点分析了我国公用事业运营的政府规制问题，分析了政府规制的理论基础、实质内涵、目标原则、面临的主要问题以及路径选择问题。第七部分论述了价格规制及潍坊市水价形成机制问题，分析了国内外对价格规制的研究，指出了公用事业价格规制的目标、定价的一般方法、政府价格规制与企业博弈，探索了公用事业定价间接管制方法，针对我国公用事业价格现状，提出了改革价格机制的对策建议；研究了潍坊市自来水价格形成机制，分析了潍坊市自来水价格形成机制的形成原则、影响因素、成本基础以及价格形成保障措施。

本书的主要结论是：

(1) 在对公用事业运营效率的系统认识方面，重新界定和明确了公用事业的相关概念及其经济学特征，认为“城市公用事业” = “市政公用事业” = “公用企业” = “网络型公用事业” + “非网络型公用事业”，指出自然垄断与行政垄断并存以及公用事业价格形成机制扭曲是其最根本特征；具体提出了垄断低效率的共同特征；指出了自然垄断效率存在的效率冲突；提出了自然垄断效率冲突的解决方式。在分析了国有化及其效率的基础上，简要论述了政府规制对自然垄断效率的帕累托改进。

(2) 在有效竞争市场的构建方面，首先分析了有效竞争理论及其内涵，指出了有效竞争标准缺乏针对性，同时在有效竞争下存在公共产品的属性冲突和公共产品的供给冲突。提出了有效市场假说，认为从市场的角度，而不单纯从竞争的角度思考自然垄断产业效率，在自然垄断产业的各个环节、各个要素之间建立协调、平衡、有效的市场体系，是进一步提高自然垄断产业效率的必然要求。自然垄断产业的有效市场既是市场机制作用的产物，又是政府适当干预的结果。进一步分析了自然垄断产业有效竞争市场的结构、行为和绩效，定义了有效的市场结构；分析了自然垄断产业有效市场行为，论述了自然垄断产业市场绩效。

(3) 在回顾总结美、英、日三国对公用事业运营与规制的改革经验方面，分析了美国公用事业放松规制改革的实践，把美国的经济性规制分为三个不同历史时期，指出了美国政府规制行为的具体特征；分析了英国市场经济制度以及政府微观经济管理体制的演变，指出英国政府微观规制行为的具体特征；总结了日本公用事业打造国际竞争力的过程，指出日本政府经济规制行为的具体特征；进一步分析了美、英、日公用事业运营与规制改革的共性，提出了美、英、日公用事业改革的共同取向对我国改革的启示。

(4) 在论述我国公用事业运营与规制的市场化改革与投融资体制构建方面，分析了公用事业市场化改革的现实状况，同时指出这些问题本身并不能说明公用事业就必然是一个亏损的行业。事实上，公用性事业多具有收费或成本补偿机制，经营者可以通过这个机制获得一定的预期收益。分析了公用事业市场化改革制度安排的诱因。论述了公用事业市场化改革的对象与途径。分析了公用事业市场化改革的市场绩效。关于公用事业投融资体制的构建方面，论述了公用事业投融资体制改革的实现形式；分析了公用事业投融资体制的融资运作模式，主要有财政融资模式、负债融资模式、经营资源融资模式、外商直接投资模式和民营资本融资模式。具体分析、论述了 PPP、BOT 以及 ABS 融资模式，介绍了 PPP 模式的影响、运作思路、成功运作的必要条件及在我国公共基础设施中的应用、风险识别和风险分担；介绍了 BOT 体系，分析了 BOT 体系融资方式对当地政府和私营经济的作用、实施成功的基础和必要条件、风险管理；介绍了 ABS 模式在公用事业领域应用的现实意义、运作过程、在我国的应用现状、面临的法律障碍及对策，并对这三种典型基础设施项目融资模式作了对比分析。

（5）在分析公用事业运营的政府规制方面，分析了政府规制的理论基础，指出了福利经济学的内在缺陷；分析了政府规制的实质及其内涵；提出了政府规制的目标原则；分析了我国政府规制与西方国家的不同基础；论述了政府规制的路径选择：一是产权改造，二是合理选择经营模式，三是科学设置规制机构，四是科学运用规制手段，五是制定完备的应急预案，六是建立政府规制效益的评价体系。

（6）在公用事业价格规制方面，回顾了国内外对价格规制研究的相关理论，提出了公用事业价格规制的目标，即促进社会分配效率，努力实现最大生产效率，并分析了价格规制的方法；分析了政府价格规制与企业博弈，指出了政府管制定价的委托—代理失效，探索了公用事业定价间接管制方法；提出了改革价格机制的对策建议：一是明确公用事业价格改革目标，二是确立公用事业价格改革原则，三是转换公用事业价格形成机制，四是建立公用事业成本约束机制，五是完善公用事业价格监督管理体制。在研究潍坊市自来水价格形成机制方面。回顾了潍坊市公用事业价格改革的历程；论述了潍坊市自来水价格形成原则；分析了自来水价格影响因素、价格结构和成本构成；提出了潍坊自来水价格形成的保障措施。

2 公用事业运营效率的系统认识

2.1 公用事业及其经济学特征

在现有研究资料中，出于不同的论述视角和不同的研究目的，公用事业有许多相近或邻近的概念，如“公共事业”、“公用企业”、“公共产品”、“基础设施”、“自然垄断性行业或产业”等，即使是公用事业也有许多不同的称谓，如“城市公用事业”、“市政公用事业”、“网络型公用事业”等。诸多不同的范畴相互交叉和重叠，给理论研究和实际工作带来一定的混乱，有必要给予进一步的明确。

一般地，在界定公用事业范围时大都用枚举法，但列举的具体范围却又不完全相同。在美国，公用事业（Public Utility or Utility）是指遵守政府规定的为公众提供水、电、运输或通信等重要日用品或服务的私营事业组织。[美国传统词典（双解）的解释是：A private business organization, subject to governmental regulation, that provides an essential commodity or service, such as water, electricity, transportation, or communication, to the public.]《1994 年世界银行发展报告：为发展提供基础设施》指出，公用事业是经济基础设施的一部分，包括电力、管道煤气、电信、供水、环境卫生设施和排污系统、固体废弃物的收集和处理系统。

在我国比较流行的说法，是指那些涉及公共利益及有限公共资源配置并具有自然垄断特点的行业。狭义上是指水、电、气等几个事关公众日常生活的主要行业，广义上则包括城市基础设施及医院、教育、航空、铁路等涉及公众利益的行业。但是，在我国现行的法规、规章中，对公用事业及其范围就有着不同的界定。如在建设部2002年颁布的《关于加快市政公用行业市场化进程的意见》中，将“市政公用事业”界定为“供水、供气、供热、公共交通、污水处理、垃圾处理等经营性市政公用设施”以及“园林绿化、环境卫生等非经营性设施”。2004年5月建设部《市政公用事业特许经营管理办法》中，将“市政公用事业”界定为“城市供水、供气、供热、公共交通、污水处理、垃圾处理等行业”。2005年2月《国务院关于鼓励支持和引导个体私营等非公有制经济发展的若干意见》中，将“市政公用事业”界定为“城镇供水、供气、供热、公共交通、污水垃圾处理等”。从中我们可以看出，在使用“公用事业”这一概念时有如下特点：一是强调其公用性；二是强调其事业性，即传统观念上的非营利性；三是体现出部门性，即建设行政主管部门强调的公用事业一般是建设部门直接管辖的归口市政部门。

公用企业是近几年比较流行的称谓，1993年颁布实施的《中华人民共和国反不正当竞争法》中正式采用了“公用企业”提法。依据该法，国家工商行政管理局在《关于禁止公用企业限制竞争行为的若干规定》第二条指出：本规定所称公用企业，是指涉及公用事业的经营者，包括供水、供电、供热、供气、邮政、电信、交通运输等行业的经营者。在此，“公用企业”的使用比“公用事业”更一般、更广泛，但进一步强调了其企业性或营利性。

至于其他称谓，则从公用事业的某一特征展开而予以突出强调。如“公共产品”强调了其非竞争性与非排他性；“基础设施”强调了其外部性；“自然垄断性行业或产业”强调了其自然垄断性。

笔者认为，公用事业是经济性基础设施的一部分，是由地方政府或其委托的政府部门直接管辖的、为辖区内公众或不特定的多数人提供特定公共产品或公共服务的行业。就某一个城市而言，具体包括该城市的供水、供热、燃气、城市公交、污水收集和处理、垃圾处理、园林绿化、环境卫生、道路与桥梁。按现行管理体制，这些部门统归市政管理部门管辖。按照自然垄断性的强弱，可进一步区分为“网络型公用事业”（包括供水、供热、燃气、城市公交、污水收集和处理）及“非网络型公用事业”(包括园林绿化、环境卫生、道路与桥梁)。同时，为表述方便，我们认为“城市公用事业”=“市政公用事业”=“公用企业”=“网络型公用事业”+“非网络型公用事业”。

1. 自然垄断与行政垄断并存

城市公用事业的生产经营过程必须依赖网络（如自来水、煤气管网、公交线路)。网络建设作为固定成本，具有显著的规模经济性，即平均成本和边际成本在一定范围内是递减的；公用事业生产的主要环节高度垂直相关（如自来水的制水、供水、排水、污水处理)，具有明显的范围经济性。由此决定其成本弱增性，即由一家企业生产全部产品（或多种产品）比由两家以上企业生产，成本更低。自然垄断性，要求在某一特定区域内维持垄断的市场结构，以保证较低的生产成本。同时，为了提高资源配置效率，这种垄断的市场结构的形成应当是低成本的，运行过程中要防止企业的垄断行为。因此，政府须在市场结构、市场准入、产品价格、产品质量等方面对公用事业进行规制并表现出明显的行政垄断。城市公用事业所提供的产品是一种介于公共物品和私人物品之间的准公共物品。其公益性要求企业以合理价格、优良质量、充足数量向社会稳定、安全地提供产品，而具有一定自然垄断性质的公用事业本身是难以自动满足公益性目标的。企业目标是获得利润最大化，因此政府必须对其提供的产品和服务的数量、质量、价格等进行规制。公用事业的垄断性决定其具有地域性和公用性，如供水、燃气、供热只能在管网覆盖范围内进行。网络建设受到人口集中程度的限制，而且只能是以单个城市为基础形成区域性网络。政府为保证公共利益，往往对这些行业进行补贴，补贴直接受益者无法延伸到其他地区。

2. 价格形成机制扭曲

长期以来，我国公用事业一般由国家垄断经营，其价格由政府直接制定或批准。政府在制定公用事业价格时，既要考虑其成本的变动，保证生产企业能够获得一定的利润，以保证公用事业的供给；又要考虑价格变动对其他部门、行业及居民生活的影响，致使价格的调整不能及时反映成本的变动。公用事业的垄断性，使消费者几乎没有讨价还价的余地，只能是价格的接受者，由于信息不对称，公众很难了解实情，难以规范其价格形成。公用事业定价缺乏成本约束，公用事业定价一直沿用成本加成定价法，各级政府价格部门确定公用事业产品或服务价格的依据主要是被管制企业上报的成本，这种成本是特定行政区域内公用事业企业的个别成本，而非合理的社会平均成本。按企业个别成本定价，成本越大价格越高，不仅使企业失去降低成本的压力和动力，而且还会诱使企业虚报成本。在这种情况下，虽然价格管理部门会对企业上报的成本资料进行审核，但由于公用事业产品定价既没有法定的定价成本范围，也没有明确的效率提高标准和要求，更没有明确的合理利润率或投资报酬率，加上价格管理部门职能单一，无法控制与价格相关的因素，也不参与市场准入、需求管理及运行成本的监控，存在管理部门与企业之间信息严重不对称的情况，难以对公用事业成本进行约束。一旦公用事业投入运营，不论其社会效益好坏，经营管理水平高低，价格部门都要根据其已形成的实际成本定价；或者公用事业运营企业在产品成本增加后，为不减少利润而要求对价格进行调整，从而出现成本推动价格上涨，企业倒逼政府提价现象，最终形成“成本增加——价格提高——成本再增加——价格再提高”的恶性循环。

2.2 公用事业自然垄断效率与冲突

1. 垄断与竞争效率的差异

经济学研究的中心是经济效率，而在现实的经济领域中存在着竞争与垄断两种互斥状态，由此又出现截然不同的效率：一是竞争占主导，其结构能够保持竞争的市场；另一种是自我维持的垄断性市场[①]。前者的效率是由于竞争而产生的，可以称之为“竞争效率”，后者可称为“自然垄断效率”。

竞争效率揭示了在竞争均衡中，总的剩余要比在任何其他可能的情况下都大。如图 2.1 所示，给定需求曲线 D 和长期供给曲线 LRMC，在任何产量不等于 Q_C 以及价格不等于 P_C 的总剩余，都要比竞争均衡（Q_C，P_C）时的总剩余小。可见，竞争效率是帕累托效率。

垄断是一种低效率。根据竞争效率模型，在垄断的情况下，垄断者根据利润最大化原则在边际收益等于边际成本处确定产量 Q_M，并根据需求曲线把价格提高到 P_M，从而会导致经济福利的

---

① 小贾尔斯·伯吉斯：《管制和反垄断经济学》，上海财经大学出版社 2003 年版，第 22 页。

纯损失（DWL）。图 2.2 的阴影区域表示了纯损失，纯损失由两部分损失之和构成：消费者损失掉而垄断者又未得到的消费者剩余损失部分；垄断者销售的产出比竞争性行业少（Q_C 和 Q_M 之差）而导致生产者剩余的损失。纯损失的存在使整个社会蒙受了损失，但垄断者却得到了好处，因此垄断是一种帕累托无效状态。

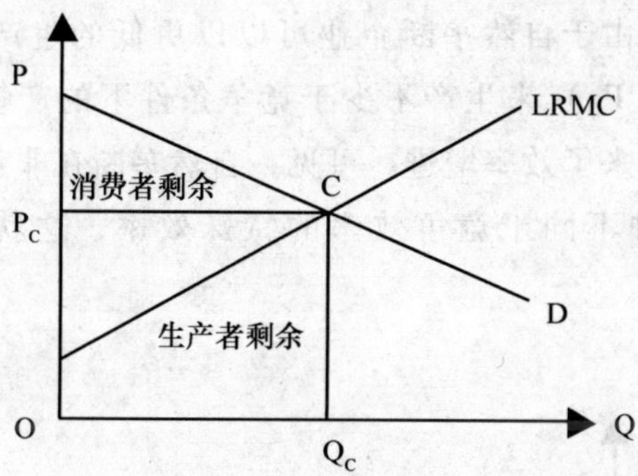

图 2.1 竞争效率模型

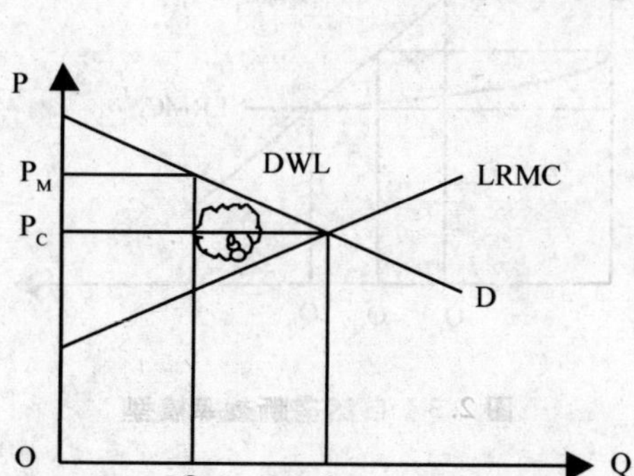

图 2.2 垄断低效率模型

垄断低效率是一个规律，然而自然垄断维持自身的能力却证明它是垄断优于竞争的一个例外。这种情况可以用图 2.3 的模型进行描述，其中，$LRMC_1$ 表示竞争性市场中典型的小规模企业的长期供给曲线，$LRMC_2$ 表示自然垄断的长期供给曲线。相对而言，后者具有成本方面的优势。垄断者比竞争性企业拥有较低的成本，它能够制定一个高于自身成本 P_R 但又没有高到吸引进入的垄断价格 P_M，因而可以避免竞争而保持垄断地位。在自然垄断状态下，由于自然垄断企业可以以更低的生产成本（不高于竞争性价格 P_C）来生产不少于竞争条件下的产量（Q_M），因而较之竞争带来了效率增进。可见，自然垄断在非竞争市场条件下产生了一种不同于竞争效率的特殊效率，这就是自然垄断效率。

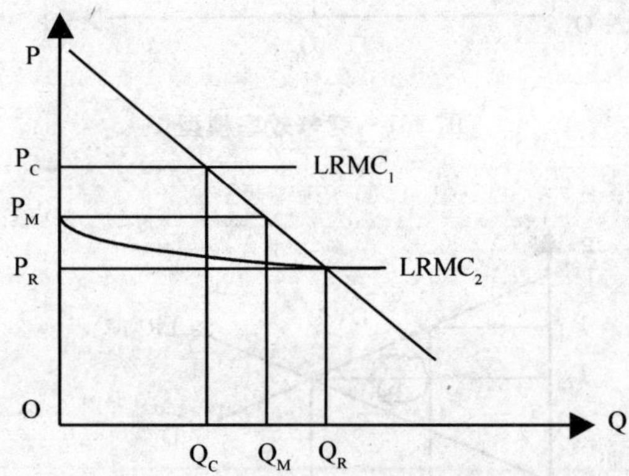

图 2.3　自然垄断效率模型

根据自然垄断的强弱，自然垄断效率又可分为强自然垄断效率和弱自然垄断效率。强自然垄断时，边际成本低于平均成本，由于价格将高于边际成本，因此按照价格等于边际成本的福利最大化原则衡量，会出现“纯损失”，不具备帕累托效率特征，但纯损失要小于自然垄断的效率增进。在弱自然垄断状态时，边际成本大于平均成本，因此，如果按照边际成本定价，则既处于自然垄断效率范畴内，又体现了帕累托效率的福利最大化原则。

自然垄断效率与竞争效率相比，体现了以下不同特征：第一，规模经济、范围经济显著；第二，市场是垄断结构；第三，垄断价格；第四，在具备自然垄断特征的前提下，优于竞争效率；第五，效率范围是一个区间状态，处于成本劣加性内，但竞争效率却是一个点状态，位于长期边际成本曲线和需求曲线的交点。二者的差异，见表2.1。

表2.1　自然垄断效率与竞争效率比较

特　征	自然垄断效率	竞争效率
存在前提	产业具有自然垄断特征	产业不具有自然垄断特征
技术条件	巨大规模经济和范围经济	较小规模经济和范围经济
市场结构	垄断	完全竞争
市场价格	垄断价格	竞争价格
效率范围	成本劣加性区间	长期边际成本曲线和需求曲线的交点

现实中的自然垄断效率不可替代，但自然垄断效率具有与竞争效率不同的特点：

一是自然垄断效率的特殊性。当产业具有自然垄断特征时，自然垄断效率优于竞争效率，但是市场需求一旦超过自然垄断的成本劣加性边界，自然垄断效率便不复存在，因此，自然垄断效率是一种特殊的效率。相比较而言，竞争效率的适用范围则更广泛。

二是自然垄断效率的独立性。自然垄断性随着技术和需求的变化可能会消失，从而使效率衡量标准从自然垄断效率转换为竞争效率，但在仍然保留自然垄断性的领域，自然垄断效率仍然是衡量其效率水平的基本标准。如果此时用竞争效率标准取代自然垄断效率标准，则是对自然垄断这一自然属性的否定。竞争效率的标准可以归结为是否按长期边际成本曲线与需求曲线的交点定价，而自然垄断效率的标准则可以概括为是否按低于竞争价格提供了不低于竞争均衡时的产量。由此可见，如果直接用边际成本定价原则来判断自然垄断的效率高低，显然不符合自然垄断的特殊性。

三是自然垄断效率的相对性。自然垄断效率是在与竞争效率的比较中产生和发展起来的，自然垄断效率应比同一产业处于竞争市场条件下的竞争效率高。但是，由于效率的测度精确性差，具有较大的模糊性，因而难以衡量实际的自然垄断效率是否达到了应有的水平。由此决定了，在同一产业将自然垄断效率与竞争效率进行比较，只是衡量自然垄断效率的一种简便方法而已。

2. 自然垄断的效率冲突

当产业具有自然垄断特征时，自然垄断效率优于竞争效率，这是自然垄断得以存在的经济学基础。但由于自然垄断的特殊性，自然垄断效率并不会必然发生，由此产生的矛盾就是自然垄断的效率冲突。

(1) 定价冲突。市场的供需与竞争，决定了产品的合理价格。但企业垄断地位决定了，如果对企业定价不加控制，企业就会按边际成本等于边际收益的利润最大化原则确定垄断价格，以便获得垄断利润。由此会产生两种可能：其一，该垄断价格高于自然垄断产业处于竞争市场下的竞争价格，从而使自然垄断效率低于竞争效率，自然垄断效率失去了存在的意义；其二，该垄断价格即使低于竞争价格，但导致自然垄断企业的利润高于社会平均利润，从而削减了消费者理应分享的自然垄断效率所带来的好处。

（2）技术性冲突。美国学者 H. 克雷格·彼得森（H. Craig Petersen）、W. 克里斯·刘易斯（W. Cris Lewis）（1994）认为，垄断企业由于能获得垄断利润，即使成本增加，对垄断企业的生存并不构成威胁。因此，经理如果不是企业的股东，就可能选择更多的闲暇时间，而不是把全部精力投入管理。同样，雇员也喜欢闲暇、不喜欢工作，而监督需要成本，因此组织里也存在相当松弛的现象。这就是所谓技术性低效率（Technical Inefficiency）。技术性低效率将增大企业管理成本，削弱自然垄断所具有的成本劣加性优势，从而降低自然垄断效率。利用哈伯格三角形（Harberger Triangle）（见图 2.4），可以描述技术性低效率对自然垄断效率的影响。假设平均成本和边际成本保持不变，AD 代表需求曲线。图中 BCD 三角形面积表示由于自然垄断的分配性低效（Allocative Inefficiency）导致的“无谓损失”（Deadweight Loss），BCP_CP_M 矩形面积表示自然垄断产业的垄断利润或经济利润。由于自然垄断产业技术性低效率的存在，将消耗垄断企业的一部分经济利润 FCP_CE，自然垄断所产生的实际经济利润仅为 $BFEP_M$。

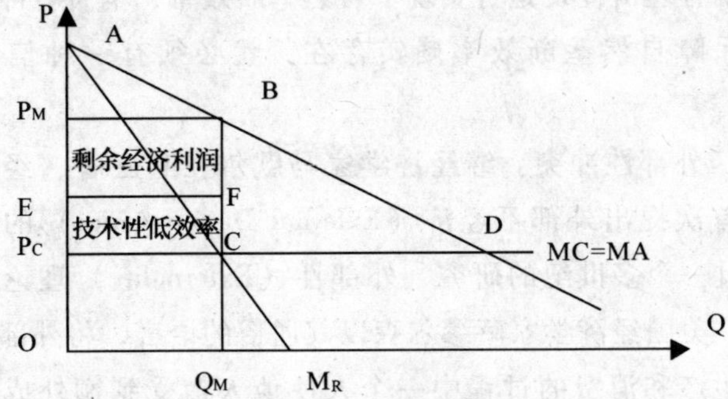

图 2.4　技术性低效率

（3）进入冲突。一方面，自然垄断效率要求市场是垄断结构，因而当进入限制被取消时，任何一个企业都有强烈的扩大生产的欲望，力图通过降低成本来取得竞争中的优势地位，由此会引起过度竞争，导致生产能力过剩、供给过剩和价格暴跌，使自然垄断效率不复存在。另一方面，当市场垄断得到保持时，如果垄断价格高于平均成本，则垄断企业面临新进入者的威胁，其垄断地位可能会受到挑战，从而引出自然垄断的“可维持力”（Sustainability）问题。进入冲突，将影响自然垄断效率能否继续存在的问题。

（4）消费者冲突。消费者在消费过程中具有一种内在的信息对称需求，但信息总是不对称地分布于市场中，在通常情况下卖主总是比买者更了解产品的质量和成本。而自然垄断所要求的市场垄断，将导致严重的信息不对称。在某些情况下，这些不对称能通过自愿交换的机制得到纠正，但严重的不对称会导致全社会的最适宜状态不可能通过自愿交换达到。由于自然垄断为自然垄断企业提供了明显而且是难以控制的信息优势，垄断企业就可能利用这种信息优势，降低产品质量，获取一种通过行业属性表现出来的高额信息租（拉丰和泰勒尔，1993）。在这种情况下，消费者就有理由怀疑是否实现了自然垄断效率，消费者冲突意味着，要保障自然垄断效率确实存在，就必须有一种信息沟通机制。

（5）外部性冲突。继经济学家马歇尔在其巨著《经济学原理》中首次提出外部不经济（External Diseconomics）的概念之后，经过一个多世纪的研究，外部性（Externality）理论获得较大发展。美国经济学家萨缪尔森以其通俗的语言，将外部性定义为“当生产和消费的过程中一个人使他人遭受到额外成本或额外收益，而且这些强加在他人身上的成本或收益并没有通过当事人的货币形式得以补偿时，外部性或溢出性就发生了。或说，外部性就是一个经济当事人的行为影响他人的福利，这种影响并没有通过货币形式或市场机制反映出来”。外部性可分为外在经济和外在不经济两种情况。外在经济会导致供给不足，外在不经济则会导致供给过剩。自然垄断产品生产过程中的外在不经济主要表现有：环境污染、噪声、消费者健康、灾害等。外在不经济将使社会的实际生产成本增大，导致自然垄断效率降低。外部性冲突的解决可以通过使厂商沿社会的边际成本曲线而不是沿私人的边际成本曲线运行来实现。

2.3 自然垄断效率冲突的解决方式

自然垄断存在的效率冲突，使市场并非必然表现出自然垄断效率特征。针对自然垄断效率冲突问题，为了实现自然垄断效率的优越性，经济学家在相当长的时间里进行了卓有成效的探索，从不同角度提出了一系列解决方案。斯蒂格利茨将这些方案归纳为三类：第一，政府接管某一行业的所有权，或将该行业国有化；第二，让私人企业经营该行业的同时，对其进行规制；第三，鼓励竞争。

1. 国有化及其效率分析

(1) 国有化的理论基础

英国《牛津法律大辞典》解释国有化（Nationalization）为：“国家将财产的所有权或控制权从私人或公司手里转归国家本身，或转归国家成立的掌握或管理这些财产的机构。”从国有化理论的发展脉络看，国有化的理论基础，除了由于自然垄断而带来的市场失灵外，还有一些其他方面的理论：一是市场失灵论。现代西方经济学把国有化看作矫正市场失灵的一种手段。按照现代西方经济理论，市场失灵会导致资源配置无效率，矫正市场失灵的办法之一就是实行国有化，由政府来配置资源。斯蒂格利茨提到，面对市场失灵，政府可以干脆由自己负起责任来。如果政府认为，在空运和铁路行业中存在市场失灵，它可以对这些行业实行国有化，或者对这些行业中令人不满的部分实行国有化，由政府来经营。[①] 二是国家干预论。20 世纪 30 年代的世界性资本主义经济危机使传统经济学在理论上陷入困境，约翰·梅纳德·凯恩斯（John Maynard Keynes）提出的一整套以有效需求为基本理论的国家干预理论在摆脱危机、加速经济恢复和发展上发挥了重要作用。国家干预理论主张，国家不仅应该通过财政、金融政策以及制定经济计划来对整个经济进行宏观调节，而且可以通过“国有化”运动，直接经营企业，参与经济活动，发挥国有企业对经济的调节作用。国家干预理论的采用，使资本主义国家失业人数减少，通货膨胀受到一定抑制，出现了经济“繁荣”，从而使凯恩斯干预理论的影响达到高峰。三是效率公平论。一些经济学家从效率和公平的原则来论证国有化，认为国有经济比私有经济有效率，也比私有经济公平，国有化是防止私人垄断的最好办法。英国经济学家 H. 盖茨克尔在《社会主义与国有化》一书中对国有化的理论说明具有代表性。他认为效率是资本国有化的论证核心；社会主义的第一个目标是“追求社会平等”；国有化是能达到更高生产力和更大效益以及防止垄断的最好的或唯一的方法。四是公共资金论。一些经济学家研究发现，国有制和私有制的比较不仅仅取决于各自的回报率，还取决于储蓄率和利润配置。根据这一观点，资金不足的国家会很好地处理国有企业创造

① 斯蒂格利茨：《经济学》（上册），中国人民大学出版社 1997 年版，第 144 页。

的利润，把利润用于企业的再投资，或者转移到其他地方作为投资预算。利特尔（Little）和莫里斯（Mirrlees，1974）对此作了进一步的阐述。在资金不足的二元经济中，即使私有制更有利可图，利润也可能会分配到不应该得到这些利润的富人手中，而不是用于再投资，但试图对利润征税以生成可供投资的公共资金时遇到的明显问题是税率太高，这将阻碍投资，而且会破坏投资进程。根据这种观点，公共资金可以在保留社会所需用途选择的同时避免税收的负面效应。五是科学技术论。该理论认为，科学的发展，要求大量的资金投入。而技术的外溢性和所需大量资金，使私人不愿或无力投入。因此，政府通过直接建立和发展国有企业，可以使其承担起私人无力承担或因具有明显的外溢性而不愿承担的责任，从而实现技术的发展。六是生产力发展论。恩格斯说："只有在生产资料或交通手段真正发展到不适于由股份公司来管理，因而国有化在经济上已成为不可避免的情况下，国有化——即使是由目前的国家实行的——才意味着经济上的进步，才意味着达到了一个新的为社会本身占有一切生产力作准备的阶段。"[①] 可见，国有化模式体现了生产力和生产社会化程度高度发达的结果。七是国家战略论。以苏联模式为代表，它是在特定的历史条件下，在生产力和生产社会化程度很低的社会主义国家，为了实行特定的发展战略，而实施的一种制度安排。建立这种高度国有化的所有制，是为了便于利用国家的权威进行积累，集中全国的人力和物力，优先发展重工业，加速建立比较完备的工业体系和国民经济体系，加速提高经济实力和国防实力。

可见，自然垄断的国有化形式存在多种理论解释，因此，在具体的对自然垄断的国有化效率进行研究时，不应该忽略国有化

① 《马克思恩格斯选集》第 3 卷，人民出版社 1995 年版，第 752 页。

产生的社会基础、国家制度安排等多种因素。

(2) 自然垄断的国有化效率研究综述

国有企业作为实现自然垄断效率的直接调控手段，在第二次世界大战后获得了充分发展的机会，表现出价格的低廉、供应数量的充足以及对落后地区承担的社会服务，从而降低了私人部门的成本，提高了居民福利水平，促进了政府实现就业、稳定与均衡的发展目标。但进入20世纪70年代，自然垄断领域的国有企业却每况愈下，其成本高、效率低、亏损严重，使国家财政赤字连年增加。在这种情况下，舆论和政党对国有化能否实现自然垄断效率产生了疑问。

国有化所产生的迥异情况，促使许多经济学者进行了深入研究，这些研究主要集中在电力行业，得出了国有化并不必然低效的结论。①

富尔曼（Forman）和米尔沃德（Millward）1994年对19世纪的英国做了很详细的计量经济学比较，发现在对规模校正后，市政企业的单位成本比私人企业低1%，但这种差别在统计学上是不显著的。在对1937年的国有和私有发电厂进行比较时，这些电厂由中央电力局按成本高低安排发电，发现被中央电力局选择的发电站运行成本比那些没有选上的发电站低，选上的发电站无论是市政企业或是私人企业都具有相同的效率。然而，没有选上的市政企业比同样未选上的私人企业的效率低。由此得出结论，尽管所有者形式不同，但竞争为取得效率提供的是相同的作用。在缺乏竞争的环境下，国有企业最小化成本的压力比私人低。

---

① 参见戴维·M. 纽伯里《网络型产业的重组与规制》，人民邮电出版社2002年版，第90—100页。

贝克（Baker，1913、1915）公布了300家私人和市政电力企业的效率比较结果，证明市政企业的销售价格较低，并且资金成本和运营成本较低。对这种情况，他们的分析是，可能由于国有企业的目标是销售额最大化，因此，它们的平均成本曲线要低于追求利润最大化的私人竞争对手的平均成本曲线。这一发现说明，国有化体现了自然垄断效率。

豪斯曼（Hausman）和菲尔德（Neufeld，1991）通过计量方法，对美国1987—1998年218家私人发电站与97家市政所有的发电站进行比较，却发现市政企业的生产效率显著高于私人企业（高9%），其原因是市政企业具有较强的规模经济。但威来斯等人对美国1964—1965年900家发电厂进行的研究，却发现了私人电厂的规模较小，但市政发电厂的单位运营成本比私人发电厂高74%。

波利特（Pollitt，1993、1995）则提供了比较新的研究样本。第一个数据是1986年9个国家的95家公用事业企业的国际样本，依靠所使用的方法，发现所有制在技术有效性上没有明显差异的证据。第二个数据是1989年14个国家的768个发电厂的国际样本，也没有证据表明为私人投资者所有的发电厂在技术上比国有发电厂更有效。但他在对其中164家基荷电厂的成本进行有效性计算时，却否认了国有企业与私人企业效率相同的假设。他发现私人投资者所有的发电厂在最小化成本和总的方面都更有效率，尽管这种差异在数量上很小（5%）。在技术有效性的差别相当小的假设条件下，他认为主要是技术选择不善造成了公有制总体效率低下，而不是由于技术性能差的缘故。

对国有化存在低效的问题，迪洛伦佐（Dilorenzo）和罗宾森（Robinson，1982）以及阿特金森（Atkinson）和哈沃尔森（Halvorsen，1986）的研究发现在价格既定的条件下，国有和私人电力生产企业具有相同的成本有效性。认为国有企业低效的观点主要是指国有企业得到了资金补贴，因此会作出低效率的选择。研究表明，不是企业不尽力使成本最小化，而是公有制结构很可能使企业面对的是误导性的生产信息。

与上述研究角度不同，纽伯里（Newbery，1999）根据世界银行（1995）提供的发展中国家样本，从宏观绩效对国有企业的效率进行了研究，发现对国有企业进行公共投资只能获得很低的净回报率，国有企业没有给政府创造净收入，远远不能对提高经济绩效产生贡献，反而要国家对这些企业发生净额转移，因而加大了国家的财政负担。

（3）对国有化自然垄断效率的反思

上述西方经济学者的研究表明，自然垄断的国有化方式完全有可能实现自然垄断效率。但是，这取决于若干前提条件，当这些条件不能满足的情况下，自然垄断效率将不可能实现，其中最重要的就是政府监督质量。自然垄断的国有企业是在政府监督之下运营的，由此产生了委托—代理问题。政府可以授权经理层进行日常管理，经理层则向拥有相当自主权的董事会报告，但政府作为资产所有者仍保留直接干预的权力。萨平顿和斯蒂格利茨(1987）认为：“两种（即公有制和私有制）之间的主要区别是，当政府试图干预生产活动时，政府要面临交易成本。在公有制下政府干预的成本一般较小，但在私人生产的情况下，不干预的承诺更为可信并且具有有利的激励效应。”由此可见，由于国有化内在的制度安排结构，自然垄断实行国有化运营方式将面临潜在的、由制度产生的交易成本。如果这种交易成本变大，就可能抵消和扭曲自然垄断效率，从而使国有化表现出低效现象。在这种情况下，自然垄断的国有化低效现象与其说是国有企业低效，不如说是政府监督制度的低效。因此，对国有化的自然垄断效率而言，政府监督质量将是其存在的前提。而要达到政府监督的高质量，则必须建立政府与国有企业之间合理的制度结构和激励机制。

但是，国有化所需的合理制度安排，需要付出高昂的监督成本，同时，政府监督制度的存在，只能是为国有企业提供实现自然垄断效率的一种外在约束，自然垄断效率的实现从根本上必须对自然垄断企业提供一种内在动力，这种动力的存在将使国有企业持续关注自然垄断企业的运行状态，分析企业是否在规模经济上、价格上实现了自然垄断效率的优越性。国有企业只有实现了这一优越性，才可能在市场上具备效率。对动力机制的寻求，使规制理论和有效竞争理论发展和丰富起来。

2. 政府规制

自然垄断的规制与国有化具有明显区别。国有化是网络型公用事业在政府监督之下的一种运营模式，规制则是另一种运营模式。日本学者植草益认为：规制是社会公共机构依照一定的规则对企业的活动进行限制的行为。萨平顿和斯蒂格利茨（1987）进一步认为，规制虽限定了网络型公用事业的行为，但所有者拥有剩余索取权，规制拥有内在激励的特点。丹尼尔·斯普尔伯（Daniel F. Spulber，1989）则认为，规制是行政机构制定并执行的直接干预市场机制或间接改变企业和消费者供需决策的一般规则或特殊行为。维斯库西（Viscusi，1995）认为，规制是政府以制裁手段，对个人或组织自由决策的一种强制性限制。在国有化失灵后，国有企业推行了民营化改革。民营化是一种体制改革，但市场仍然保留垄断结构，作为对国有化模式的替代，规制成为了国有企业民营化后实现自然垄断效率的一种主要模式。

规制与国有化模式的主要区别是前者赋予了企业剩余索取权，从而增加了企业内在动力。但私有企业的市场垄断，在追求利润最大化的目标下却可能导致市场更严重的失灵。因此，规制的理论基础一方面建立在公司法人治理结构更有效率的基础上，另一方面则建立在市场失灵的基础上。市场失灵包括传统的自然垄断性，但是由于技术进步，自然垄断对规制的影响已逐渐减弱，外部性、信息非对称等特征正逐渐取代自然垄断成为规制的重要理论依据。而随着可持续发展需求的上升，社会性规制的要求也日渐强烈。

自然垄断性要求政府提供市场的进入规制，以便让一家企业独家垄断经营，以获得规模经济和范围经济效益。但是自然垄断中存在的定价冲突，同时也要求政府提供价格规制，不仅使自然垄断产业资源配置更有效率，而且收入分配上也更加合理。由于信息不对称问题的存在，要求政府提供产品和质量等方面的规制，纠正信息的不对称，并诱发市场更接近最适宜的状态。由于规制者掌握的信息总是不如自然垄断企业多，这就使规制者难以有效监督企业的行为，导致自然垄断效率低下，于是规制制度就构成了一种激励机制。假定政府规制者的追求目标是由消费者剩余和企业利润所构成的社会福利，而企业的追求目标是利润最大化，但规制者无法观察到企业真实的单位成本水平，在这种情况下，如果规制者能够根据观察到的企业产出水平，给企业一种特别的激励，仍能达到最理想的结果（M. Leob and W. Magat, 1979）。自然垄断企业的负外部性表现，要求政府提供社会性规制，可以诱导追求利润最大化的私人将其产出限制到使全社会达到最适度状态而不是个人达到最适度状态的产出水平点。这个目标可通过使厂商沿社会的边际成本曲线而不是沿私人的边际成本曲线运行的各种政策来实现。

(1) 政府规制与自然垄断效率改进

自然垄断的政府规制变迁，体现了以追求自然垄断效率为导向，依据规制制度变迁的轨迹，可以将规制分为：

一是传统规制。传统规制理论以规制规范分析学派为代表，其理论研究的出发点是规制公共利益理论。规制的公共利益理论是在实证理论的规范分析中逐步形成的，该学派认为规制的基础前提是市场失灵。市场失灵包括自然垄断、外部性、信息不对称等，在这些情况下，政府应对企业活动进行规制，在确保资源配置效率的情况下，保证公共利益不受损害。公共利益理论把政府规制看作政府对一种公共需要的反应，是针对私人行为的公共行政政策，是从公共利益出发而制定的规则，并假定在这一过程中，政府可以代表公众对市场做出一定理性的计算，以限制受规制的企业对价格进行垄断或者对消费者滥用权力。传统规制阶段，自然垄断产业的规制形式主要包括进入规制、投资规制、价格规制与对产品和服务质量的规制。

①进入规制。是指在自然垄断产业中，为确保企业的规模经济效益和提高其生产效率，规制机构特许一家企业或少数几家企业进入。进入规制是以限制产业内过度竞争、提高效率为重要目的，它主要实行许可制、注册制与申报制等。

②投资规制。政府规制者既要鼓励企业投资，以满足不断增长的产品或服务需求，又要防止企业间过度投资，以保证投资效率和效益。

③价格规制。是指在自然垄断产业中，规制当局为限制企业制定垄断高价和实现资源的有效配置而对价格水平进行的规制。

④对产品和服务质量的规制。该规制的主要目的是为了防止缺乏竞争的自然垄断产业提供的产品和服务的质量下降。

二是激励性规制。激励性规制以规制实证分析学派为代表。实证分析学派对以保护公共利益为动机的规制规范分析提出了疑问，建立了规制经济理论，其中，“政府规制俘虏理论”是政府规制经济理论的一个核心内容。该理论认为，政府规制者是经济人，追求着私利，规制者的直接目标是收入最大化。因此，具有特殊影响力的被规制企业，针对规制者的自利动机就可能会进行寻租活动，使规制者成为企业追求垄断利润的一种手段。规制实证学派通过经验数据分析，佐证了所提出的观点。由于规制失灵，规制实证学派主张放松原有规制和实行激励性规制，在保持原有规制结构的条件下，给予被规制的企业提高内部效率的刺激。主要方法有：

①区域间比较竞争。是将受规制的垄断企业分为几个地区性的企业，使某个特定地区的企业在其他地区企业经营成就的刺激下提高自己内部效率的一种规制方式。

②特许投标制。由德姆塞茨首先提出，是指政府与地方公共团体在提供某种公共事业服务时，可以通过投标的方式将特许权授予企业。

③价格上限规制。价格上限规制又被称为“RPI - X 规制”，是一种高强度的激励机制，是作为公平报酬率规制的替代方案而被提出的。规制者规定企业的产品和服务的平均价格的上限，使价格只能在上下限之间变动。该法已成为激励性规制的一种主流形式，它具有将外在约束转化为企业内在动力的一种激励性传导机制。

④社会契约制。规制当局与被规制企业之间在修订价格时就设备运转率、热效率、建设费等签订合同。如果企业实现的成绩优于合同规定的，则予以报酬，否则予以处罚。

激励性规制的发展和完善，提高了私有企业的自然垄断效率。一些富有成效的规制办法，如价格上限激励，也被政府所采用，成为政府监督和管理国有企业的重要手段。规制的进一步发展使社会性规制日益突出。植草益对社会性规制下的定义是：以保障劳动者和消费者的安全、健康、卫生、环境保护、防止灾害为目的，对产品和服务的质量及为提供它们而产生的各种活动制定一定标准，并禁止、限制特定行为的规制。与经济性规制相比较，社会性规制是一种较新的政府规制。

（2）规制的效率模型与非效率模型

①规制的效率模型。[①] 规制的效率模型是建立在政府规制的公共利益理论基础上的。该模型的基本内容是，规制者原则上总是试图将垄断行业的价格保持在与被规制企业投资收益相称的最低水平上。或者说，规制者力图使自然垄断行业的价格等于其平均成本。根据斯蒂格利茨的解释，这里的平均成本包括厂商资本的正常报酬，即企业所有者对该企业投资的正常报酬。如果规制成功，那么自然垄断企业将得不到垄断利润，企业充分实现了自然垄断效率。规制实现自然垄断效率的产量和价格如图 2.5 中的 Q_R 和 P_R。规制的效率模型按照规制的不同方案至少可以分为三种：第一种是政府按照边际成本决定规制价格和相应的产量，由此产生的企业亏损由政府的税收来弥补；第二种是政府按照平均成本决定规制价格和相应的产量，企业不发生亏损，也不需要政府补贴；第三种是政府使用激励性规制手段，在激励机制的作用下，企业的价格会接近平均成本和平均成本时的产量。上述三种模型都会抑制企业制定垄断价格，从而维持自然垄断效率。

②规制的非效率模型。[②] 自然垄断效率是一种特殊经济属性的体现，当政府的规制加入了利益集团和政治效用等影响因素后，自然垄断效率便会遭到严重侵蚀。这就是规制的非效率。具有代表性的规制的非效率模型有以下三种：

---

① 参见斯蒂格利茨《经济学》（上册），中国人民大学出版社 1997 年版，第 366—367 页。

② 参见周勤《管制经济学的理论、政策及其应用》，《东南大学学报》（社科版）1999 年 3 期。

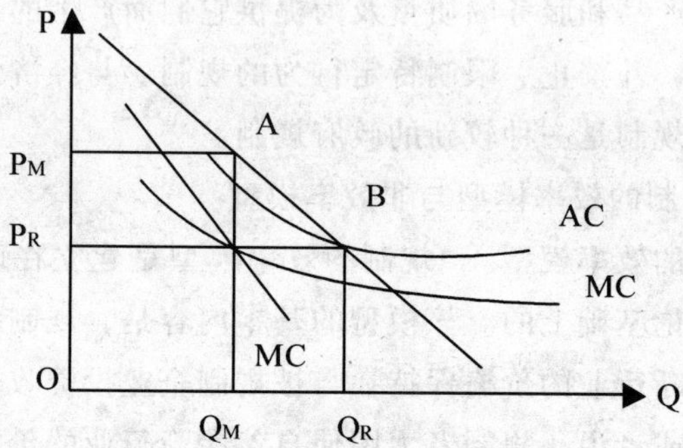

图 2.5 规制效率模型

一是施蒂格勒规制模型。规制机构与经济组织之间的相互作用，经常表现为消费者和厂商利益集团影响规制机构的成员；消费者和厂商的法律诉讼或以法律诉讼相威胁而产生或改变的特殊规制。规制者和被规制者的相互作用涉及规制均衡问题。施蒂格勒（1971）断言规制是一组由产业需求控制的政府偏好，即利益集团的纳税或游说收买了政府。对于这一点，波斯纳（1974、1975）给予了补充，认为国家的强制权是以更有效的卡特尔化的方式提供产出的，垄断的总租金损失就等于总的垄断租金 ABEF（如图 2.6 所示），而不仅仅是传统上认为的福利净损失——三角形 ABC。理由是如果进入壁垒由政府建立，企业争取垄断地位的竞争费用就等于可能获得的潜在利润。垄断项目的竞争性投标是通过浪费可获得的潜在利润而得到的。所以从政府规制中得到租金的竞争所产生的社会成本就是以耗尽潜在利润为限度的。

二是波尔兹曼规制模型。波尔兹曼（L. Boltzmann，1976）发展了施蒂格勒等人的思想，得出了政治或法律的规制模型，立法者制定规制决策是以期望的选票最大化为准则的。波尔兹曼把政治家作为一个利益集团并使之成为模型的一个变量，确定了政治家的目标函数，它取决于利益集团的财富水平。对于进入和价格规制而言，利益集团就是消费者和厂商，令 S = S（P）表示消费者剩余；令 $\Pi = \pi$（P）表示企业利润，函数中的市场价格为 P，那么政治生产函数就是 M = M（S，π）。政治家将选择选票得数最大化下的产出，即政治边际替代率等于厂商利润向消费者剩余转移的边际转移率下的均衡。此时的规制价格即为图 2.7 中的 A 点，它所表示的价格严格地处在竞争价格（P_M）和垄断价格（P_C）之间。

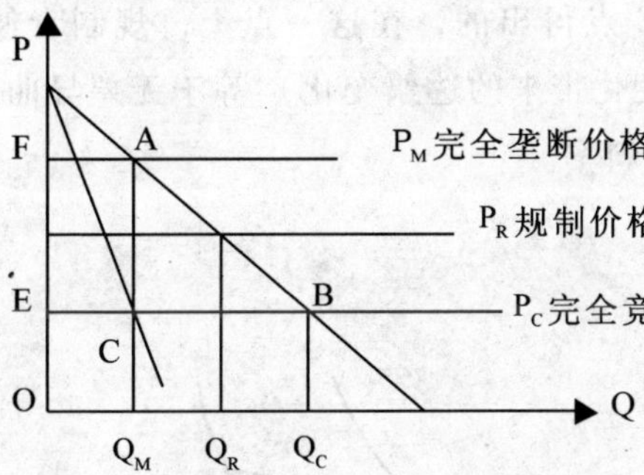

图 2.6　施蒂格勒规制模型

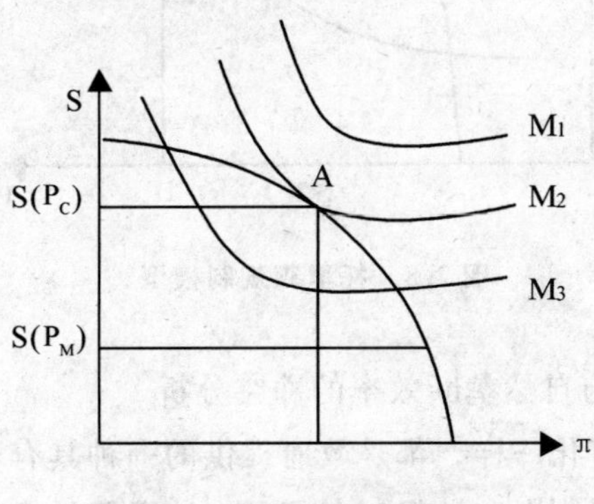

图 2.7　波尔兹曼规制模型

三是托里森规制模型。托里森（Tollison，1991）对上述模型进行简化得到了新的规制均衡模型。图 2.8 所示纵轴为利润，横轴为价格，分别代表厂商和消费者的偏好，AB 曲线表示厂商利润随价格变化的函数，消费者剩余与价格成反比。而追求选票最大化的规制者——政客，即在厂商和消费者之间寻求价格转移。V 是规制者的等选票无差异曲线，$V_1 > V_2$。在 A 点上，厂商利润为零，意味着完全竞争的产业；在 B 点上厂商利润最大，也就是完全垄断的产业。规制价格在 A 和 B 点都不能达到政治均衡，除非厂商或消费者的利益可以完全忽略。因此，一个规范的政治均衡是由 E 点得出的，在这一点上，规制者使其边际政治替代率（利益变化带来的选票变化）等于无差异曲线 V_1 与利润曲线 AB 切点的斜率。

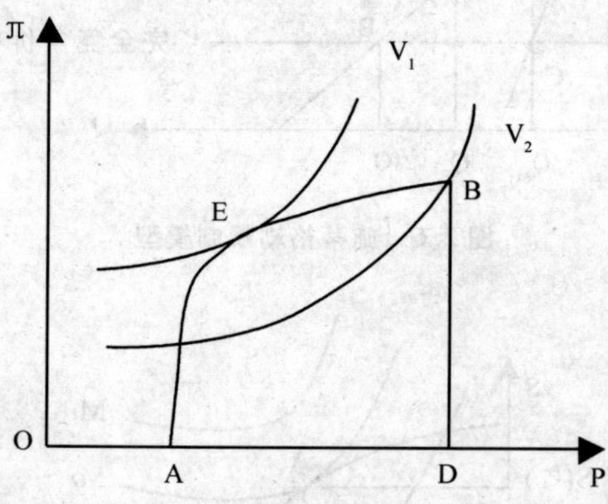

图 2.8　托里森规制模型

（3）规制与自然垄断效率的冲突分析

规制与国有化一样，都是政府提供的一种具有理想色彩的制度性安排。在规制者和被规制者都具有若干假设条件下，可以实现自然垄断效率。但是，这些假设条件并不必然成立，因此自然垄断效率的实现实际上面临着规制制度所产生的冲突：

一是规制者以公共利益为基础的独立主体。自然垄断效率在以规制方式实现时，要求规制者必须是独立的，并以公共利益为导向。但是，正如规制俘虏理论所揭示的，规制机构受利益集团的影响，规制者常常被拖入被规制者的阵营。因此，规制者能否从制度到行为均保持其独立性，将是规制实现自然垄断效率的前提条件。

二是规制者的价格确定。自然垄断效率最终将通过产品价格来体现，在规制的情况下，产品价格将由规制者确定。规制者制定价格的着眼点要考虑企业资本获得合理报酬，因此为了获得尽可能高的利润，厂商会尽可能增进其资本数量，从而会导致资本量更多或造成过度投资，这就出现了生产低效率的“A－J”效应。同时，规制者制定价格的主要来源是厂商提供的信息，但信息不对称将是一个难以解决的问题。

三是规制制度的设计。在平均价格难以准确确定的情况下，规制者只能选择设计一种激励性规制制度，使产品价格能够有效逼近平均价格。这样，规制制度的设计就成为实际的规制活动中规制者的一道难题，对自然垄断效率的实现影响极大。

3 有效竞争市场的构建

3.1 有效竞争理论及其效率

1. 有效竞争的理论内涵

自然垄断产业如何实现和选择竞争模式，在技术变化和市场需求扩大的前提下，经济学家提出了自然垄断效率实现的第三种模式，即有效竞争。①

垄断是对市场竞争的否定，将会导致经济缺乏竞争活力，在马歇尔看来规模经济和竞争活力成为两难选择。在一个较长的时期里，经济学家们对如何克服“马歇尔困境”，把规模经济与竞争活力两者有效地协调起来进行了积极探索。

1940年6月，克拉克发表了《有效竞争的概念》一文。指出，所谓有效竞争，就是指将规模经济和竞争活力两者有效地协调起来的一种竞争状态。两者协调点是合理界定规模经济和竞争活力的“度”，其协调的目标是规模经济和竞争活力所发挥的综合作用使社会经济效率极大化。有效竞争有如下特征：

首先，有效竞争是一种适度竞争，它要求把过度竞争和竞争不足的消极现象控制在最低限度内，使竞争收益明显大于竞争成

① 参见王俊豪《论自然垄断产业的有效竞争》，《经济研究》1998年第8期。

本。市场竞争能促进社会资源得到优化配置和使用，产生竞争收益。同时竞争造成生产能力过剩、生产要素闲置，甚至大批企业倒闭破产、整个行业亏损，造成资源浪费，从而产生竞争成本。随着竞争程度的提高，竞争收益往往呈现出先递增后递减的趋势，而竞争成本一般随着市场竞争程度的提高而增加。而有效竞争，应该使竞争收益扣除竞争成本后的净收益相当大。将竞争效益定义为竞争收益与竞争成本的比值，则适度竞争的竞争效益至少应大于1，这是有效竞争的底线（见图3.1）。从图3.1中可以看出，竞争收益先是递增，当市场竞争度小于 D_1 时，竞争成本大于竞争收益，表现为竞争不足；在 D_0 处竞争收益达到最大，然后递减，在 D_2 处竞争收益和竞争成本相等，当市场竞争度继续增加，竞争成本便大于竞争收益，竞争净收益为负值，表现为竞争过度。可见，(D_1, D_2) 是适度竞争范围，在此区间内才能保证竞争收益大于竞争成本。

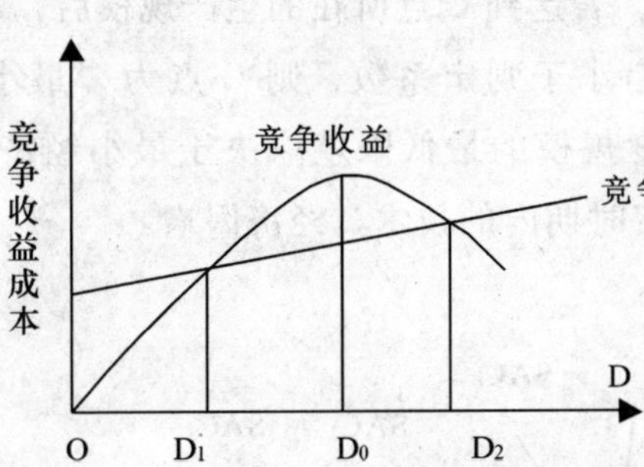

图3.1 适度竞争区域

其次，有效竞争应符合规模经济的要求。规模不经济状况下的竞争是一种低水平竞争。而低水平竞争意味着企业要以较多资源投入才能得到一定量的产出，表现为经济效率低下。这显然是与追求较高经济效率的有效竞争相违背的。因此，有效竞争应该是在满足最小经济规模条件下的竞争，这样才能有较高的经济效率。以图 3.2 说明。图中 LAC 为长期平均成本曲线，SAC 为短期平均成本曲线，Q_1 为最小经济规模。长期平均成本曲线向下倾斜意味着，在生产能力不变的情况下，要想通过扩大生产批量来降低单位成本会达到极限，因而需要进一步扩大投资，扩大生产能力，才能实现更大的生产批量。但是，长期平均成本的下降不是无限的，在产量达到 Q_1 点后，长期平均成本曲线将有一段大致保持不变的阶段。当规模继续扩大到一定程度（Q_2）之后，由于受产业的技术工艺特征、管理幅度以及市场需求量等因素的制约，单位成本反而会缓慢上升。因此，由经济规模特性决定了适度规模是一个区域（Q_1，Q_2）。规模经济是一种经验理论，建立在产业生产规模和成本的统计、分析、总结的基础上。鉴于此，对最小经济规模的确定，可以先设定一个平均费用下降串判定系数（如 1%），若达到 C 点所在的生产规模后，再增加产量，其平均费用下降串小于判定系数，则 C 点为“最小经济规模”(MES)。企业适度规模的最低限就取决于最小经济规模，而最高限则取决于一定时期内的技术、经济因素。

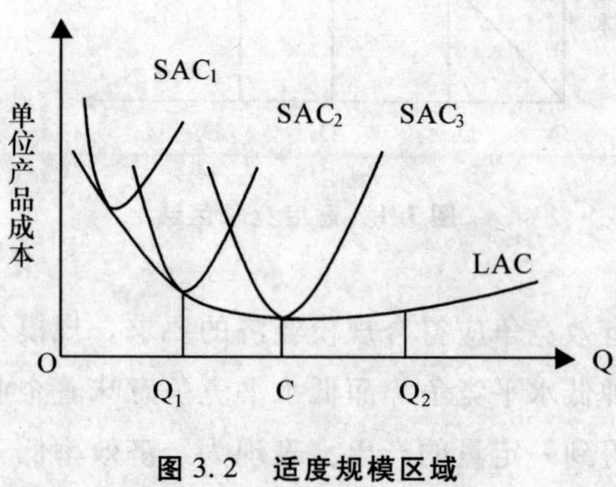

图 3.2　适度规模区域

最后，有效竞争是适度竞争和适度规模的兼容。有效竞争体现了规模经济和市场竞争活力相互协调的一种理想状态，其协调点是合理确定规模经济和竞争活力的“度”，其协调目标是两者所发挥的综合作用使社会经济效率极大化，这实际上也是我们探索有效竞争标准的基本思路。

图 3.3 表示企业的有效竞争区域。其中，企业的竞争成本曲线随着产量或规模增加而呈现上升趋势，在企业规模不断增大的情况下，将会造成企业生产能力过剩，生产要素闲置，资源浪费更为严重。图中（Q_1，Q_1'）代表适度竞争区域，（Q_2，Q_2'）代表适度规模区域，而有效竞争是由适度规模与适度竞争相交部分所组成的区域（Q_2，Q_1'）。虽然，在这一区域内所分别获得的规模效益和竞争效益不一定是最大的，但两者的综合效益最大，能实现经济效益极大化的目标。因此，只要在某一产业中的企业基本上达到最低适度规模（即最小经济规模）要求，而且，其市场竞争度又能保证竞争收益明显大于竞争成本，即处于适度竞争范围，该产业就基本上处于有效竞争状态。

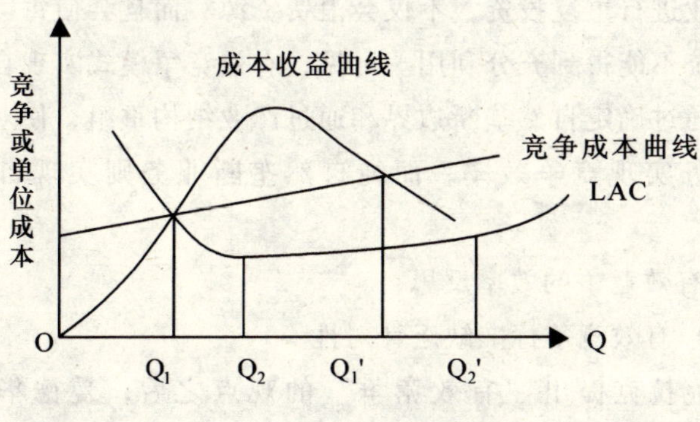

图 3.3　有效竞争区域

有效竞争是一个由企业适度规模与适度竞争相结合的区域状态。根据自然垄断产业的经济特征，要在自然垄断产业实现有效竞争，政府在制定规制政策时，应该同时考虑自然垄断产业的成本弱增性和竞争机制的积极作用，其目标是两者所发挥的综合作用能使社会经济效率极大化。

根据自然垄断的边界模型，自然垄断效率只发生在成本劣加性的边界内。当技术的变化使规模经济的范围变小或由于市场需求的扩大，使得现有的市场需求超出了成本劣加性的最大边界，自然垄断性便不复存在，这时，自然垄断产业就出现了并非所有业务都具有自然垄断性质的现象。因此，要在自然垄断产业实现有效竞争，首先应区分具体产业中的自然垄断性业务和非自然垄断性业务，实行区别对待的规制政策。对于非自然垄断性业务，政府应放松进入壁垒，允许多家新企业进入，以较充分地发挥竞争机制的作用。但政府仍然要控制进入非自然垄断性业务领域的企业数量，并要求这些企业必须达到最小经济规模的要求，以避免低水平的过度竞争现象。而对于自然垄断性业务，由于这些业务需要大量的固定资产投资，其中相当部分是沉淀成本，如果由多家企业进行重复投资，不仅会浪费资源，而且会使每家企业的网络系统不能得到充分利用。可见，有效竞争模式实现自然垄断效率是通过确定自然垄断边界和通过产业结构重组，使对非自然垄断业务实现竞争效率，而纯自然垄断业务则实现自然垄断效率。

2. 有效竞争的效率反思

(1) 有效竞争标准缺乏针对性

继克拉克提出“有效竞争”的观点之后，爱德华·梅森(E. Mason)将有关有效竞争的定义和实现有效竞争条件的论述归纳为两大类：一是寻求维护有效竞争的市场结构，以及形成这种市场结构的条件，这被称为有效竞争的“市场结构基准”；二是从竞争可望得到的效果出发寻求竞争的有效性，这被称为有效竞争的“市场效果基准”。之后，史蒂芬·索斯尼克（Stephen Sosnick）评论了50年代末之前的所有文献，并依据标准的S－C－P分析范式来概括有效竞争的标准，但总体说来，对自然垄断产业的有效竞争标准，缺乏针对性和可操作性。

（2）有效竞争下的公共产品冲突

在非自然垄断环节引入竞争，主要是考虑规模与需求的变化问题。但是，随着竞争的引入，原自然垄断产品潜在的特性在竞争背景下，就可能对有效竞争模式能否实现自然垄断效率产生不可估量的影响，如典型的自然垄断产品公共产品属性就可能会对有效竞争产生重要影响。

①对自然垄断产品公共属性的反思

公共产品相对于私人产品而言，主要有非排他性和非竞争性两个基本属性。非排他性是指只要有人提供了公共产品，不论其意愿如何都不能排除其他人对该产品的消费。若想排除其他人从公共产品的提供中受益，或者在技术上是不可行或极其困难的，或者排除的成本过于昂贵而缺乏可行性。非排他性的存在，使私人企业供给公共产品会造成供给不足。非竞争性是指某物品在增加一个消费者时，边际成本为零，即在公共产品数量一定的情况下，将其多分配给一个消费者的边际成本为零。非竞争性由私人企业供给，则会由于要征收费用而低于最佳利用水平。在现实中，真正的纯公共产品是很少的，大多数物品都可以被看作是介于纯公共产品和私人产品之间的准公共产品（见图3.4）。

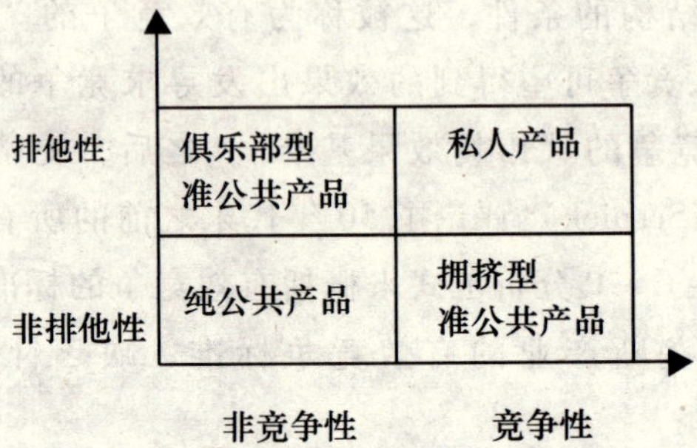

图 3.4 公共产品和私人产品划分

自然垄断产业提供的产品基本属于准公共产品，其特点见表 3.1。

表 3.1 公共产品及其特征

产　品	国防、外交、法律、法规、警察	铁路运输、民航、电信、电力、供水、煤气	彩电、冰箱、电脑等
分类	纯公共产品	准公共产品	私人产品
非排他性	非排他性	不能独享，排他性较难，但可以实行私人消费	排他性
非竞争性	非竞争性	拥挤点以内，边际成本接近零；超出拥挤点，边际成本迅速增大	竞争性
购买方式	纳税方式间接实现	直接付款购买	直接付款购买
提供途径	政府	政府或市场	市场
消费选择权	没有	基本没有	有
产品质量鉴定	不容易	不太容易	容易
产品替代性	弱	较弱	大
消费需求程度	大且稳定	大且稳定	程度不一，消费波动较大
外部性	广泛	广泛	较小

自然垄断产品的准公共产品属性，使得由私人提供会出现以下问题：供给不足，特别是在不盈利或盈利较小的市场；一旦产品中断供给，对消费者影响很大；物品和服务的市场价格较难形成。但是，准公共产品及私人产品的界线不是绝对的，它们都依赖于技术条件和具体环境。对自然垄断产业而言，当其产量达到或超过拥挤临界点时，产品的公共性开始淡化，相应地，私人产品的特征开始加强。在这种情况下，产品由市场提供的边界扩大，政府的规制政策也要求相应调整。

②竞争可能产生的公共产品冲突

自然垄断产品的公共产品属性，要求市场提供持续、稳定而广泛的供给。在市场垄断条件下，无论是国有化方式，或是规制方式，由于垄断企业的行为都将受到政府的制约，因此二者都可能实现较充分的市场供给和较普遍的社会服务。但是，在非自然垄断环节引入竞争的背景下，竞争企业追求利润最大化，以此为目的则可能导致在盈利性较差或不高的产业环节减少投资，在需求进一步扩大的情况下，这些环节将可能由于投资不足而出现供给“瓶颈”，从而增大供给风险。

可见，有效竞争模式在提高自然垄断效率的同时，必须考虑到由于引入竞争而可能产生的一些新的问题（杨永忠，2003）。

3.2 有效竞争理论的再认识

1. 有效竞争绩效的理论基础

目前，有效竞争是实现自然垄断效率的最基本模式。但是，有效竞争这一理论的本身是针对一般产业而提出的，而自然垄断产业具有特殊性，有效竞争应用于自然垄断产业存在理论上的缺陷，因此，需重新建立自然垄断产业的效率分析框架。

自然垄断产业改革的总趋势是放松规制，市场向着竞争的方向推进，但改革的结果是成功与失败并存，成功之处是市场活力增加，企业效率提高，服务质量上升，价格普遍下降；失败之处是许多方面并没有达到预期的目的，甚至有所倒退。自然垄断产业为什么会出现这种状态，需要我们从理论上重新认识自然垄断产业和有效竞争模式。

自然垄断产业有效竞争模式是区分自然垄断业务和非自然垄断业务，在非自然垄断业务引入竞争。即是说，自然垄断业务仍保持原来的属性，但非自然垄断业务却从垄断性质转变为竞争性质。有效竞争所取得的绩效正是非自然垄断业务从垄断到竞争的转变所带来的，对此问题的认识，可以从以下模型得到解释。

在图 3.5 中 MC_1、AC_1 是非自然垄断业务部分的边际成本和平均成本曲线，Q_2 内的平均成本曲线是成本劣加性区间。MC_0 是假设该市场处于竞争状态的竞争均衡时边际成本曲线。当市场需求曲线为 D_1 时，企业处于弱自然垄断状态，企业按边际成本的定价原则所确定的价格和产量在 E 点，可见，该点所确定的自然垄断效率优于竞争均衡时的竞争效率 G 点。当市场需求扩大并上升到 D_2 时，超过了 Q_2 所对应的成本劣加性点，自然垄断属性就消失了。此时竞争效率将更为有效，竞争均衡点在 H 点，但是此时如果仍然维持垄断市场格局，则该企业按边际成本定价原则将把价格和产量确定在 F 点，F 点产生的社会福利明显低于 H 点，并且此时垄断企业获得的生产者剩余高于原来企业在 E 点所获得的生产者剩余。如果垄断企业按利润最大化原则定价，则获得的经济利润将更高。可见，当原自然垄断业务转变为非自然垄断业务后，引入竞争将是更理想的资源配置方式。而有效竞争所产生的绩效正是从 F 点到 H 点变化所产生的效率增进。

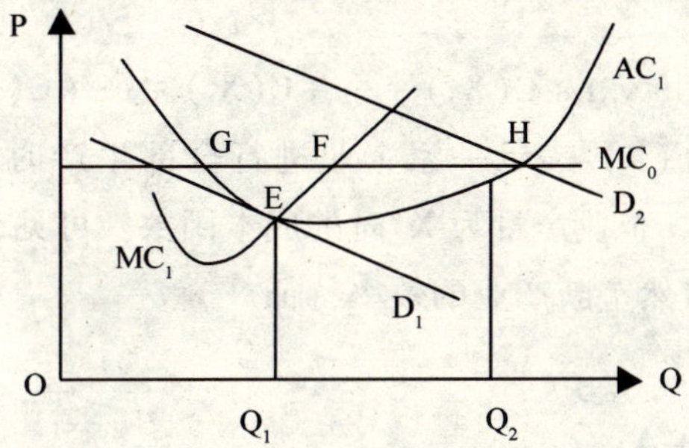

图 3.5 自然垄断有效竞争的效率模型

2. 有效竞争缺陷的经济分析

有效竞争实现自然垄断产业的效率增进存在两个前提：对非自然垄断业务，自然垄断属性已经消失且不存在其他对竞争有重要影响的因素；对自然垄断业务和非自然垄断业务之间的关联经济性能够保持不变。但这两个条件均难以成立，由此产生了新的效率冲突。

(1) 从自然垄断效率到自然垄断产业效率

传统自然垄断产业的效率，是对自然垄断效率的完整体现。但随着自然垄断产业的结构调整，现代自然垄断产业的效率所呈现出的是一种结构型效率特征。

①传统自然垄断产业：一种单一型效率

传统自然垄断产业内各个环节实行的是一体化经营，自然垄断企业就代表了自然垄断产业。因此，自然垄断产业的效率特征就是自然垄断效率。如图 3.6 所示，自然垄断产业处于规模经济边界内时，自然垄断产业效率是边际成本曲线与平均成本曲线交点（E 点）左边的强自然垄断效率；自然垄断产业超过规模经济并在成本劣加性的范畴时，自然垄断产业的效率是 F 点左边的弱自然垄断效率。强自然垄断和弱自然垄断的效率公式均可以表示为：

$$C(X) < C(X_1) + C(X_2) + \cdots + C(X_i) + \cdots + C(X_n)$$

其中，C（X）表示一家企业进行全部生产时的成本函数，C（X_i）表示 i 企业产量为 X_i 时的成本函数。可见，自然垄断效率即代表了自然垄断产业的效率特征。

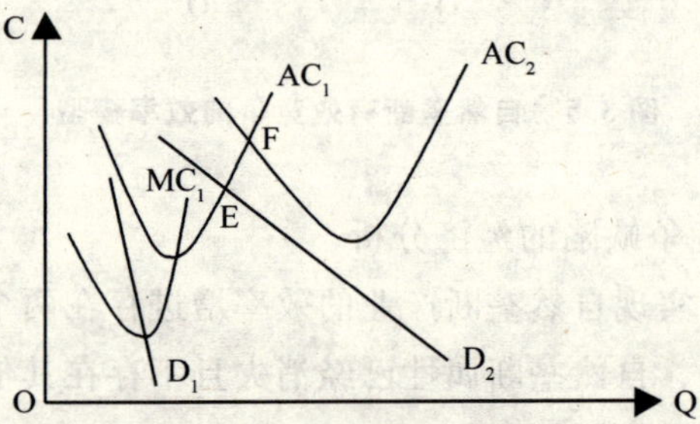

图 3.6　传统自然垄断产业的单一型效率

②现代自然垄断产业：一种结构型效率

现代自然垄断产业将自然垄断业务和非自然垄断业务区分，并在非自然垄断业务中引入竞争，因此，自然垄断仅是自然垄断产业的部分特征，自然垄断产业兼有自然垄断和非自然垄断属性。就效率而言，此时自然垄断效率已不能代表整个自然垄断产业的效率。现代自然垄断产业的效率已转变为由自然垄断业务的自然垄断效率和非自然垄断业务的竞争效率所组成，即是说，自然垄断产业的效率问题已经从自然垄断效率转变为自然垄断产业效率，已经从单一型效率转变为结构型效率。如图 3.7 所示，（a）代表了纯自然垄断业务的自然垄断效率，（b）代表了非自然垄断业务的竞争效率，二者的结构组合便构成了整个自然垄断产业效率。分别用自然垄断效率和竞争效率的数学特征表达式，即有：自然垄断产业效率 = 纯自然垄断性业务效率 + 非自然垄断性业务效率 = 自然垄断效率 + 竞争效率 = C（X）< C（X_1）+ C（X_2）+ … + C（X_i）+ … + C（X_n）+（P = MR = AR）。

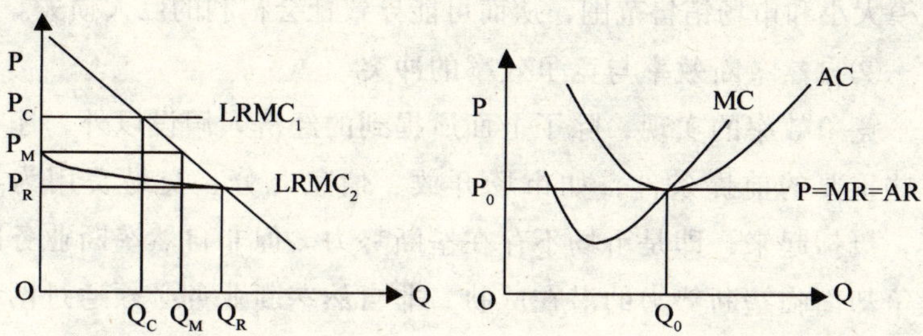

(a)自然垄断效率模型　　(b)竞争效率模型

图 3.7　现代自然垄断产业的结构型效率模型

可见，现代自然垄断产业呈现的结构型效率，远较过去的单一型效率更为复杂。正如传统自然垄断产业的种种问题来源于自然垄断效率的冲突一样，现代自然垄断产业的各种问题，仍然根植于效率冲突，且是一种结构性效率冲突。

（2）现代自然垄断产业的效率冲突分析

①竞争效率的冲突

在非自然垄断业务中引入竞争，以实现自然垄断产业的有效竞争模式，其理论基础是建立在部分原自然垄断业务的成本劣加性消失，从而使竞争成为更有效率的基础之上。也就是说，竞争主要考虑的是自然垄断的成本劣加性。但是，成本劣加性只是自然垄断产业的一种重要属性，除此而外，还有网络经济性、关联经济性以及公共产品性等等。当非自然垄断业务的自然垄断性消失，但自然垄断产业的其他部分属性仍然在非自然垄断业务中保留时就可能对竞争效率构成潜在的威胁。如自然垄断产品作为一种准公共产品，要求社会必须提供持续、可靠、优质的产品供给。但是，在竞争条件下，厂商被假定为经济人，追求利润最大化的目标，因此厂商的生产行为必然是根据市场需求调节产品的生产规模大小和市场销售范围，从而可能导致社会福利的巨大损失。

②自然垄断效率与竞争效率的冲突

竞争效率的实现，除了上面所提到的经济人假设以外，还有一些重要的前提条件，如市场开放、信息充分、交易费用为零等，概括起来，即是市场不存在垄断势力。但非自然垄断业务的竞争却面临垄断势力的潜在威胁，非自然垄断业务必须通过网络型的自然垄断业务来实现，其竞争必须通过网络的自由接入才能实现。由于自然垄断效率的要求，自然垄断业务又必须保持垄断才更具有效率，而这种垄断权在追求利润或缺乏规制的情况下，都极有可能出现人为的接入障碍，如无法实现接入，或不能充分接入，或能够接入但却面临歧视性价格等。

自然垄断效率与竞争效率之间的冲突，其实质是竞争所产生的自然垄断业务与非自然垄断业务之间的关联经济性冲突。在非自然垄断业务分拆后，关联经济性冲突已经上升为自然垄断产业规制中的一个新的突出矛盾。自然垄断产业引入竞争在增进效率的同时，也存在效率损失的风险。而自然垄断产业效率的实现，既要取决于自然垄断效率或竞争效率的各自实现，又需要二者之间的相互协调。

3.3 有效市场假说的提出

1. 有效市场及其特征

有效竞争模式使自然垄断产业实现竞争成为可能，但是，由于自然垄断产业有效竞争的建立背景是解决垄断所产生的低效问题，因此，有效竞争强调的是竞争导向，也注意到了竞争与规模的兼容。但是，有效竞争实践中所暴露出的许多问题却又是有效竞争所忽略或不能解决的，如竞争环节与垄断环节的接入矛盾，竞争者的技术标准冲突，以及自然垄断业务中一直存在的企业管理低效对自然垄断效率的消耗、所有制冲突、消费者权益保障等等。这些问题既涉及市场运营与管理主体之间的相互关系，又涉及市场客体如产品、技术、产权等等，显然有效竞争并不能完全概括上述内容，也难以有效解决。另外，随着有效竞争的引入和自然垄断产业内部各个环节的分拆，自然垄断产业的市场边界和市场化程度有了明显扩大和提高，价格机制、竞争机制、供求机制都得到了充分的体现。在这种背景下，如果还仅仅停留在自然垄断产业改革初期的竞争导向阶段，则不能适应自然垄断产业的发展需要。对上述问题的解决，既需要设计合理的产业运行体制、交易制度，又需要建立商品生产者之间、商品生产者与消费者之间效率和公平都得到体现的交换关系，这些因素构成了一个复杂的系统，其总体正是市场（杨永忠，2003）。

可见，从市场的角度，而不是单从竞争的角度思考自然垄断产业效率，在自然垄断产业的各个环节、各个要素之间建立协调、平衡、有效的市场体系，是进一步提高自然垄断产业效率的必然要求。

自然垄断产业有效市场，其内涵应反映自然垄断产业的根本特性。传统的自然垄断产业，其根本特性是规模经济，但随着技术和需求等因素的变化，自然垄断的边界发生了调整，竞争成为自然垄断产业的一个重要特性。但竞争并不意味着应完全放弃规制，竞争环节还必须与垄断环节相融合。竞争在突出效率的同时，也应该体现公平。因此，自然垄断产业的有效市场是指以有效竞争为基础，实现竞争与规模兼容、竞争与规制兼容、竞争与垄断兼容、国有与民营兼容、效率与公平兼容的自然垄断产业市场。这样的市场既是市场机制作用的产物，又是政府适当干预的结果。

自然垄断产业有效市场具有以下特性：

(1) 竞争与规模兼容

自然垄断产业有效市场是适度竞争的市场，它要求把过度竞争和竞争不足的消极现象控制在最低限度内，竞争收益明显大于竞争成本。自然垄断产业的有效市场应符合规模经济的要求，规模不经济状况下的竞争是一种低水平竞争。非自然垄断业务的市场需求超过了成本劣加性点，从而要求采用竞争方式，但这些企业的合理规模仍然比一般产业要高，因此，在适度规模的基础上开展竞争是自然垄断产业有效市场的一个特点。

(2) 竞争与规制兼容

自然垄断产业除了有成本劣加性的特点外，还有公共产品性、关联经济性等其他特点。当自然垄断性消失，竞争成为可能时，其他特点可能仍然存在，如果只有竞争而无适当规制，则必然会产生市场失灵的风险，因此，要求竞争与适度规制兼容。

(3) 竞争与垄断兼容

自然垄断产业与其他产业的明显差别是存在非常明显的纵向结构，即竞争环节与网络特征的垄断环节并存。在没有引入竞争以前，纵向结构的潜在冲突是通过垄断企业一体化经营而内部化解决的，但引入竞争后竞争环节与垄断环节的冲突便外生化为影响自然垄断产业效率的新的“瓶颈”。因此，自然垄断产业应在竞争与垄断环节间建立合理的运行机制，实现以整个产业高效率为目标的竞争环节与垄断环节的兼容。

(4) 国有与民营兼容

自然垄断环节保持适度国有是世界大多数国家所采取的一种普遍形式，而竞争环节实行国家的参股、控股也广泛存在，因此，自然垄断产业的改革并不是非国有即民营，国有仍具有不可忽视的存在价值。自然垄断产业应根据产业的不同环节实行多种所有制的并存。

(5) 效率与公平兼容

自然垄断产业效率不论是竞争效率或是自然垄断效率，都是自然垄断产业发展的最重要的目标。但应注意的是，在自然垄断中将产生福利损失，使一部分人不能实现消费；而竞争中又由于产品公共性以及经营中企业对利润的追求、风险的规避而产生供给不足或供给中的价格歧视，从而也会影响一部分消费者的利益，因此有效市场应体现效率优先、兼顾公平的原则。

可见，自然垄断产业有效市场是一种特殊的产业效率实现模式，它强调市场与政府的有机结合。一方面，在非自然垄断业务中，市场发挥着资源基础性配置作用，政府只是在防范市场风险上发挥保障作用，而不是干涉；另一方面，在自然垄断业务中，政府规制发挥着主导性作用，规制使自然垄断效率实现，并使自然垄断业务与非自然垄断业务保持关联经济性。因此，自然垄断产业有效市场对现代自然垄断产业存在的效率冲突问题的解决具有针对性，并具有可行性。有效市场融合了垄断和竞争的优势，既可以避免自然垄断产业全部采取垄断结构的低效，又可以防止全部采取竞争结构的无效，因而将可能最大限度地减少经济效率的损失，实现整个产业的最大效率。

2. 有效市场结构

（1）关于市场结构有效性问题的争论

市场结构有效性关注的中心在于什么样的市场结构能够促使经济资源得到最有效的配置。最早论述市场结构有效性问题的是古典经济学派和新古典经济学派，认为不存在外部性的完全竞争市场结构最能有效地配置稀缺资源，因为只有在这种市场结构下才能保证每一对被生产和消费的物品的边际替代率等于其边际转换率以实现帕累托最优。然而，进一步研究发现，规模经济和范围经济现象有其稳定性和普遍性，因而适度规模带来的生产成本节约是经济活动中的必然现象。但是“马歇尔冲突”的提出，又迫使规模效率和范围效率理论进一步深化和发展。

施蒂格勒和鲍莫尔提出了企业规模和市场占有率与市场配置效率无关的论点。施蒂格勒认为，唯一的进入壁垒是厂商生产成本的差异，在一个自由竞争的市场上，这一进入壁垒是不能持久存在的，因此，如果没有政府不适当的规制，垄断不可能成为经济生活中的常态；集中与兼并不像人们所想象的那样是一种垄断现象，而是企业提高效率的结果，不能以破坏企业的规模经济效率为代价来实现所谓的自由竞争活力。鲍莫尔的“可竞争市场理论”认为在一个进入和退出壁垒很低甚至没有的可竞争市场上，即便是自然垄断的企业也会采取完全竞争市场的定价，从而保证了市场的配置效率。这一方面是向新古典微观经济学完全竞争理论的回归，另一方面又对传统的完全竞争理论起了重大的完善作用。

（2）自然垄断产业市场结构分析

自然垄断产业的市场结构与一般产业的市场结构有着明显差别，既存在垄断环节，又有竞争环节，表现为一种混合结构。其特点见表 3.2。

表 3.2 主要市场模型概述

特征	垄断	寡头垄断	垄断竞争	完全竞争	自然垄断产业市场	
					垄断环节	竞争环节
生产者数目	单一	几个	较多	许多	单一	几个或较多
产品差别程度	无	有	有	无	无	有
企业对价格的控制程度	大	一些	一些	无	大	一些
进入壁垒	高	较高	较低	无	高	较高

可见，自然垄断产业市场结构由具有明显差别的垄断环节和竞争环节所构成，但垄断环节和竞争环节的有效性并不必然构成市场结构的有效性，因为在垄断环节和竞争环节之间存在着相互接入的纵向环节，纵向环节中存在的接入壁垒和接入价格都会对市场结构的有效性产生影响。因此，纵向结构也是自然垄断产业有效市场结构的重要组成部分。可见，一个有效的自然垄断产业市场结构应是：有效市场结构 = 有效垄断结构 + 有效竞争结构 + 有效纵向结构。

(3) 有效市场结构的基本原则

建立有效市场结构范式的目的是为宏观和微观层面的经济管理活动确立一个目标，使企业和规制者围绕这一市场结构目标而努力。因此，有效市场结构应体现以下几个原则：

①有效垄断结构：自然垄断与规制激励

自然垄断环节必须保持垄断性，才能实现自然垄断效率。但是垄断却容易导致垄断价格，从而会消耗自然垄断所产生的效率增进。价格理论要求价格必须能够准确地反映各市场行为主体的努力程度，保障竞争的公平性。因此，自然垄断环节在保持垄断的同时，必须提供激励性的规制安排，通过建立激励性价格机制，防止垄断厂商任意地享有垄断所带来的高额利润。同时，垄断会产生 X 非效率现象，从而会导致技术性低效率。因此，须对垄断企业建立激励性规制，通过有效的市场传导机制，促使垄断企业不断采用先进的生产力，完善公司治理结构，强化企业管理，促进产业技术进步。

②有效竞争结构：适度规模和适度竞争

自然垄断属性消失后，非自然垄断业务引入竞争成为可能，但竞争应建立在规模基础上。其原因有两个方面：一是自然垄断属性消失，并不意味着企业规模经济的消失，相反，由于自然垄断产业是资本密集型产业，企业规模经济比一般企业要高，因此，企业维持适度规模有利于资源合理配置；二是自然垄断产品具有公共产品属性，社会要求企业提供稳定、持续、可靠的产品供给，在不限制规模的情况下，由于对利润的追求易导致过度竞争，从而会引发严重的社会经济问题。因此，非自然垄断业务建立有效的竞争结构，一方面要强化竞争机制的引入，提高竞争的效率；另一方面，则要避免走向另一极端，即因出现过度竞争而缺乏规模效应。

③有效纵向结构：配置合理与自由接入

自然垄断产业一体化运行程度较高，属资本、技术密集型产业，因此要求纵向结构中的竞争环节与垄断环节应保持合理的投资比例，既要保持技术配置合理，又要保持区域配置合理，从而能够产生最优的运行效率。同时，纵向之间的产权渗透，也会对市场效率产生重要影响，因此纵向环节之间合理的产权配置也非常重要。由于垄断环节具有天然的垄断地位和垄断倾向，垄断者会在竞争环节中对进入者在价格上进行干扰，以保护自身利益，从而损害整个市场的效率，因此，有效的纵向结构必须保证网络的自由接入，实现公平竞争。

3. 有效市场行为

（1）市场行为对产业的市场边界影响

对有效市场行为的考察主要用于竞争者之间的价格行为（包括价格竞争和价格协调）和非价格行为（如产品策略、广告策略，组织调整行为，如兼并重组等）。

波特的竞争模型的提出（如图3.8所示），扩大了市场行为的分析对象，使市场行为对市场的影响反映得更为全面和完整。该模型除了把产业竞争对手的市场行为纳入分析视野外，还考虑了潜在竞争对手、供应方、购买方、替代品生产商的市场行为影响。上述行为的调整和改变，如替代品的创新、供应商的前向整合、客户制定产品设计标准，都可能导致更多的公司直接参与竞争而有效地扩大产业的市场边界。可见，产业市场行为的变化，常常伴随着市场边界的变化，进而影响和改变市场的效率。

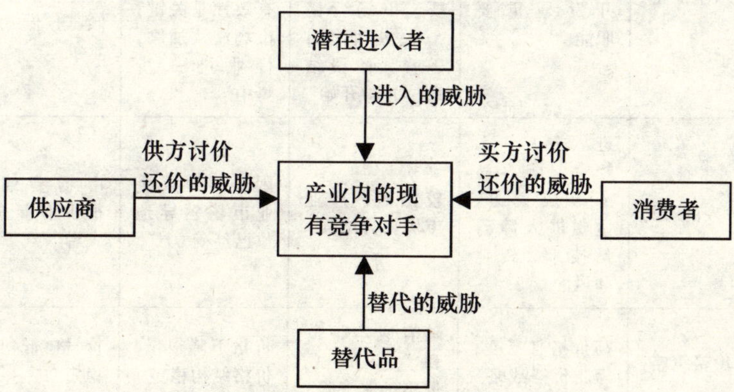

图3.8 波特产业竞争力模型

（2）产业演变中的一般市场行为特征

产业生命周期论认为，产业一般要经过推出阶段（导入期）、上升阶段（增长期）、成熟阶段（成熟期）、衰退阶段

（衰退期），各阶段是以产业销售额增长率曲线的拐点划分的。产业的增长由于新产品的创新和推广过程而呈现S形。产业增长平缓推出阶段反映了开拓新市场的困难。一旦产品证明非常成功，许多买主涌入市场，就开始了快速上升阶段。最终总要到达挖掘产品的购买潜力阶段，此阶段快速增长陷入停滞。最后当新的代用品出现时，产业将逐步衰退。

产业在不同的生命阶段，竞争的性质将会发生变化。表3.3总结了常见的产业生命周期中市场竞争行为的变化特点。

表3.3　产业的市场行为特征

指标	导入期	增长期	成熟期	衰退期
总体特征	少量公司，有限竞争；研究开发是重要职能	许多竞争者；市场迅速增长；改变价格或质量形象非常重要，市场营销是关键职能；随着该阶段结束，并购开始	市场饱和；价格竞争，品牌竞争；竞争成本和市场营销有效性是关键；市场淘汰加剧，行业进一步集中	成本控制是关键；竞争者逐步退出，倾向低度竞争
进入的难易	进入容易，无控制；顾客尚未形成偏好；主要进入障碍是技术、资金和风险	较困难，产业市场势力增强	困难，少数企业市场领导地位已经确立	市场萎缩，很少有新进入者
价格策略	高价格且易变；撇脂价格战略	随着成本下降和竞争加剧，价格迅速下降	价格下降很慢，价格结构稳定	价格低且稳定
产品策略	高度的产品创新，产品品种单一；产品质量较差；无主导型产品	主导型产品出现；强调产品多样性；产品质量优良	质量优良，产品标准化；产品变化缓慢或停止	不盈利产品逐步退出市场，产品品种减少

续表

指标	导入期	增长期	成熟期	衰退期
广告策略	广告目的是唤起消费欲望	侧重建立品牌	调整促销策略以适应不同的市场细分	维持市场
研发策略	高研发费用；产品技术粗糙；生产工艺不成熟	产品技术有很大改进；生产工艺开始完善	节省成本，提高效率，自动化水平高	研发成本大幅减少，很少有工艺变化
消费者行为	缺乏信任，影响整个产业的产品销售	有一定的信任，但未形成品牌忠诚；影响单个厂商的产品销售	形成品牌倾向，重复购买	购买行为非常稳定

资料来源：波特：《竞争战略》，华夏出版社1997年版。

上述分析可见，产业生命周期的不同阶段，市场行为有着不同的特征。反过来也说明，有效的市场行为应体现产业生命周期的发展规律，才会促进市场效率。上述市场行为特征，对研究自然垄断企业的市场行为提供了一个参照。

4. 有效市场绩效

(1) 自然垄断产业市场绩效的特殊性分析

芝加哥学派认为，市场绩效起着决定性的作用，不同的企业效率形成不同的市场结构。正是因为一些企业在剧烈的市场竞争中能取得更高的生产效率，所以他们才能获得高额利润，并进而促进了企业规模的扩大和市场集中度的提高，形成以大企业和高集中度为特征的市场结构。因此，如果一个产业持续出现高利润率的话，完全可能是该产业的大企业具有高效率，而产生这种高效率在于大规模生产的规模经济性、先进的技术和设备、优越的产品质量和完善的组织与管理等因素。建立在高效率经营基础上的高利润率水平，必然会招致其他企业的大量进入而使利润率很快降至平均水平。

市场绩效的上述观点存在的前提条件是竞争性市场，而自然垄断产业是一个垄断性的市场，由此使自然垄断产业的市场绩效形成可能不是高效率经营的结果，市场绩效对市场行为和市场结构所产生的影响也会由于垄断的原因而不能有效传导，从而削弱市场绩效的影响力。一方面，由于垄断而产生高额利润，另一方面，也由于垄断而导致分配性低效率、技术性低效率以及寻租行为，从而使整个自然垄断产业又表现为生产效率低下、技术水平落后、管理水平不高、消费者福利受到损害（如图 3.9 所示）。因此，对自然垄断产业的市场绩效分析，除了应考察行业利润外，更重要的应重视对生产效率、技术进步和消费者福利的分析。

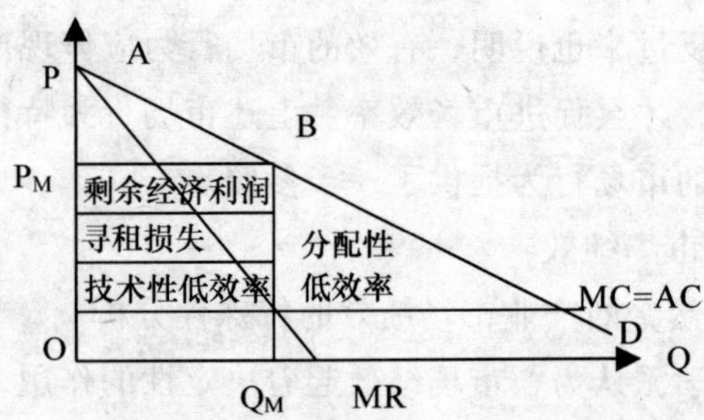

图 3.9　自然垄断产业的市场绩效

（2）市场绩效的评价原则

产业组织理论所研究的市场绩效，是从消费者即社会的角度来考察的，并指出完全竞争最有利于提高市场绩效，而垄断总是偏离完全竞争状态，从而造成效率损失。但是自然垄断产业具有特殊性，对非自然垄断业务的市场绩效可以按竞争效率的标准衡量，但自然垄断业务的效率则应该按自然垄断效率衡量、比较，以确定是否体现了自然垄断效率的优越性。此外，在市场绩效的分析中，由于经济主体的多元化和追求目标的多元化以及社会发展需求的存在，评价市场绩效也不能仅停留在消费者福利的单一标准上。一般说来，应遵循如下原则：

①效率原则。效率原则分为自然垄断企业的内部效率和资源配置效率，资源配置效率又分为静态效率和动态效率，动态效率与技术进步有密切关系。

②公平原则。效率优先，也应该兼顾公平。对公平的重视，可以更好地促进经济和社会的稳定发展。自然垄断产业具有公共产品属性，强调公平原则有利于缓和社会矛盾，实现生产的目的。

③进步原则。包括自然垄断产业的技术进步、自然垄断产业对经济增长的贡献、自然垄断产业对环境保护等社会进步方面的作用。

4 美、英、日对公用事业运营与规制的改革

4.1 美国公用事业的放松规制

1. 美国市场经济制度的演变

从经济体制上看，美国的市场经济是消费者导向型的自由主义的市场经济模式，这一模式十分强调市场力量对促进经济发展的作用，认为政府对经济发展只能起次要作用。美国政府的经济管理体制演变，大致可分为两个阶段。1929—1933 年的大危机之前，政府对经济运行基本上采用放任自由的态度。从 19 世纪中后期开始，伴随着工商业的蓬勃发展，生产日益集中，大公司在联合与兼并的浪潮中，无情地挤压、毁灭和吞并中小企业，并且依仗自己雄厚的财力寻求对经济和政治生活的控制。对此，要求对这些大公司进行规制的呼声日益高涨，联邦立法机构相继制定了《州际贸易法》、《谢尔曼反托拉斯法》、《联邦储备银行法》、《克莱顿反托拉斯法》和《联邦贸易委员会法》等法律，对经济进行干预和规制。但总的来说，在第一阶段中，国家干预主义的思想和原则并未占上风，经济总体运行仍然恪守自由放任原则。大危机之后，尤其是第二次世界大战以后，美国政府全面实施凯恩斯主义，进一步加强了对经济的干预，其经济管理行为

涉及生产流通领域和分配领域，承担着维护整个社会经济正常运行和促进经济发展的责任。但在20世纪70年代，美国因长期实行凯恩斯主义直接造成了“滞胀”恶果，为克服“滞胀”，80年代后，政府开始采用新自由主义政策，放松了对经济的干预。

2. 美国政府的微观规制历程

伴随着市场经济体制的逐渐演变，美国政府的微观规制也经历了从无到有、从弱到强，再由强到弱的不断演变过程。

第一时期是在19世纪80年代到20世纪初。这是美国微观规制政策形成的初期。这一阶段规制的重点是具有自然垄断性质的铁路、电力、煤气、电话等产业。在市场经济发展早期，美国政府对微观经济运行所采取的是不干预态度，19世纪是美国经济大发展的年代，市场经济发展中出现的新问题逐渐产生了对国家微观经济规制的需求。如下三方面因素对推动微观规制的产生和发展有着重要的意义：第一是铁路产业的发展；第二是新兴工业社会的发展暴露出了种种弊病；第三是托拉斯等垄断现象的出现。

第二时期是20世纪30年代到40年代。在大危机的背景下，政府一方面加强宏观经济调控，另一方面逐渐增强微观经济规制，重点是银行、证券、广播、卡车和运输管道、海运、航空和批发电力等结构竞争产业。罗斯福“新政”时期，政府的行政规制权力得到了扩张。原有的州际商务委员会和联邦贸易委员会都得到了加强。此外，“新政”还加强了联邦动力委员会，赋予它管理电力和制定价格的新职责。罗斯福政府不仅创立了证券交易委员会，还设立了联邦通讯委员会、民用航空局和全国劳资关系局。对此，美国学者保罗·L. 约瑟考和罗杰·G. 诺尔的评价是：30年代的经济大混乱时期也是规制的改革时期，规制的明显扩张始于“新政”年代。

第三时期从 70 年代始，是美国政府实行扩张规制政策的最后阶段。尼克松总统继承了强化规制政策的传统，把经济规制大幅度地扩大到了许多新的领域。他要求管理和预算办公室提出保护健康、安全和环境的规制政策。70 年代中后期，在出现世界性的通货膨胀、技术革新改变了自然垄断的产业基础、规制失灵现象日益严重等实践条件下，以及理论上遇到的可竞争理论的挑战，美国经济学界开始反思和批判政府的规制政策对经济所产生的负面影响，经济学家提出的简化规制等理论观点和政策主张逐渐被以后历届政府所接受。美国的微观经济政策从政府干预主义转向经济自由主义，由此掀开了规制改革的新篇章。

规制改革首先是以放松规制为基本特征的。放松规制有两个层次：一是完全撤销被规制产业的各种价格、进入、投资、服务等方面的限制，使过去必须经政府许可才能享用的特许权力转变为企业所普遍享有的权利，这样企业便能处于完全自由的竞争状态。二是部分地取消规制，即有些方面的限制性规定被取消，而有些规定则继续保留；或者，原来较为严格、繁琐、苛刻的规则条款变得较为宽松、开明，如在进入规制中，由原来的事前审批制、许可制改为事后的备案制等。1974 年后，福特政府要求政府机关对规制政策进行经济分析。在这一时期，联邦民用航空委员会对航空业进行了规制政策改革。1978 年后，卡特政府建立了两个组织：一是规制政策评价分析小组，由总统行政办公室的代表和规制机关的代表组成，研究改革规制政策对经济可能产生的影响；二是规制委员会，由联邦规制机关的领导组成，总结已经实施的主要规制政策，指出正在实施的规制政策的交叉与重叠之处，对当时的规制政策做成本——收益分析。在此期间，民用航空委员会和州际商业委员会的官员在法律许可的范围内，放松了航空业和货运业的价格和市场准入规制。

里根政府时期被认为是规制政策改革突飞猛进的时代。里根“经济振兴计划”四个关键要素之一是“有深远影响的简化规制计划”。他在执政后的第一个月就迅速下达了新的简化规制政策的行政命令，要求各经济规制机关在法律允许的范围内，重新选择规制方法。他还通过行政命令终止了对油价、卡特尔组织的价格和工资控制。1982 年，政府允许航空运输费有较大的弹性，国会通过了水运法案，放松了对远洋公司运输规制。政府取消或放松了对运输、通信、能源、金融等行业的价格、市场准入等方面的规制。

克林顿政府期间，简化规制运动进入了积极、审慎推进的新阶段。克林顿政府的重塑政府运动以放松规制政策为龙头，全面简化规制政策，精简规章制度，不仅在减员的基础上提高了政府服务质量和工作效率，而且促进了经济发展。同时，政府和国会都认为，要对改革规制的议案进行经济分析，对规制政策和改革规制政策的后果做出成本—收益分析。

总的来说，我们可以把美国自由市场经济体制下政府微观规制行为及其特征归纳为以下几点：

第一，美国政府微观规制是随着自由市场经济的充分发展，暴露出了一些市场机制自身无法克服的缺陷时才逐渐建立起来的。微观规制正是为纠正这些“市场不足”现象而建立的。

第二，美国政府克服市场失灵的主要途径，不是通过所有制的改变，即不是把市场失灵严重的产业收归国有或公有化，由政府来直接拥有企业以克服企业对公众利益的伤害，而是在坚持以私有制为基础的自由企业制度前提下，通过制定和依据相应的法律法规从外部来规制有关产业的发展，以克服市场不足。

第三，在崇尚自由竞争的自由主义传统下，美国政府规制的基本取向始终是从反垄断、规制寡占行为的角度，以是否有利于提高竞争力而不是限制竞争作为客观标准，从保护消费者权益而不是维护生产者利益的角度，在垄断出现并影响到市场经济秩序的情况下，与产业发生介入性关系。

第四，美国政府规制体制的特点是强调法律程序，采取举行公开听证会，由司法部门对规制问题进行最后裁决，能够较好地体现民主、公正、透明的精神。政府规制部门实行多人负责制并由一个统一的规制机构对各产业进行规制活动，政府的规制机构较为精简，规制机构自身的运转成本较低；其不足之处在于，由于参与者众多、拖延时间长，需要花费较长的时间才能完成规制程序。

4.2 英国公用事业的民营化改革

1. 英国市场经济制度的演变

英国是资本主义国家生产方式的发源地，也是最早完成工业革命、最先形成市场经济体制的国家。英国的市场经济模式最初起源于亚当·斯密在英国产业革命时期所提出的经济自由主义思想，其发展和演变历经了漫长的时间。从 17 世纪英国资产阶级革命胜利到 19 世纪产业革命的完成，大体上是自由资本主义的上升时期，同时也是自由竞争的市场经济逐渐摆脱封建主义和重商主义的束缚而孕育形成的时期。19 世纪中叶英国的自由放任主义经济政策达到鼎盛时期，英国推行的自由放任主义政策不仅大大促进了自己国内经济的发展，而且有效地巩固了自己的世界经济霸主地位。

19 世纪 60 年代后，随着机器大工业的发展和竞争的加剧，资本积累和生产集中的趋势逐渐显现。股份公司不断增加。1874 年开始的大萧条及后来发生的危机，更加剧了企业间的竞争，推动了企业的兼并活动。进入 90 年代，许多工业部门中较大的独资或合伙企业纷纷改为股份公司，并在股份公司的形式下进行联合和吞并活动，大大加速了资本集中的进程。到 19 世纪末，除了纺织、煤矿、冶铁等一些旧工业部门外，在其他一些较重要的工业部门都有不同形式的垄断组织，标志着英国的市场经济已逐渐由自由资本主义发展到垄断资本主义阶段。

1929—1933 年世界性经济大危机的出现，证明了新古典学派的自由市场经济理论已经彻底破产，也使英国政府开始改变原来奉行的放任自由政策。1945—1979 年间，英国政府推行的是凯恩斯主义和费边（Fabian）主义相结合的国家干预经济、国有化和福利政策，这不仅无法消除资本主义经济制度固有的缺陷，反而陷入了“滞胀”并存的泥潭：经济发展缓慢，生产力低下，经济停滞不前；财政赤字剧增，国有企业亏损严重，国家不堪重负；失业率上升等。1979 年 5 月保守党的撒切尔夫人上台，推行了货币主义和自由化经济政策。主要内容有：一是采用紧缩性的货币政策，以抑制通货膨胀；二是大力推行非国有化政策；三是减少国家对经济其他方面的干预和限制，如取消外汇管制、取消对资本家获取红利的限制，以及取消工资和物价管制；四是改革税制，降低税率；五是扶持中小企业，鼓励私人企业与国有企业开展平等竞争等。自由化经济政策有效遏止了严重的通货膨胀，提高了经济增长率，推动了英国经济的发展，其负作用是失业率居高不下。

2. 英国政府微观经济管理体制的演变

英国政府对市场不足的微观管理是在国有化和微观规制这两种方式中进行选择的。在很长一段时间里，政府更偏重于采用国有化、建立国有企业的办法，直接干预和管理企业，以克服企业对公众利益的伤害，政府还同时采用经济规制的办法进行微观干预，尤其是在非国有化后，政府开始重视微观规制的建设。

（1）国有化与非国有化

1908 年，伦敦港务局的建立标志着英国现代公共公司的产生。1926 年又建立了英国广播公司（BBC）和中央电力局。1933 年，建立了伦敦客运运输局，这个局统管着伦敦市的各种交通运输事业，包括市区铁路、公共汽车、地下铁路和有轨电车。1939 年又建立了英国国际航空公司。1945—1951 年艾德礼工党政府期间，发动了一次举世瞩目的国有化运动，把英格兰银行、煤炭、电力、煤气工业都国有化了，铁路、船坞、旅馆、饭店以及运河与内陆河流运输也全部收归国有，并与原来的伦敦旅客运输局一起交由英国运输委员会管理。民航的国有化先在国内航线展开，国外航线业务则先由英国国际航空公司、英国南美民航公司、英国欧洲民航公司分担，最后又将国内外航线全部合并，由英国民航公司经营。在以后的历届工党政府期间，又陆续建立了一些公共公司，如 1954 年的原子能管理局和独立电视管理局，1966 年的英国空港管理局，1968 年的旅客运输局等等。

英国的国有化具有如下几方面特点：第一，从国有化的对象看，主要集中在具有自然垄断性质的基础设施产业，并对目标产业实行整个产业国有化，不保留任何私人经济成分。这就实际上形成了国有企业在这些行业中的独家垄断局面。第二，从国有化的动因看，是为了克服在基础设施行业中的市场失灵现象。这里所说的市场失灵有两种含义：一是由规模经济效益所引起的自然垄断现象，即要求在电力、自来水等行业进行独家经营，以取得最大经济效益。在国有化前，英国的一些基础设施产业，如电力、煤气、自来水行业中存在着一大批小规模的生产经营企业，这些企业在地方政府的支撑下，处于小批量、高成本的低效率运作状态，这种极其分散的市场格局与自然垄断行业要求实现规模经济效益的特性显然是相矛盾的，因此，必须由政府运用法律手段，强制性地推行国有化。二是市场机制在短期内实现产业集中上的失灵。国有化前，英国的基础设施产业经营是很分散的。如仅在英格兰、威尔士两个地区就有565个企业从事发电、配送电力等经营活动，而煤气和自来水产业的企业数都在1000个以上，这样仅仅通过市场机制让企业自愿合并以实现产业集中，将是一个颇费时日的漫长过程，由中央政府运用法律进行强制性合并，是一个较为有效的途径。

英国的非国有化运动主要是从70年代末80年代初产生的，其经济原因主要有：一是公共部门企业成本高、亏损严重。二是公有公司缺乏竞争压力、效率低下，消费者主权得不到体现。三是国有企业巨额亏损给政府财政带来沉重负担。从私有化政策的经济理论依据看，70年代中期资本主义世界普遍发生的高失业率和高通货膨胀率两大并发症，使得人们对凯恩斯的国家干预主义丧失了信心，主张减少政府干预、更好发挥市场机制作用、改进市场效率、增强经济长期供给能力的现代货币主义等新自由主义思想趁机兴起，这也直接影响了当时英国的意识形态和政坛。深受经济自由主义信念影响的撒切尔夫人一上台，就旗帜鲜明地把国有企业私有化确定为改善国民经济的一项重要方针，坚持不懈地推进这一进程。

(2) 微观经济规制

与私有化的进程推进相适应，英国进行了政府规制体制的改革。在推进电信、煤气、自来水以及电力行业等基础设施私有化时，政府首先颁布了一系列规制法律法规，对基础产业私有化与重要的政府规制问题作了规定，并由此建立了系统的政府规制体制。其核心内容是：把原来由政府直接干预国有企业生产经营活动的规制体制，改革成为由相对独立的专门政府规制机构通过一定的政策措施对企业实行间接规制。总体来看，改革后政府规制的总体框架大致是政府规制立法、确认各个规制机构的权力与责任、各规制机构之间的运作。根据相应立法建立的规制机构，除了各产业新建的规制办公室外，还包括垄断与兼并委员会和公平交易办公室。这两个委员会是对以上所有产业都拥有规制权力的综合规制机构。在整个政府的规制运行过程中，各产业的政府规制总监与负责该产业的国务大臣发挥着关键性作用。

总之，随着私有化进程的深入，政府规制的范围逐渐扩大，不仅在传统领域，而且包括了新实行私有化的基础产业；不仅包括私有企业和新实行私有化的企业，还将一些大型公共企业，如国有公共汽车公司、英国航空公司等纳入了规制范围。而有的公共公司，如民航管理局则成为负责规制的单位。在政府加强对那些实行非国有化行业规制制度建设的同时，政府还对原有实行规制的一些行业进行了放松或取消规制的改革。

3. 英国政府微观规制行为的特征

第一，政府微观规制及其演变与国有化非国有化运动密切相关。如当政府倚重国有化进行微观管理时，政府对国有企业的管理主要采取直接控制的方式。在主张国有化的人看来，政府可以通过对企业内部的经营决策实行直接干预来实现公共利益，即用国有化的方式将市场可能产生的失灵现象在国企内部予以克服。基于这样的指导思想，英国有关国有化法规要求国有企业必须为公共利益服务。由于已经通过国有企业将市场不足的问题“内部化”了，以外部规制形式进行的微观管理就必然相对较弱。而当实行私有化后，加强政府对企业的外部规制就必然提上了议事日程。因为市场机制在基础产业作用范围的扩大，意味着市场失灵作用扩大的可能性，意味着私营企业可能利用自己的优势而损害消费者和社会利益。英国政府对基础设施产业的私有化正是以政府规制立法为先导的，使私有化具有法律依据和实施程序。

第二，微观规制在政府微观管理中的作用处于次要地位。英国政府历来对微观规制不够重视，规制的制度建设也较为落后。例如，政府在没有完成设计并建立合适的竞争和规制框架前就急于对电信、煤气、电力和自来水等关系到国计民生的基础产业进行私有化，这就使英国政府失去了较好处理所有制变革、竞争和政府规制关系的良好机会，丧失了长期提高经济效率的潜力。丹尼尔·耶金和约瑟夫·斯坦尼斯罗在回顾这一段历史时指出："建立这种管制机构对公众接受新制度必不可少"，然而，在"从国家垄断转向私人公司过程所提出来的管制必要性被低估了"，保守党政府开始只为每个产业任命了一个被称为"管制者"的管理人员，这很快被证明是难以胜任规制职能的，于是，"开始时设想的小型管制，很快就发展成规模大得多的管制集团"。

第三，规制权力过分集中于个人手中，突出各产业规制机构负责人的个人权力，这是英国政府规制体制的突出特点之一。为了提高决策效率，私有化以后，英国政府分别在各基础设施产业设立了政府规制办公室，由国务大臣任命一位产业规制总监，担任各产业政府规制机构的负责人。这一体制的直接结果是，由于规制权力过分集中于个人手中，致使政府规制行为个性化，如总监成为特定被规制产业的规制决策的制定者，政府规制的风格和行为在很大程度上取决于总监个人的能力、好恶、风格。

第四，英国政府规制的行为具有不确定性。英国的规制过程没有采取美国的法律程序，极少运用司法手段来解决规制者与被规制者之间的纠纷，规制者不需要提供制定规制决策的依据。由于缺乏法律程序制约和大量权力集中于规制者机构负责人手中等问题，规制者个性差异必然会造成政府规制的不确定性现象，如因规制机构负责人经常变换造成政府规制的“政策多变”现象，使得被规制企业很难预料将来的规制方式从而抑制企业投资的积极性，影响产业的技术进步和生产率的提高。

4.3 日本公用事业的竞争力塑造

1. 日本市场经济制度的特点

日本是后起的资本主义国家，明治维新之前，日本处于德川幕府统治的封建社会，实行的是地方分权式的封建制度，武士社会等级虽然地位较高，但经济上并不优越。工商业及农业的发展，再加上武士的没落等因素，导致封建社会走向瓦解。经过1868年的明治维新，日本开始走上资本主义发展道路。在政治上实行了一系列激进的政治权力转让，推翻了德川幕府统治，建立了中央集权的现代国家。在经济上采取了统一货币、整顿财政的措施，为建立统一的国内市场提供了必要的财政金融条件。明治维新还废除了封建等级制，改革封建土地制，取消了农民对领主的人身依附，为市场的等价交换和劳动力的自由交换创造了条件；改变了闭关自守的政策，大量引进西方的文化技术，大力发展和兴办近代工业；采取有效措施，积极扶持私人资本主义的发展；政府积极参与经济发展。在1896年制定了造船奖励法和航海奖励法以支持造船和航海业。1901年国营钢铁业也开始投产。明治维新后的30年间，日本的资本主义经济得以迅速发展。

在第二次世界大战期间，日本的军国主义统治发展到了登峰造极的地步，整个经济命脉都纳入了由国家控制的“战时统治经济体制”。战争结束后，为了迅速恢复和发展在战争中遭受严重破坏的经济，日本进行了一系列改革，开始由战时统制经济转向由政府主导的市场经济，政府对经济的管理由直接控制逐步转向间接控制，建立了一种以自由市场制度为基础，充分发挥政府作用的“行政导向型”市场经济模式。

与欧美奉行的体制在本质上完全相同，这一经济模式的根本思想是自由市场经济。但在所有制结构、决策结构以及资源配置方式等方面又有着自身突出的特点，即在坚持以私营经济为基础、保持高度竞争性的前提下，由政府根据计划原理，通过产业政策、经济计划、行政干预等方式影响经济。政府对经济的干预在程度上大于欧美国家。当然，日本政府所采取的一系列干预政策，是在基本维护自由市场制度的前提下进行的，政府对经济的干预也有一定的限度，始终处于一种暂时的、补充的和间接的位置。

日本模式的特点和基本内容可归纳为以下几方面：一是赶超型经济。即根据经济技术落后于欧美的现实，采取“生产至上”、“经济增长第一”的路线，积极引进技术和设备，在短时间内形成生产能力，达到赶超欧美国家的目标。二是政府主导。作为一个后起的资本主义国家，其内部市场的发育迟缓，要在短期内依靠市场力量迅速实现工业化几乎不可能，这就要求政府运用自己的强制力，充当组织、动员社会经济资源和启动、推进工业化进程的主体。这也就决定了日本的工业化表现为一个强政府推动的政治过程，决定了政府在这一过程中掌握了远大于欧美等先发国家政府的权力，起着替代市场、替代企业家的特殊作用。在实践中，政府强调“市场失灵”，多方面干预和调节经济，实现政、官、财一体化，以弥补市场发育不足，防止市场竞争的盲目性和破坏性，政府干预经济的范围和力度远远大于欧美。三是外向型经济。根据国内市场狭小、资源贫乏及国际经济自由化的趋势，强调以外需为主，强调以出口主导和“贸易立国”，以保证外汇供给。四是劳资协调型。根据东方国家家族主义、平均主义的文化传统，在企业中推行企业一体化制度、终生雇佣制、年功序列制（年功序列制是依据从业人员在本企业连续工龄确定其工资和职务的制度）及企业内工会制等，激发劳动者的主人翁意识和劳动积极性。

2. 日本政府微观经济规制的演变

在战后的工业化过程中，日本政府首先取消了战前统制经济时期的一些阻碍经济发展的规制，颁布、实施了一系列有利于促进市场竞争的新规制，如《禁止垄断法》、《排除经济力量集中法》等；其次保留或修改了一部分有利于政府宏观调控、稳定经济的规制，如《粮食管理法》、《租地、租房法》、《日本银行法》等大致决定产业状况等各种行业法，以及在战时为筹集战争费用、保证稳定财源的酒类销售许可认可制度；最后，还恢复了战后一度被废除的《石油业法》、《大店法》等。总的来说，政府规制的主要内容有：一是根据《电力事业法》、《铁路事业法》、《电气通信事业法》等进行市场进入规制；二是根据《大店法》、《石油业法》、《制丝业法》等进行生产设备新增规制；三是根据有关进口数量限制、国家贸易品种的规定进行进口规制；四是根据《粮食管理法》、《航空法》、《电力事业法》、《铁路事业法》、《煤气事业法》等进行有关金融、证券、保险业的规制；五是根据《供热法》、《渔业法》等进行其他规制。以上诸项不仅包括了为弥补市场失灵而进行的规制，还包括了以保护扶植产业政策为目的而进行的规制。这些规制制度成为战后日本政府干预和调节经济的重要手段。

政府规制对促进日本经济发展起到了重要的推动作用：既在一定程度上发挥了市场竞争的作用，又避免了市场失灵；既有重点地保护了国内市场，扶植了民族工业的发展，又逐步开放了商品市场、资本市场，促进企业增强国际竞争力，实现了国家干预与市场机制的有机结合。

然而，长期实行全面的政府规制，也产生了许多弊病，主要表现为政府对经济的行政保护过多，市场竞争受到严重抑制，政府对市场的部分替代失去了必要性，从而严重制约了经济的发展。90年代，日本金融业出现的严重危机就与金融当局通过各种规制对银行的过多干预和保护密切相关。由于大藏省的多方保护，直到“泡沫经济”崩溃之前，没有银行破产，人为地创造了“银行不倒”的神话。日本经济学家中条潮曾对政府的过度规制作了集中描述：“整个日本社会，或多或少都被置于抑制竞争的包括直接规制和间接规制在内的各种规制之下，长期持续的保护体制，构筑了一个使低效率赖以生存的、抑制竞争的、封闭的经济结构。在一个没有自由选择的社会，尽管没有风险，但也没有前途。”80年代，在世界性的市场化浪潮中，日本步美、英等国的后尘，开始进行放松规制的改革。1986年4月，中曾根内阁发表了著名的“前川报告”，首次将放松规制作为政策的主题，提出“原则取消、例外规制”。1988年12月，日本临时行政改革促进审议委员会向国会提交了《关于放松公共规制的答询》，指出应重新认识公共规制。中曾根内阁于80年代中期开始实行国有铁路、电话电报公司、专卖公司、日本航空的民营化以及金融自由化，开始进行初步的规制放宽。但是，放松规制的实质性进展始于细川联合内阁，细川联合内阁成立伊始就公布对94项规制实行放松规制。这一基本政策为其后的羽田内阁、村山内阁、桥本内阁所继承。村山内阁公布了涉及领域广泛的“规制放宽三年计划”，对1228项规制进行放宽，桥本内阁在此基础上又追加了569项。

总的来说，日本的规制放松实质上是将原来政府对市场部分功能的替代交还给市场。但由于各方面的阻力，放松规制的改革虽然在数量上进展迅速，但质量上并不乐观。

3. 日本政府经济规制行为的特征

(1) 日本政府规制始终与其赶超型经济发展密切相关。第二次世界大战后，日本政府制定了重化工业化发展战略，并实施了一整套相应的以保护、扶植为核心的产业政策，试图通过政府介入甚至替代市场实现超常的大跨度工业化，加速完成向工业化经济的转变。而作为一个后起的资本主义国家，日本要在短期内将有限的、稀缺的经济资源相对集中起来、配置到最急需的环节中，就需要一种将资本转移到企业部门的机制，需要发挥政府在资源配置中的导向作用，以防止过度竞争所造成的资源浪费和破坏。正是在这样的条件下，日本逐渐形成了以规制为手段、以促进经济发展为目标的经济发展模式。客观地说，政府规制在保护国内弱小的产业和市场、维护市场秩序、保护公平交易和公平竞争、推动工业化的超常规发展方面，起到了相当大的促进作用。

(2) 日本的经济规制始终与政府的产业政策密切相连。政府规制的重点是保护和扶植产业，而对垄断、寡占下如何促进市场竞争却较少甚至不予考虑。在日本政府进行的经济规制中，包括了相当数量的限制企业经济活动自由的内容，而且这种规制同样适用于外国企业，在对某些特定产业或行业进行保护的同时，保护国内市场。比如，日本政府实行的进入市场规制、生产设备新增规制，其目的在于对需求进行人为的调整，保护了某些特定行业特别是中小企业。又如，通过各种规制限制外国同类商品以及以经营为动机的资本进入国内市场，对尚未成长壮大到具有国际竞争能力之前的幼稚产业进行保护，支持产业发展。即使在 90 年代放松规制的改革时，也仍然贯彻了保护、扶植产业的传统，以是否会对国内企业构成竞争性威胁作为是否放宽规制的标准。

(3) 日本政府的规制以保护生产者而不是消费者的利益为重点。保护生产者利益是日本政府规制的基调，这与美国政府从保护消费者利益的角度出发进行经济规制有着很大的区别。不过，放松规制改革以来，消费者的利益得到了较大的增长，特别是1996年后日本政府对进入市场和价格规制的放松，促进了原来受规制部门的竞争，导致这些部门提供的商品和服务价格下降，增加了消费者利益。

(4) 日本政府规制的行政体制基础与西方国家不同。其一，日本的微观规制建立在集中型的规制体制基础上，中央各部既是主办者又是规制者。即使在放松规制的改革中，握有实际权力的政府官僚，也同时既是制定和实施规制的主体，又是推进规制放松的主体，集中掌握着政府规制的权力。而在欧美国家的规制体制中，则十分强调规制机构的独立性。美国发展了独立的规制机构系统，有意将它们与政府主办者分开，规制放松也是由独立设置的政府专门机构实施的。英国的私有制和规制改革，是由新设立的独立机构实施，与原机构脱钩。在日本，由于规制权力高度集中于政府官僚手中，政府各部门的权力在规制改革中不仅没有缩小，反而还有再扩张的趋势。其二，日本政府始终保持行政上的自由处置权。在规制和放松规制的立法过程中，内阁按照解释和实施法律时能够使其自由处置权最大化的方式制定法律。而且，法律还赋予政府区别对待市场参与者的能力，这使得政府的规制行为较少受制于司法系统或执政党因素。这与英、美等国政府在三权分立的体制下制定法律并严格以法律作为依据进行规制的体制显然有着很大的不同。从一定意义上说，正是由于政府拥有的行政裁量权得不到严格限制，政府官僚实际上拥有着很大的权力，致使日本的规制改革进展缓慢、举步维艰。

4.4 美、英、日公用事业改革的共性

1. 美、英、日公用事业改革的共同取向

(1) 放松规制与激励性规制并存

20 世纪 70 年代以来，美国、英国、日本等发达国家对自然垄断领域以及其他竞争性领域都开始放松规制。放松规制意味着放松和取消许多规制条款，但从整体上判断，发达国家放松规制的领域主要是自然垄断性质已经发生变化的领域，以及原有自然垄断型企业经营的大量非自然垄断业务部分。随着现代技术的发展和需求的改变，自然垄断产业也在发生着巨大的变化，产业属性也在不断改变。对于电力、铁路、航空等自然垄断型企业，进一步区分自然垄断性业务和非自然垄断性业务，对于大量非自然垄断性业务则允许多家企业竞争性经营；而对自然垄断性业务应区别对待，政府继续对其进行规制。为给被规制企业以提高效率的激励，西方国家普遍引入了新的激励性规制方式，实践证明，价格上限规制、区域间竞争、特许投标等激励性规制的实行对于促进企业提高生产效率和经营效率具有积极意义。

(2) 以完善的自然垄断规制法律法规为改革准绳

各国在规制改革过程中都以整个政府规制体制的总体框架为依据，制定了较为完善细致的法律法规，使整个规制改革过程有法可依。美国政府于 1976—1996 年颁布了《铁路振兴和规制改革法案》、《航空货运放松规制法》、《航空客运放松规制法》、《汽车运输法》、《铁路法》和《公共汽车管理改革法》、《电信法》等一系列法案，对交通运输企业的政府规制体制进行了重

大改革，放松了政府对民航、铁路和公路、电信的规制。英国与美国具有相近的立法模式，英国政府对自然垄断型企业改革是以政府规制立法为先导的，使改革具有法律依据和实施程序。日本政府在推进自然垄断型企业改革过程中也制定了许多法律，如《电力事业法》、《铁路事业法》、《电气通信事业法》等对自然垄断型企业的定价等行为进行约束，并就自然垄断部门的进入进行规制。

（3）重新组建政府微观规制机构

各国政府在实施自然垄断型企业规制改革时都组织了专门的负责机构。在规制改革过程中，产权变更或放松规制都对原有规制机构存在的必要性及存在形式提出了疑问。针对这种新情况，各国都对已存在的自然垄断规制机构进行了调整，或设立新的规制机构以适应规制改革的需要。美国政府在规制改革过程中发展了独立的规制机构系统，有意地将它们与主管部门分开。英国规制改革过程中对官僚组织进行显著的重组或权威的分散化。英国规制改革中的机构设置从近似于日本模式，即中央政府部门既是主办者又是规制者，向美国模式转变，即成立独立规制机构。日本规制改革不同于英、美两国，没有对官僚组织进行显著的重组或分散化，其规制机构设立的基本原则是使政府保持行政的自由处理权，规制改革政策的进展集中于各内阁部门，它们不与独立的规制机构分享权力，也很少受制于司法系统或执政党因素。

（4）引入竞争机制与完善产权制度并存

美国自然垄断型企业的传统治理方式为民营经济负责，政府进行规制。从企业产权制度角度分析，这方面改革并不是其重点，而在于采取组织结构等措施以推动竞争机制的建立，拆分AT&T就是一个典型案例。20世纪80年代初，英国以电信改革为开端，相继对电力、煤气和自来水供应、铁路运输等自然垄断型企业进行了民营化改革，民营化是其改革过程的基本特征，同时采取多种措施引入竞争机制。日本的自然垄断型企业在规制改革前被置于各种规制之下。长期持续的保护体制，构筑了一个使低效率赖以生存的、抑制竞争的、封闭的经济结构。为了增加整个社会的活力，促进自由竞争，从20世纪80年代开始特别是进入90年代后，日本逐步加快了规制改革。一个重要手段就是实行国铁、电话电报会社、专卖会社、日本航空等自然垄断型国有企业的民营化，进行组织结构调整。

2. 美、英、日公用事业改革共同取向的启示

（1）国有化和规制方式的选择依据是二者成本—收益比较的结果。从对自然垄断型企业改革的实践看，美国自然垄断型企业选择中民营经济负责，政府进行规制的方式，其改革核心是创新传统规制体系，引入激励性规制。英国、日本等国在改革前多是采取国有化方式，政府直接垄断经营，从改革趋势看也是进行企业产权制度改革，实行股份制改造，政府对自然垄断性业务进行有效规制。总之，在原有自然垄断型企业治理方式为国有化的国家，其规制改革的基本路径大体上是沿着国有企业—公共法人—公私混合企业—民营企业进行，伴随着自然垄断型企业产权制度基础的变革，规制体系也相应调整。日本国铁的规制改革情况就是属于这种类型，英国自然垄断型企业的规制改革情况也大体符合这种规律。这一结论对我国国有经济改革具有较大的理论启示。长期以来，理论界和实际工作部门通常认为自然垄断行业需要由国有企业来经营，我国现在已开始注意自然垄断型国有企业垄断经营的种种弊端，也正着手对自然垄断型国有企业进行改革。其基本思路是在传统自然垄断领域引入竞争机制，打破垄断局面。从总体上看，目前对自然垄断型国有企业改革的认识与过去相比有较大进步，但视野仍然比较狭窄，多数认为改革仅仅是

在原有国有经济框架下竞争机制的引入、垄断局面的打破问题。为从根本上促进我国自然垄断型企业的长远发展，激励自然垄断型企业生产经营的积极性，必须跳出自然垄断型国有企业改革局限在原有框架内调整的局面。可以将国有企业视为自然垄断的一种治理方式，而不是将其视为与社会经济制度直接相关的组织形式。从这个角度出发，需要对传统自然垄断治理的认识进行调整，对自然垄断型国有企业进行产权制度改革，进行真正的股份制改造。

（2）各国必须从基本国情出发来选择各自微观规制的重点、构建相应的规制体系。从本质上说，政府微观规制的基点是弥补市场失灵，但由于各国所处的历史条件不同、经济发展水平不同，市场失灵就必然有不同的表现：如在美、英等发达国家，垄断、寡占成为困扰市场正常运行的主要问题；而对日本而言，市场失灵则主要集中表现为市场无力在短期内促使经济迅速发展。这就决定了各国政府微观规制的出发点和政策基调、调控重点不同。面对不同的市场失灵现象，不同的历史文化传统、意识形态决定了各国政府可能采用不同的规制方式。各国应依据各自的国情，建立适合自己的政府规制体制，确定自己的规制政策基调和重点。如美国政府主要从反垄断的角度介入市场，保护消费者权益；英国政府则一度试图采用国有化的方式来将市场可能产生的不足之处内部化；而深受东方文化影响的日本，则无论是政府官员还是企业家都将政府运用规制手段来干预企业、限制竞争、支持产业发展视为天经地义，从而产生了政府规制型的市场经济体制。

（3）政府微观规制的立足点应该是维护市场经济秩序，否则，政府规制不仅不能弥补市场不足，反而会制约市场经济的发展。如当市场逐步成熟时，政府就应有意识地退出市场，减少对经济主体行为的干预。日本的发展过程已经从反面证实了这一点。在工业化的早期，日本的政府规制起到了极其重要的推动作用。而当工业化实现时，政府的过多规制就反过来遏制了市场经济的活力，从而使其规制型市场经济体制日益暴露出弊端，经济长期以来一直未能得到重振。我国目前还未完成工业化，政府还在许多方面起着替代市场的作用，促进经济发展仍然构成政府规制的基点之一。但随着市场经济体制的初步建成和不断完善，政府应该及时调整政府规制的范围和政策，逐步减少限制市场竞争的规制，从而尽早将规制重心转向维护市场秩序。

（4）应建立适合国情、运转高效的规制机构。这既是各国政府规制改革的核心问题，也是目前我国政府规制改革面临的现实问题之一。美、英、日三国政府规制及其改革的历程无不表明，政府在微观规制中的自由裁量权，将直接影响政府规制的效率，从而影响市场经济的正常发展。由于美、英两国采取了独立的规制机构，通过严格的法律程序来限制政府的行政裁量权，政府规制改革的进展很快，解放了原来被规章条例所抑制的生产力，有力地促进了市场经济的发展。而日本的规制改革之所以进展缓慢，甚至还出现了再规制的倾向，与日本长期实行的官僚体制是密不可分的。由于行政权力集中在官僚手中，规制条例及放松规制的计划均由政府官僚制定，官僚本身又是实施规制的主体，放松规制将削弱官僚们的权力，因此，他们必然难以真正热衷于放松规制，并实际上已经成为规制改革的最大阻力。

（5）各国对自然垄断型企业规制改革具有一般模式。各国对自然垄断型企业规制改革的实质诱因主要是技术进步和需求变化导致了部分行业自然垄断性质的变化，以及原有规制或国有化的治理方式效率低下甚至无效。各国在进行具体改革过程中，基本上遵循了在典型或极端自然垄断性质的环节更新规制方式，实行激励性规制；在自然垄断性质已经发生变化的领域打破垄断、实行竞争制度的一般模式。从整体上讲，竞争制度与规制制度关系的演进趋势呈现出一种竞争日渐增长的势头，规制范围日渐缩小。从各国规制改革的实践分析，规制制度一般包括规制机构、被规制企业以及保障规制活动健康有序运行的规制法律。实行竞争制度需要建立反垄断制度，最基本的因素就是反垄断机构和反垄断法律。由此可以推导出自然垄断型企业规制改革的一般模式（见图 4.1）。

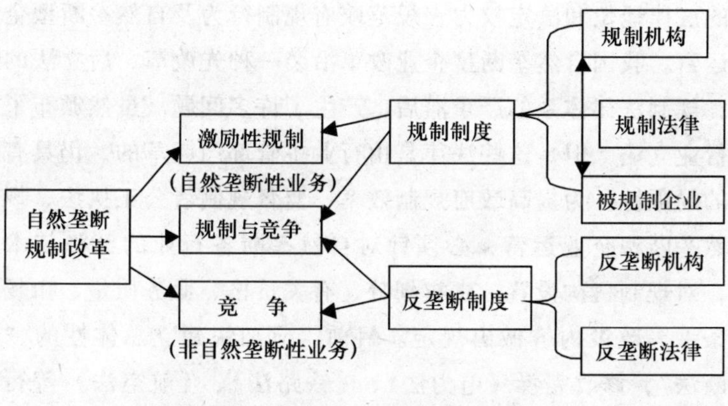

图 4.1　自然垄断产业的一般规制模式

3. 美、英、日公用事业改革共同取向的意义

对于我国来说，尽快发展经济、建立和完善社会主义市场经济体制是摆在政府面前的两件大事，这两方面既相互交织，又互相制约，无论忽视哪一方面，都将引起连锁反应。这就要求我们，必须以改革促发展，这是我国政府微观规制的基本出发点，政府的微观规制必须兼顾经济发展和维护市场秩序两方面要求：一方面，要适应加快经济发展的要求，对高新技术产业、关系国

民经济全局的重点产业的发展实行部分的政府替代，通过相应的规制来迅速集中建设资金，否则，任由市场自发调节，则可能付出发展太慢，从而制约整个经济发展、坐失发展良机的代价。另一方面，要将反垄断、维护市场经济秩序作为重要的工作来抓。随着市场经济的发展，市场垄断、寡占等市场失灵现象正在产生，行政性垄断横行，市场经济秩序混乱。因此，建立良好的市场经济秩序应该成为当前政府规制的重点。总之，促进经济发展、维护市场秩序共同构成了目前我国政府微观规制的基础。

（1）制定新型的自然垄断行业规制法律，确定独立规制机构的法律地位和法定权力，规范政府规制行为及自然垄断型企业的运营。我国自然垄断型企业改革沿袭一种先改革、后立法的传统，规制法律体系的严重滞后，产生了许多问题。虽然颁布了相应行业立法，但是这些法律是由行业主管部门起草的，仍具有较大的局限性。为提高政府规制效率、监督规制者公正执法、规范自然垄断型企业运营，必须针对自然垄断各行业的经济技术特征，对规制机构设置、责权划分、有关价格、服务质量、市场准入条件等政策内容做出规定。目前，应加快建立总体性的“反垄断法”，修改完善《电力法》、《铁路法》、《航空法》等行业法律，同时应注意“反垄断法”与其他行业法律的协调配合。

（2）组建新型的保持利益中性的规制机构。长期以来，我国自然垄断型企业实行的是典型的政企合一规制体制。改革开放以来进行了政企分离式的体制改革，政府各部委逐步从所有者、管理者、经营者过渡到规制者，具有行业管理职能和市场准入规制职能。由原来的部委充当规制者的最大特点是，规制者同时又是行业主管部门，甚至是原有企业的老板，形成政企同盟。为使规制者保持中立立场，必须改革政府既是规制政策的制定者与监督执行者，又是具体业务经营者的状况，在自然垄断行业设立相对独立的规制机构来执行政府规制新职能。

(3) 合理分割原有自然垄断型企业，引入竞争机制。我国传统的自然垄断行业采取的是大一统经营模式，即一个企业既经营自然垄断性业务，同时又经营具有潜在竞争性的非自然垄断性业务。为更多地引入竞争机制，提高运营效率，必须考虑对原有组织结构进行分割重组，分解原有庞大的体系，实现非自然垄断性业务的有效竞争和自然垄断业务的有效规制的合理组合。

(4) 加大自然垄断型国有企业股份制改造力度，构建激励性规制改革的微观企业制度基础。具有明晰的产权关系和完善的内部治理结构的企业，才是自然垄断产业的真正市场竞争主体。对于非自然垄断性业务，应逐步降低甚至取消行业进入门槛，大力引入民间资本和国外资本，实现竞争主体多元化。如果引入竞争只限于培育少数国有企业，则竞争难以真正形成，既使形成所谓的竞争，企业也会缺乏持久的竞争力。股份制改造是引入民间资本和国外资本的最佳途径，应加快利用国内外资本市场对现有垄断企业进行股份制改造。

5 我国公用事业市场化改革与投融资体制构建

5.1 公用事业市场化改革背景与原因分析

5.1.1 公用事业市场化改革的背景

长期以来，我国对公用事业采取的是低价格、高财政补贴的机制，价格基本上不受供求关系和成本变动的影响。尽管从20世纪90年代以来，我国各地城市对公用事业的这一传统体制进行了一系列改革，如减少或取消财政补贴，实行以成本为基础的定价制度等。但是，从总体上看，城市公用事业是20年来改革幅度和变化都较小的一个领域。全国城市公用事业绝大多数都实行政企合一的垄断经营。政府既是政策制定者和监督者，又是具体业务的实际经营者，这导致我国公用事业具有经济性垄断与行政性垄断的双重特征。目前我国的公用事业普遍面临的问题是：

(1) 政企不分，行政垄断仍然广泛存在。我国一直把各项城市公用事业视为公益性事业，各城市几乎都设有公用事业局、市政局或类似的政府机构，既负责城市公用事业的管理工作，又由其所属的企业垄断经营公用事业的各项活动。城市公用事业局与其所属的公用事业运营企业之间的政企不分，使得企业缺乏自主权和积极性，同时，一些地方政府部门滥用行政权力限制公用事业领域的市场竞争，阻碍了社会资源的合理配置。

（2）价格形成机制及其规制不合理。公用事业领域的价格大都由政府以“成本＋利润＋税金”为原则直接定价。调价时，一般是由企业提出申请并提供成本资料，物价局把关审核，经法定程序，报政府批准。这样，一方面企业利润与其成本无关，无法刺激企业降低成本，不能促使企业提高生产效率。另一方面，由于信息不对称，公用事业运营企业一般存在虚报生产经营成本、费用等信息的状况，不合理的定价基础导致政策性亏损掩盖经营性亏损。

（3）运营低效，服务质量较差。我国公用事业基本上采取区域性纵向一体化的组织结构，完全由当地政府管辖，没有跨地区、跨所有制成分的运营主体，市场和地域的分割使企业之间因缺乏有效竞争而导致公用事业企业运营低效，没有改善经营的动力，服务意识淡薄，公用事业运营企业经常凭借其垄断优势任意延伸垄断范围、损害消费者和用户选择权。据国家工商行政管理局报告显示，公用企业利用独占地位侵权主要表现为：设置障碍，控制终端产品；利用审查申报，控制设计施工；捆绑交易，滥收费用等。

（4）投融资体制改革滞后。我国公用事业投资主体单一，缺乏多样化的资金来源渠道，造成城市基础设施建设滞后于城市发展。近年来，虽然各级政府对城市基础设施建设的投资力度不断加大，但仍然难以满足社会经济发展和改善城市居民生活的需要，资金缺口问题仍然比较突出；而随着积极财政政策的逐渐淡出，基础设施领域缺乏大量的投资资金，这不仅使许多新建工程项目不能如期完成，也使得城市公用事业企业经营更加困难。

（5）财政亏损补贴沉重。原有公用事业设施随着使用年限的增加，设备老化、管网失修，而公用事业企业无力改造和更新，成为地方财政的巨大包袱。同时，由于受公用事业指令性价格形成机制等因素的约束，加之原材料、燃料、劳务成本上升过快和经营管理不善的影响，我国公用事业企业普遍存在微利甚至亏损运营的现象。

但这些问题本身并不能说明公用事业就必然是一个亏损的行业。事实上，公用事业多具有收费或成本补偿机制，经营者可以通过这个机制获得一定的预期收益，在相当程度上减少投资和经营风险。并且由于对基础设施项目的服务需求属于城市生产和生活的基本需求，需求规模庞大而稳定，故而对投资者或经营者都有较大的吸引力。城市公用事业产品需求相对稳定，受经济周期的波动影响很小，整个行业具有良好的流动性和回报稳定的特点。公用事业虽然利润率不高，但市场广阔，盈利稳定，已经成为民间资本高度关注的领域。实际上，由政府公共部门控制公用基础设施的建设与经营，并不具备必然性与合理性；相反，充分利用市场或以私人的方式提供基础设施服务可能更符合公平与效率兼顾的原则。随着改革向纵深推进，国有经济战略性重组和从竞争性领域有序退出，经营性公用事业的市场化已是大势所趋。

一方面，从实践角度分析，国有企业的低效率已经成为全世界面临的共同问题，而解决这一问题在目前的中国更具紧迫性。随着市场经济的发展和社会水平的提高，对基础性的公用事业需求越来越大，由此对财政开支的压力也越来越大。为打破原有运营体制的固有弊端，促使公用事业持续发展，拓展投资主体和渠道就成为一种必然的选择。从这个角度讲，政府应着力进行公用事业的市场化改革。

另一方面，经过改革开放 20 多年来的积累，我国民间资本迅速成长，并且具备了大规模参与城市公共基础设施建设的实力。从资产规模上看，目前我国城乡居民本外币储蓄余额已超过

10万亿元，如果加上居民手中持有的现金、国债、股票等，民间金融资本存量实际上已经超过全国国有资产11万亿元的总资产规模。目前，民间投资已遍布国民经济16大行业。随着各级政府对发展民营经济的日益重视和支持，以及对民间资本市场准入门槛的降低和准入领域的扩大，民间投资正在步入一个前所未有的活跃期和扩张期。这一切为私人部门进入公用事业提供了十分有利的契机。

基于上述背景，我国各级政府出台了大量法规政策。2001年12月，国家计委出台《关于印发促进和引导民间投资的若干意见的通知》，鼓励和引导民间投资以独资、合作、联营、参股、特许经营等方式，参与经营性的基础设施和公益事业项目建设。2002年1月，国家计委出台《"十五"期间加快发展服务业若干政策措施的意见》，放宽公用事业等行业的市场准入。2002年3月，国家计委公布了新的《外商投资产业指导目录》，原来被禁止外商投资的电信和燃气、热力、供排水等城市管网首次被列为对外开放领域。

中国共产党"十六大"报告指出要"推进垄断行业改革，积极引入竞争机制"。十六届三中全会《关于完善社会主义市场经济体制若干问题的决定》明确指出："放宽市场准入，允许非公有资本进入法律法规未禁入的基础设施、公用事业及其他行业和领域。""加快推进和完善垄断行业改革。对垄断行业要放宽市场准入，引入竞争机制。""加快推进铁道、邮政和城市公用事业等改革，实行政企分开、政资分开、政事分开。""对自然垄断业务要进行有效监管。"温家宝同志在十届人大二次会议的《政府工作报告》中提出要"推进市政公用事业的市场化进程"。"进一步研究制定鼓励非公有制企业参与国有企业改组改造，进入基础设施、公用事业及其他行业和领域的具体办法。"

建设部认真贯彻“十六大”精神，积极推进市政公用事业的改革，在总结各地经验的基础上，于2002年12月印发了《关于加快市政公用行业市场化进程的意见》。要求以体制创新和机制创新为动力，以确保社会公众利益，促进市政公用行业发展为目的，加快推进市政公用行业市场化进程，引入竞争机制，建立政府特许经营制度，尽快形成与社会主义市场经济体制相适应的市政公用行业市场体系，推动全面建设小康社会。鼓励社会资金、外国资本采取独资、合资、合作等多种形式，参与市政公用设施的建设，形成多元化的投资结构。市政公用行业主管部门要进一步转变管理方式，从直接管理转变为宏观管理，从管行业转变为管市场，从对企业负责转变为对公众负责、对社会负责。另外，允许企业跨地区、跨行业参与市政公用企业经营。2004年，建设部发布《市政公用事业特许经营管理办法》，为推动市场化进程、规范市场各方行为、保证社会公众利益提供了制度保障。

2005年2月，国务院《关于鼓励支持和引导个体私营等非公有制经济发展的若干意见》颁布实施，在“放宽非公有制经济市场准入”一部分中明确指出：“允许非公有资本进入公用事业和基础设施领域。加快完善政府特许经营制度，规范招投标行为，支持非公有资本积极参与城镇供水、供气、供热、公共交通、污水垃圾处理等市政公用事业和基础设施的投资、建设与运营。在规范转让行为的前提下，具备条件的公用事业和基础设施项目，可向非公有制企业转让产权或经营权。鼓励非公有制企业参与市政公用企业、事业单位的产权制度和经营方式改革。”

5.1.2 公用事业市场化改革的原因分析

道格拉斯·诺思（Douglass C. North）采用成本—收益分析方法和均衡分析方法，构建了制度变迁理论的基本模型：在初始制度均衡中，由外部性、规模经济、风险和交易成本所引起的潜在收入增加时，就会使制度变迁的收益大于成本，形成了制度的非均衡，从而发生制度变迁，形成新的均衡。换句话说，只要制度变迁的潜在收益大于成本，就会出现制度变迁的需求。在诺思的制度变迁分析框架里，财产权、国家和意识形态是三个基本要素。国家因有暴力上的优势能规定和实施财产权；一旦统治者的私人利益超过了统治者的私人成本，调整就成为必然。国家提供服务的目的是租金最大化和社会产出最大化，但两者不完全一致，其矛盾是社会不能持续增长的根源。而统治者界定清楚产权会增加交易费用，利益集团的竞争压力则会限制统治者对有效率的产权结构的选择。诺思分析框架中的另一主要成分是意识形态。意识形态既被看做是一种规范制度，又被看做是一种完整的世界观，由它支配、解释信念并赋予合法性。无论保持现有秩序还是推翻现有秩序，如果没有主要意识形态的向心推力，都是不可能的。诺思认为，由制度所引起的报酬递增和信息的不完全是决定不同国家不同制度变迁轨迹的两个重要因素。

诺思的制度变迁理论为我们理解制度变化提供了一个总的思路和分析框架。D. 菲尼认为，制度变迁必然是由对制度变化的需求与供给两方面的因素变化而引起的。因此，要想获得对正在发生的某些制度变化趋势的预测性知识，就只能从对这些因素的详细分析入手。对制度安排的变化的需求，基本上起源于这样一种认识：按照现有安排，无法获得潜在的利益。行为者认识到，改变现有安排，他们能够获得在原有制度下得不到的利益。其逻辑是，一旦对于行为者来说创立和利用新的制度安排的净预期利益为正时，他们就会要求这种新的安排。这里的观点是，某个个人或某群体的预期利益总是超过预期成本的。当然，其他集团和整个社会的预期净利益可能是有差别的，在很多情况下差别甚至是悬殊的。制度安排的某种起始的均衡因为有一个或一个以上的外生因素的变化而受到冲击。影响对新制度安排的需求因素，也就是使改变制度安排所产生的预期净利益发生变化，从而改变对制度变化需求的因素。

需求的变动虽然重要，但仅仅是解释制度变化趋势的必要条件，还不是了解变化路线的充分条件，制度变化的供给同样重要。制度变化的供给，取决于政治秩序提供新的安排的能力和意愿。现有的政治秩序的一整套类似的基本原则，以及现存的制度安排的一整套基本原则，都深刻地影响着政治秩序在对某种制度安排的需求发生变化时做出反应的能力和意愿。政治秩序在某种程度上关系到如何组织公共物品的供应。对制度变化的需求是建立在得到目前所得不到的这样一个基础上的，所以，它是因时因地而异的，它取决于现状。制度变化的供给，情况也是如此。有很多重要因素影响政治秩序提供新的制度安排的能力和意愿。这些因素包括制度设计的成本、现有的知识积累、实施新安排的预期成本、宪法秩序、现存制度安排、规范性行为准则、公众的一般看法和居于支配地位的上层强有力决策集团的预期净利益。

1. 宪法秩序与法规政策安排的变化为公用事业市场化提供了制度保证

宪法秩序的变化，一方面影响创立新的制度安排的预期成本和利益，因而也就影响对新的制度安排的需求；另一方面，改变了政治秩序提供新的安排的能力和意愿。1999 年，全国人大对原宪法第十一条进行了修改，进一步明确了民营经济在中国社会主义市场经济中的地位和作用。1999 年 9 月中国共产党十五届四中全会《关于国有企业改革和发展若干重大问题的决定》又明确提出："国有经济必须有进有退，有所为有所不为。"相关制度安排的变化清除了公用事业市场化的制度障碍，极大地促进了对公用事业市场化的供给与需求。

2. 巨大的财政压力迫使政府进行制度创新

改革开放以来，我国财政有力地支持了经济体制的改革，促进了经济增长和发展。在这一过程中，政府付出的代价之一就是连年财政赤字。长期以来，我国对公用事业采取的是低价格、高财政补贴的机制，价格基本上不受供求关系和成本变动的影响。尽管从20世纪90年代以来，我国各地城市对公用事业这一传统体制进行了一系列改革，如减少或取消财政补贴，实行以成本为基础的定价制度等。但是，从总体上看，全国城市公用事业绝大多数都实行政企合一和垄断经营。这使我国的公用事业普遍面临亏损经营，财政补贴沉重；企业缺乏自主权和积极性；生产效率低，服务质量差；缺乏稳定、规范的建设资金来源渠道等诸多问题。虽然一些地方通过引进市场管理机制来降低设施运营成本，提高运营效率，减轻政府运营的财政负担，改善服务质量。但是应该看到，政府财政仍然面临着巨大压力，并且随着经济发展对公用事业需求的迅速增长，这种压力越来越大。

3. 国外公用事业改革为制度创新提供了知识积累

西方发达国家曾经发生的市场化，为我国公用事业市场化提供了借鉴。英国公用事业市场化是一个典型。在20世纪70年代末，英国的意识形态领域发生了变化，这突出地反映在对政府干预的认识上。在市场经济中，政府干预的经济合理性是建立在效率标准上的。政府干预的必要性在于它能否补偿市场失败所造成的效率损失。政府干预理论为英国政府采取“缩小政府边界”政策提供了基本理论。人们对“福利国家”失败的检讨，不仅在社会思想上结束了“政府是进步的事业”这样一个普遍的认识，同时英国撒切尔夫人的私有化运动也在政府退出经济上提供了实践的样板。西方发达国家的公用事业市场化历程，为中国的市场化改革提供了宝贵经验，减少了制度创新的失误成本，增加了提供新的制度安排的能力。

4. 决策者特殊利益使制度供给复杂化

决策者的利益是影响制度变化的一个重要因素。这里的决策者利益包括各阶层的政治秩序领导人的成本和效益。因为公共物品的提供常常涉及一个强制因素，决策者是处在一种战略地位上的，他们能够影响制度安排的供给，并保障种种创新合乎他们的利益。决策者使用强制手段的能力受制约愈少，其效益和成本同社会效益和成本之间出现歧义的可能性就愈大。尽管财政负担使政府有动力推动公用事业市场化，但是一些因素也部分抵消了这种动力。一是市场化后必然会有部分人员被裁减，下岗人员的安置问题成为一个难题。二是在税收的优惠方面，地方政府可操作的空间较小，税收成本的增加减少了政府制度创新的收益。三是地方的特殊利益需求也可能使公用事业市场化偏离方向。地方政府常常以招商引资作为一项重要的政府工作，并以此来考核地方政府官员的工作业绩，主管官员当然执意要借着公用事业市场化的契机将这些国企“外资化”。以借市场化之名来实现其招商引资的政绩。政府对公用事业市场化的制度供给起着决定作用，但种种因素使政府在制度创新中处在一种复杂的境地。

5. 技术发展增加了对公用事业市场化的需求

科学技术的发展、社会分工的扩大和组织机构的变化，一方面削弱了自然垄断的程度和范围，另一方面创造了新的竞争领域，如管网的建造维护和运输服务的提供、电网建设和电力输送与电力的生产、通信网的建设运营与信息服务提供商的服务及其互联互通可以分开进行，使这些以前具有自然垄断性质的经济活动，具有了竞争的性质和特点，为私人企业的进入提供了机会和条件。同时，技术的发展也使原来的一些公共物品越来越多地成为准公共物品，可以通过产权界定和价格机制来实现其消费的可分割性，排除不付费者的“搭便车”现象。因此，技术的发展使公用物品可以在一定程度上实现责任者与生产者的分离，即政府有责任组织相关设施的生产，但不一定亲自建设和运营，可以交由市场完成。与此同时，技术发展也使公共物品的产权实施成本降低，企业通过提供公共物品获利的空间也加大，对公用事业市场化的需求自然也就上升了。

6. 市场规模扩大减少了公用事业市场化的经济障碍

公用事业市场化制度变化的另一个重要因素是市场规模。市场规模扩大，公用事业所需庞大的固定成本可以通过大量的交易来收回，这样，固定成本就成为制度安排创新的一个较小的障碍了。改革开放以来，我国城市化也进入快速发展时期，城市数量由 1978 年的 193 个增加到 2001 年的 664 个，城镇人口由 17245 万人增加到 48064 万人。20 世纪 90 年代后，我国城市化速度进一步加快，目前城市化水平达到 37% 左右。随着城市数量与规模的迅速扩张，以及我国经济增长与人民生活水平的提高，公用事业市场规模迅速扩大，为公用事业市场化提供了一个前所未有的契机。

5.2 公用事业市场化改革途径绩效与经验

5.2.1 公用事业市场化的主要特点

传统观念认为，微观经济领域应由私营企业承担，而公共服务应由政府垄断。但是由政府部门提供公共服务往往缺乏效率。而在公共服务领域引进市场机制，将政府权威与市场交换的功能优势有机组合，使政府从公共服务的“直接提供者”变为“促进者”和“发包人”，可以在一定程度上消除政府对公共服务的垄断，提高公共服务的供给效率，用最低的成本向社会提供最好的服务。也即公用事业市场化的实质是改革公共服务供给方式，提高公共服务的供给效率。

公用事业市场化的目的是通过引进市场机制，在不放弃政府部门公共政策制定责任的前提下，挖掘社会一切可以利用的资源来提高政府提供公共服务的能力。作为一种制度创新，公用事业市场化突破了政府决策、政府执行的传统模式，通过政府权威与市场交换之间的复合配置，发挥双方各自的功能优势，从而使政府以更高效更经济的方式履行公共服务职责成为了可能。

公用事业的市场化运作与公用事业的社会化是一个问题的两个方面。公用事业社会化就是要以社会需求为导向，调动社会力量改善公用事业，鼓励各种民间组织参与兴办公益事业和社会服务，根据不同公用事业项目的性质和特点，实现公用事业供给主体的多元化和供给方式的多样化。而公用事业市场运作作为一种制度创新体现在组织上就是按照市场化的方向，在实现运行机制的产业化和行为规则的法制化的框架下，形成独立于政府与企业之外、以非政府性和非营利性为特征的“第三部门”，进而实现社会事业和公共服务主体的多元化。

从公用事业市场化的概念看，其主要特点是：

第一，参与主体的多元化：公用事业的市场运作主要是指多方投融资，让全社会来办公用事业和公共服务，与此相适应的，是组织形式的社会化。在发达市场经济条件下，无论是公立还是私立的事业机构，都倾向于建立多元化的事业投资与经营补偿制度，实现事业投资主体的多元化和投资方式的多样化，从而增强事业组织和公共服务组织自我补偿能力，充分调动全社会办事业和公共服务的主动性、积极性和创造性，促进各项事业和公共服务的发展。

第二，运行机制的产业化：所谓产业化，是指将那些不具有社会共同需要性质的社会事业和公共服务领域推向市场，实现生产性经营管理，使其企业化、民营化、市场化。通过科技市场、教育市场、卫生市场和体育市场，实现社会事业和公共服务产业化，实现公共资源的有效配置和公用事业的高效运营，实现公用事业与经济一体化。公用事业不应该只是一种福利，也要成为一种产业。

第三，行为规则的法制化：发达的市场经济，也是完善的法制经济。由于社会事业和公共服务的特殊性，政府必须重视各类社会事业的经济立法，并依法对各类事业市场进行监督和管理，以“法治”克服“人治”残余，规范公共管理主体的经营管理行为，维护市民的公共利益和社会公共秩序；同时，加强公用事业治理方面的立法工作，以保障社会公用事业和公共服务的健康发展，有效地满足人们不断增长的物质、文化和生活需要，推动社会、经济、科技、文化、卫生等各项事业的协调发展与全面进步。

5.2.2 公用事业市场化的主要标志

第一，社会力量成为公用事业的主体。在计划体制下，由于公用事业中单一所有制结构占绝对优势，从制度安排上就抑制甚至禁止了私人及其他社会团体兴办社会事业和公共服务的可能性。在市场经济体制下，社会力量成为举办社会事业和公共服务的主体，从而实现了公用事业投融资主体的多元化，使公用事业发展的资本形态从国有资本形态转化为融合或混合资本形态，既包括社会上的集体和个人的财力和物力，也包括吸收的海外资金，从而使国家纵向独资转变为社会横向注资，使国家集中承担投资和生产经营的风险转变为社会分散承担风险，使国家独享资本利益转变为社会分享资本利益。在我国采取“公办民助”或“民办公助”，委托“公共事业投资公司”管理和经营公用事业资源，以及鼓励集体或个人直接兴办等形式进行公用事业的运营，正是符合了这一社会化取向。

第二，市场化运营是公用事业发展的基本方向。市场化运营与社会化发展具有相辅相成的关系。只有做到产权明晰，并使人、财、物、无形资产等要素按市场规则自由流动，才能真正体现其价值，才会使公用事业步入一个良性循环的发展轨道。为此，应实行政企分开、政事分开，要筹建各类公用事业资源的专业性市场，使市场的调节作用渗透到公用事业的方方面面，建立一个完整的公用事业资源配置市场体系，真正使市场成为公用事业资源配置过程中不可缺少的动力。

第三，多元约束机制是公用事业自律发展的基本保证。把公用事业放到开放的社会大环境中去经营运作，必须在建立健全法人治理结构、完善自我约束机制的同时，加强社会各方面的约束和监督，建立共同治理、多元约束的良好机制。过去事业单位只受行政部门的单一领导，由于缺少约束、监督不力，致使一些公用事业单位长期处在高成本低产出、服务质量低下的运作状态。在发达社会主义市场经济条件下，社会公用事业组织在包括领导制度、人事管理制度和财务制度在内的整个管理体系方面，都要作出新的制度安排，也就是要通过事业目标约束、编制约束、财务约束、民主监督、法律约束等多元化约束机制，强化该组织的自律机制，确保现代公用事业经营运作的合法性和各项事业的健康发展。

第四，社会投资与补偿是发展公用事业的主要融资途径。国家财政统包供给各项事业经费，是我国传统事业单位的一个基本特征。因此，事业组织没有自我生存与发展的能力，只有依靠国家财政来供养。由于国家财政拨款是各项事业发展的唯一经费来源，而事业发展就取决于国家重视与财政支持的程度，于是又造成各事业单位对其上级主管部门“等、靠、要”，吃国家财政“大锅饭”的格局。与传统意义的事业单位不同，市场经济条件下的现代公用事业具有独立的法人资格。除政府投资与补偿之外，公用事业组织在市场经济条件下有一定的经营收入，具有一定的自我补偿能力，也是投资主体之一。

5.2.3 公用事业市场化改革的对象与途径

公用事业按照垄断性和公共性的程度，可分为非经营性和经营性（包括准经营性）两种类型。

表 5.1 城市公用事业具体产业的自然垄断性业务与竞争性业务划分

公用事业产业名称	自然垄断性业务（网络性产品或服务）	（潜在）竞争性业务
电力	高压输电、地区性低压配电	电力生产、销售业务、电力市场交易业务等
交通运输	交通基础设施和轨道交通网络	交通线路营运、维护等
自来水	自来水管道网络	自来水生产、储蓄、销售业务等
管道燃气	燃气管道网络	燃气生产、储蓄、销售业务等
城市环卫	环卫公共设施	垃圾转运及处理业务等
城市园林	公共绿地设施	园林管理和养护等

事实上，绝大多数市政公用事业，如供水、供气、公共交通、排水、排污、垃圾处理等都具有经营性特征。这部分基础设施可以作为市场化的主要对象。这是因为：

（1）经营性基础设施项目具有收费或成本补偿机制，经营者可以通过这个机制获得一定的预期收益，并且在相当程度上减少投资和经营风险。

(2) 对基础设施项目的服务需求属于城市生产和生活的基本需求，需求规模庞大而稳定，故而对投资者或经营者都有较大的吸引力。

(3) 经营性基础设施项目不仅是政府的优质资产，具有较强的变现性。一般来说，变现性较强的城市资产比较容易进入市场，并且还可以采用不同的运作方式，促进经营性项目同其他经济要素进行重组，从而提高其运营效率，为城市提供更好的服务。

(4) 政府对一些准经营性公用事业进行费税改革，使其具有相对较稳定的现实收入，来增强准经营性公用事业对私人部门的吸引力。

选择有效的途径来实现城市公用事业市场化的目标，是各国城市政府都十分关注的问题。发达国家的城市政府在这方面作了有益的探索，并取得了一定的成效。根据我国的国情和建立社会主义市场经济的基本要求，我国城市公用事业市场化可以设立以下几种途径：

(1) 特许经营权的招标出让。在城市政府的监督下实行某一城市公用事业特许经营权的公开招标，中标者在规定的期限内经营标的物。特许经营权公开招标后，中标者签订的经营契约将规定：①在经营期内保证提供符合一定标准的基础设施与服务。②城市政府有权委派企业的董事，并授权其可查阅企业的所有文件。③在特许专营权限期内保障中标企业一定的盈利率。④强制以超额利润部分建立企业发展基金，利润不足时由发展基金补充。⑤城市政府有权监督经营机构的财务活动和审批收费标准。⑥经营机构如不能满足城市政府基于公共利益提出的要求，政府有权终止其特许专营权。通过特许专营权招标出让实现的市场化，往往是以BOT、TOT以及纯民营的形式进行的。

（2）企业资产的证券化。城市公用事业企业资产证券化的具体操作方式有：①在股票市场上公开出售基础设施或企业。首先，由中介机构对出售的基础设施或企业的财务状况进行分析，对有形资产及无形资产进行评估并对股票价格作出预测；其次，政府在市场上公开招标募股；最后，政府委托银行同中标企业签订股票出售合同，股票在证券市场上交易。②股权置换。在出售基础设施或企业的股权时，购买方可用现金购买，也可以用债权换取股权。③增资扩股。在不减少国有资本的情况下，通过增资扩股的方式吸收民间资本，为基础设施或企业带来急需的资金，并为其注入新的活力。④将股票主要出售给基础设施或企业的经理及雇员。在这个过程中，政府可采取分期付款、赠股、购股优惠或忠诚奖励等方式鼓励他们购买本企业的股票。

（3）承包或租赁经营。城市公用事业承包或租赁经营是将那些盈利率不高，但投资大的城市公用事业交由民间企业或法人团体承包、租赁、经营。城市政府则按照一定比例收取承包费或租金。由于产权关系未变，承包、租赁经营企业可以得到政府的特别优惠条件和保证。

（4）兼并和清算。对于亏损严重的城市公用事业企业，鼓励民间企业进行兼并。同时，政府对被兼并的城市公用事业企业的债务予以适当减免。对不能获利且无法出售的城市公用事业企业，则予以清算拍卖。

（5）企业的整体出售。将某一城市公用事业企业整体出售给私营企业，但对于关键领域的城市公用事业企业的市场化，政府应保持一定数量的特殊股份以行使必要的监督权，同时还要进行价格控制，以维护公共利益。

5.2.4 公用事业市场化改革的趋势特征

1. 我国公用事业市场化的必然性

我国公用事业市场化是一个必然的趋势。从制度分析的角度看，公用事业市场化是一种制度创新。重要的制度创新的供给，必然包含政界、企业家和创新者的诸多政治手段的动用。制度创新的供给主要决定于一个社会各既得利益集团的权力结构或力量对比，政界、企业家试图设计新的制度和解决各种既得利益集团之间的冲突（Ruttan、Hayami，1984）。从制度创新的供给层面上看，我国宪法秩序与一系列相关的制度安排，扫清了制度创新供给的政治障碍，提供了根本的制度保证。长期以来政府经营公用事业导致的效率低下，以及技术发展对自然垄断与消费的不可分割特性的改变，使人们重新认识政府在市场经济中的地位与作用，开始质疑政府提供公用物品的合理性；政府面临的巨大财政压力，使政府迫切希望找到一种合适的方式从包办公共物品提供中解脱出来；西方发达国家公用事业市场化的成功经验为我国的改革提供了制度创新的知识积累，为公用事业市场化减少了政治风险与失误成本；民营经济得到了巨大的发展，成为我国市场经济中的重要力量，民营经济的经济地位与政治地位都发生了根本的变化；现代科学技术的飞速发展使经营公共物品获利的技术障碍不断减少；市场规模的急剧扩大使规模经营的可能性不断增加，诸多因素使对公用事业市场化的需求不断膨胀，为公用事业市场化制度创新提供了强大的供给意愿和能力。

2. 我国公用事业市场化的渐进性与多样性

如果我们大致把公用事业的经营分成公有公营、公有民营、民有民营这几种模式的话，我国公用事业市场化必然是一个从公有公营到民有民营的渐进过程和三种模式长期共存的多样性过程。从公有公营进入到全面的民有民营，必然会经过一个公有民营的过程，无论是其中哪一个层次的改革，都需要政府在管理体制、法律法规等方面进行相应的调整和补充。但目前中国正处在经济体制转型之中，政府的行政控制能力较强，而法治化能力又很弱。在此情况下，企图完全依靠正规的法规管理是不现实的。同时，由于公用事业的社会性特征，一旦失控，政府要承担很大的政治风险和社会风险。在这种情况下，公有民营是一个更为可靠的制度安排选择。

3. 我国公用事业市场化的不平衡性

从影响公用事业市场化的供给与需求因素来看，由于我国经济现存的东、中、西部三大区域经济具有不平衡的特征，我国公用事业市场化将会因所处地域不同而有不同的发展态势。从需求层面看，东部地区已经处在一个较高的经济发展水平，民营经济的力量雄厚，一些新的技术也一般率先由东部地区应用，东部地区的城市化水平远比中西部要高，其公用事业的市场规模要比其他地区大得多，更容易满足公用事业民营化的规模经济要求。从供给层面来看，东部地区政府的市场观念较强，应对市场化的能力也强，对公用事业市场化所需的政府规制能力、法规建设能力、制度设计能力都已经积累了一定的经验，因此，向公用民营过渡所需的时间更短。这些因素决定了制度创新的强度呈现出从东到西逐渐减弱的趋势，决定了我国公用事业市场化是一个从东部到西部的渐进过程，各地的市场化呈现出不平衡发展的特征。

4. 我国公用事业市场化具有一定的不稳定性

制度变迁是相关利益集团利益冲突、均衡的结果。一方面，在既有的制度结构下，制度调整必然涉及各方利益的变化，如果制度变革损害到某一既定利益集团，既使变革能够在整体上提高社会福利，也可能因为受损者的强烈抵触而受阻；另一方面，既使制度变革不损害任何一方的利益，但如果变革收益的分配不合理，利益格局的明显改变会导致某一方收入相对下降，仍然可能会引起抵触。公用事业市场化改革必然涉及政府、企业、社会公众等各方利益的调整，如何协调各方利益是市场化能否成功进行的关键，但在这些方面，我们缺乏相关的制度安排保障。如市场化后，原公用事业国企的裁员安置问题，由于先前进行的其他领域的国企改革所产生的大量下岗人员再就业问题尚未得到解决，政府很难在这方面有什么大的突破。而由于公用事业的社会性，如果这些公用事业国企产生激烈抵触行为的话，为了避免产生严重的社会问题，市场化改革很可能就会停顿下来。同时，市场经济改革以来已经产生了比较严重的居民收入差距过大问题，市场化后相关服务的价格上调能否为广大的低收入阶层所接受也是一个问题。最后，由于公共物品的提供常常涉及一个强制因素，政府能够影响制度安排的供给，并保障种种创新合乎他们的利益，地方政府为了追求其特殊利益很可能会使公用事业市场化改革变味。调查表明，在公用事业改革中，政府的信誉问题与政策非连续性是民营企业面临的最大风险。我国仍然处在一个体制转型阶段，长期以来的强政府、弱法律状态尚未得到根本改变，缺乏对政府的有效法律约束。政府使用强制手段的能力受制约愈少，政府制度安排变革的效益和成本同社会效益和成本之间出现歧异的可能性就愈大。诸多因素都表明，我国公用事业市场化存在着某些不确定性。

5.2.5 公用事业市场化改革的市场绩效

1. 公用事业成为投资热点

经过 20 多年的发展，一些规模较大的民营企业，其管理者素质和企业经营机制往往更适应现代企业运营机制的需要。城市基础设施行业，如公交、路桥、供热等因不需要太多的高新技术，投资者可以比较容易地开展经营，因而也适合民间投资。广东、上海、浙江等地的公用事业领域开始向民间资本和外资敞开大门。广东鼓励和引导民间投资参与能源、交通、供水、污水处理等基础设施及公共事业建设。深圳市政府已开始就能源、水务、燃气、公共交通等公用事业类企业向国际招标。2002 年 7 月成都市市政公用局将 6 条公共汽车线路的特许经营权进行拍卖，将原有国有公交公司独家经营的公共汽车线路有偿出让。2002 年上半年，香港李嘉诚旗下的和记黄埔斥资 2.5 亿港元收购在香港创业板上市的百江燃气 12.8% 的股份，借此进入内地燃气市场。2002 年 5 月 13 日，中华煤气与珠海功控集团订下项目总投资额达 1.6 亿元的合资盟约，独家享有 50 年的全市燃气业务经营权。据不完全统计，截至 2002 年已有 30 多家上市公司开始投资或者加大对公用事业的投资。

2. 公用事业改革成效显著

改革开放以来，随着国民经济和社会的发展，在各级政府的领导下，坚持走以改革促发展的道路，我国的市政公用事业取得长足的进步。主要表现在以下方面：（1）城建资金总量提高，能力建设增长迅速。与 1985 年相比，2001 年全国城建资金总收入增长了 10 倍以上，城建资金结构发生了明显的变化：一是预算内投资占城建资金的比重总体上呈下降趋势。二是国内贷款规模逐年扩大，在城建资金年收入中增幅最大。三是利用外资结构发生了变化，外商直接投资的比重有所提高。四是自筹资金增长迅速，在城建投资中的地位日趋提高。五是市政公用基础设施产业股票与企业债券融资从无到有。（2）城市基础设施“欠账”问题得到初步解决，城市面貌发生极大改观。在过去短缺经济年代，我国城市基础设施严重滞后，近十年来，各地政府在人力、物力、财力上加大了城镇建设的力度，使城镇居民生活质量、环境质量有了很大改善和提高。(3) 市场化改革取得进展，供应效率有所提高。改革开放以来，城市建设之所以能取得这样的成绩，关键是打破了过去政府统包统揽的做法，采取了多元化、多渠道进行城建投资融资的措施。

3. 市场化意义重大

市政公用事业的市场化是进一步改革城市公共产品供给体制的主要途径，也是城市公共基础设施建设和发展在较短时间内实现现代化的基本取向。

(1) 市场化有利于充分发挥市场在资源配置中的基础性作用，提高城市公用设施的运营效率和服务水平。城市公用基础设施实行市场化，可以打破行业垄断，培育这一领域的竞争市场，改善其服务质量，提高城市公共产品的运营效率，使有限的设施发挥最大的效用。

(2) 市场化可以有效减轻城市政府的财政压力，为城市基础设施的现代化建设开辟新的财源。一方面，城市基础设施实行市场化以后，可以从根本上减少城市政府的补贴，同时有利于促进基础设施的运营转亏为盈。另一方面，市场化过程是一个城市资产的变现过程，通过这个过程，城市政府可以取得较大收益。

(3) 市场化为社会资金提供了一条重要的投资渠道，是扩大内需的有力手段。经营性公用基础设施由于具备较为安全、稳定、长期的预期收益，其市场化可以为城市其他企业、外商及城市居民开辟一条新的投资渠道，进而通过加强这一领域的民间投资来促进城市经济的增长。

(4) 市场化有利于加速国有经济的战略性调整，加快政府职能转变。公用基础设施的市场化，可以从一个新的层面来推动城市政府的机构改革、职能转换和政策调整。在市场化的条件下，城市政府的管理重心将向公共管理倾斜，其具体职能也将发生变化，所出台的政策将以维护公共利益为重，而最根本的就是政府从一部分基础设施的投资经营中退出。

5.2.6 公用事业市场化改革的经验总结

1. 市场效率提高的关键在于引入真正的市场竞争机制

由于公用事业所具有的自然垄断特性及其长期由政府经营所导致的政企不分、效率低下，人们认为公用事业市场化必然会导致公用事业市场效率的改善。而西方发达国家在公用事业市场化过程中，市场效率也确实得到了提高，究其原因，真正促进效率提高的是市场竞争。例如，英国政府对电信和煤气供应等产业实行重大改革的初期，通过出售原来国有企业的股份实行企业所有制变革，虽然这些企业（如英国电信公司、英国煤气公司等）的所有制发生了变化，但由于没有对这些产业原有的垄断性市场结构进行重组，这些企业的市场垄断地位并没有发生变化，不存在市场竞争的压力。这种改革结果未能刺激企业提高经济效率。英国经济学家马丁与帕克（Martin & Parker）在对英国各类企业私有化后的经营绩效进行了广泛的比较研究后发现，在竞争比较充分的市场上，企业私有化后的平均效率提高显著，而在垄断市场上，企业私有化后平均效率的提高并不明显，相反，像伦敦铁路，还出现了服务水平下降的现象（余南平，2003）。从总体上分析，英国市场化改革过程，就是一个不断强化竞争机制的过程。已有的研究表明，经济效率的提高在很大程度上取决于政府所采取的促进竞争与改进管制效率的政策措施（王俊豪，2004）。但从我国已有的市场化进程来看，能够达到改善市场竞争机制的领域并不多。如在县一级的供水行业，一般来说，如果引入两个供给主体显然不符合这一行业的规模经济要求，由于市场结构未发生改变，很难指望市场主体行为与市场绩效会发生大的改变。即使能够对公用事业的经营权进行投标，竞争经营，这虽然在短期内能起到降低市场价格的作用，但从长期来看，经营权一旦有了归属，事前的多家竞争格局也会被事后的单方垄断局面所代替；如果缺乏有效的价格规制手段，市场价格仍然会回升。因此，公用事业市场效率提高的关键在于引入真正的市场竞争机制，否则很难发生根本性的改变。如果认为公用事业从公营变成民营就必然会提高市场效率，那么我们很可能会把我国公用事业市场化改革变成一场所有制改革而忽视市场结构的变革。

2. 实现思想观念和运行机制的转变

从思想观念和运行机制上实现转变，真正打破垄断，促进竞争，是市政公用事业改革成功的特点之一。一是观念的转变。关键是领导和政府职能部门观念的转变，要真正做到思想观念与市场经济接轨。要改变城市建设必须由政府亲历亲为的观念，打破地区封锁、减少行政垄断、取消部门保护、拆除市场壁垒，搞好对内对外开放，发挥市场对社会资源的优化配置作用。二是机制的转变。运作机制和管理方式应与国际标准接轨。在运行机制上，要推行委托代理制和特许经营权制度，注重公司化运作，实行项目法人责任制，探索资本市场融资等新方式。在管理方式上，要从原来的国有资产所有者的身份向社会管理者身份转变，在管理方式上从传统的部门管理向利用法律、法规进行依法管理方式转变，在具体的管理行为上更注重利用经济、法律等约束手段。推进管理手段和管制措施契约化，通过明晰的合同，确定市政公用行业经营者的责、权、利和义务，建立合理的产品和服务价格机制，建立富有效率的补贴激励机制。在管理体制上变事业单位管理为企业管理。过去我国一直把市政公用企业特别是污水处理、市政维修、环卫、园林绿化等管理单位作为事业单位来管理。在改革中，各地逐步打破了福利型公益事业的旧体制，开始实行企业化管理，目前大中城市大部分市政公用单位转为企业，或进行企业化管理。

3. 从投融资体制改革入手推动改革的深化

城市市政公用事业市场化改革的实质性推进，都是由投融资体制改革所带动的。由于投资主体不再是政府，融资方式也不再仅仅是银行贷款，这样追求投资回报的机制发生了作用，迫使市政公用事业向现代企业经营方式改革，从经济体制上促进了改革的深化。总结各地在城市市政公用事业市场化改革方面的经验，主要有以下几个方面：第一，释放存量资产市场，将过去由政府垄断经营的城建存量资产投放市场。通过对固定资产存量经营权的转让、股权转让以及资产转让等方式对公路、自来水厂及其管网、污水处理厂等一系列资产进行盘活。这样做，一是通过盘活存量为增量建设聚集资金，克服政府建设资金紧缺的矛盾；二是引进先进的技术、管理和经营理念，提高了经营管理水平；三是通过引入民间资本，实现市场化运作，分散了政府的风险。可以说，存量盘活成为公用事业发展资金的重要来源之一。第二，开放增量资产市场。采用 BOT、TOT 等形式，吸引民间资本进入城建基础设施投资领域。凡是涉及资产形成的城建项目，均可采用 BOT 的方式建设。第三，创建可市场化的项目。鼓励企业经营有收益的基础设施项目，如城市出租车经营权的拍卖、公交线路的招标拍卖等。具有自然垄断特性行业的供给权是一种稀有资源，它们不具备完全竞争的市场条件，但却存在着对经营权的竞争。第四，模拟市场机制运作。主要包括两个方面：一是在城市基础设施项目的管理方法上，按市场机制运作，改变政府资金投入方式。对新的建设项目，首先成立项目公司，然后在每个建设环节，严格推行招投标制度。同时，改变过去计划经济体制下财政直接投资、全额出资的方式，而采用只对项目公司投入资本金，由项目公司对外独立筹集的方法，解决政府资金短缺的矛盾。二是将竞争机制引入各个环节，改变建设运营一体的传统模式。如上海市对轨道交通实行了投资、建设、运营、监管“四分开”。这一举措降低了成本，提高了效益，大幅度减少了政府财政补贴，极大地加快了轨道交通的建设步伐。

4. 运用合理计价原则调整公用产品价格

价格改革是公用事业改革的一个核心问题，合理的价格机制建立起来了，公用事业就有了良性发展的机制。以供水价格改革为例：改革开放之前城市供水实行低价政策，对居民采用“包费制”形式，城市居民交纳的水费与实际耗水量无关。到20世纪80年代，逐步取消“包费制”，实行装表计量，按量收费，生产用水价格本着高于生活用水价格的原则，合理制定价格，但供水仍是非盈利行业。90年代以来，我国加快了包括价格管理体制在内的各种经济体制改革步伐，城市供水价格的管理逐步走向法制化、规范化；多数城市按照“成本+费用+税金+利润”的定价原则对供水价格进行多次调整，价格水平有较大提高。

5. 坚持经济效益、社会效益和环境效益的统一

城市市政公用设施不仅有明显的公益特征，而且是生产、生活必不可少、需要不断发展和完善的基础设施，因此在改革中不能只顾眼前利益，片面强调经济效益，而忽视社会效益和环境效益。坚持三个效益的统一是公用事业实现可持续发展的需要。市政公用事业改革必须避免简单地“一包了之”或“一卖了之”，应坚持行业管理标准，通过持证上岗、服务质量承诺、安全运行等措施，以及严格的招标程序、严格的合同内容等管理手段，实现经济效益、社会效益和环境效益的多赢。

6. 公用事业市场化改革须由政府引导

由于城市基础设施涉及诸多公共利益，其市场化不可能是一

个自发的过程，也不可能毕其功于一役。而且公用事业即使实现了市场化，也不同于一般竞争性部门，引导不当，将引发复杂的矛盾和社会问题。在城市基础设施市场化过程中或市场化以后，城市政府必须在引导、规范、服务、管理等方面有所作为：

（1）保持对关键领域的有效控制，切实维护公共利益。一是健全市场准入制度，既保持适度竞争，又要维护各时期各类竞争者的公平权益。政府可以通过向企业提供经济利益补偿、给予适当特许权利、控制关键商品和服务的价格审核权、取消经营资格以及保留必要的惩处手段等，加强政府在维护社会公正和公平方面的宏观调控能力。二是根据政府公共政策目标建立控股公司，利用股份公司制度，通过对市政公用基础设施企业的控股来实现对该企业的支配和管理，以较少的资本左右更多公共物品与服务的供给活动，满足城市生产和生活的需要，同时，提高国有资产的增值水平。三是立法规定控制权，即通过法律形式规定国家在某些特定的关键性基础设施领域保持控股地位以及必要的决策权或否决权。四是为防止外商对某些关系国计民生的重大公共基础设施的绝对控制，政府可在重要行业中安排特别股权，以防止有损整个城市利益或公共利益的并购活动。

（2）营造规范有序的运作环境，推动市场化顺利实施。一是充分发挥市场机制的功能，建立公平竞争的、有效率的基础设施或企业产权的出让、转让交易市场。在这个过程中，城市政府必须对尚未上市的基础设施或企业的资产价值进行合理的评估，建立起完整的资料库，并且向国内外投资者提供可靠的信息。然后，由政府在当地发布公告，提出参与竞争的条件，并作出相关承诺，招揽数家私人企业来投标竞标。在此基础上，政府与中标的私人投资者签订具有法律效力的公用事业市场化合同，合同应对双方的权利和义务作出具体的可操作的明确规定，对违约风险、赔偿责任和处罚办法等也要作出仔细的规定。二是规范募股规模，以避免对证券市场造成过大的冲击和城市国有资产贱卖现象的发生。三是建立市场化优惠信贷制度，鼓励民间企业收购市政公用基础设施或企业。优惠信贷制度的核心就是适度降低贷款利息，放宽贷款期限，以及提供政府贴息贷款等。四是在国家税收政策允许的范围内，在规定期限内适度减免税收。

(3) 实行灵活的公共基础设施物品和服务的价格政策。为达到吸引投资和为市民提供长期优质公共服务的目的，政府必须对市政公用行业的产品和服务，根据不同性质采取不同的价格政策，公开价格调整程序，实行价格听证会制度和合理限价政策，制定有吸引力的价格，在保证投资者获得合理收益的同时，维护用户的消费权益。

(4) 管好用好市场化所得资金。进一步转变城市政府直接投资、建设、经营、管理城市基础设施的单一模式，以市场化方式推动其投资、建设、经营的多元化。城市政府应重点做好基础设施的规划、项目决策以及监督调控和评价等工作。至于市场化所得资金，则用于现代基础设施的再投资，或者偿还所欠债务，或者建立城市建设基金，为项目融资提供贴息或担保，或者拨一部分用以改善绩效欠佳的基础设施或企业的资产质量，便于深化市场化改革。

5.3 我国公用事业市场化运作现状与改革

5.3.1 我国公用事业投融资体制的现状

积极稳妥地加快市政公用事业市场化进程，引入竞争机制，建立政府特许经营制度，促进市政公用事业发展，为全面建设小康社会和城镇化发展提供必要的基础条件，这是城市市政公用事业改革的目标。20 世纪 90 年代以来，我国经济持续快速发展，人民生活水平显著提高，对城市市政公用设施需求增大，建设事业进入了新的发展阶段。尽管政府依靠财政力量，加大了城市市政公用基础设施的投资力度，在一定程度上缓解了制约城市经济发展的“瓶颈”，但是，仍不能满足持续发展的需求。由于目前我国正处于大规模建设期，从动态角度看，市政公用设施投融资渠道是实现市场化改革目标的关键之处。

90 年代以来，城市公共基础设施建设受到各地政府和社会的关注，城市市政公用设施投资逐年上升。“八五”期间投资总和是 2600 亿元，是“七五”期间的 5.2 倍，而“九五”期间的投资总和约 7000 亿元，是“八五”期间的 2.7 倍。2001 年全国城市市政公用设施建设和维护投资达到 2500 亿元，达到当年投资的最高水平，比 2000 年增长了 34%。但同时也应看到，城市市政公用设施建设投资占同期国内生产总值的比例仍然较低，80 年代末，城市市政公用设施建设和维护投资占 GDP 的比例只占到 0.4%，“八五”期间为 0.8%，“九五”期间 1.7%，1999 年首次达到 2%，2001 年达到 2.6%。这一比例与国外大规模建设时期通常占 3%—8% 相比，仍有相当的差距。

从建设和维护的投资结构来看，1997 年以来，80% 以上的投资是固定资产投资（其中新建项目投资占 60% 以上），约 20% 左右的投资用于存量设施的维护、养护。今后，随着城镇化进程的加快，较大规模的新建投资仍将持续。从市政公用设施具体项目投资来看，道桥建设投资一直是城市建设的主要投资方向。近几年来，排水、公共交通、园林绿化和集中供热等提高环境质量和生活水平的投资增长速度较快。

但同时也应看到，改革只是初步的和不平衡的，目前还存在一些问题：

（1）投资总量不足。相对于城镇化快速发展的要求，城市市政公用设施的投资总量仍然不足，人均享用的设施水平仍然不高，特别是与生态环境相关的城市污水处理和垃圾处理设施不足，管网建设不配套，仅靠政府筹集建设资金难以满足实际需求。

（2）投资主体单一。目前城市市政公用设施，无论其可经营程度如何，都是以政府投资为主，政企不分、垄断经营的现象仍较为严重，由于政策环境或利益激励机制不完善等原因，社会资本进入仍存在着一定的困难。

（3）融资渠道狭窄。我国城市建设规模的增长，主要还是采取依靠政府动员财政性资源来应对市场需求的模式来实现的。政府资金和利用国内外金融机构贷款，两者占投资总额的80%以上，直接投资比例不足20%。2001年外商直接投资只占0.4%，企业自筹占16%，债券和股票占0.27%。

（4）资金效率不高。全国36个大中城市供水平均价格已从1988年的每吨0.14元上涨到了2002年底的1.32元，但成本也同步上升，全国自来水企业全员劳动生产率高低相差数十倍，公交系统人车比平均为11:1，高低相差4倍，单位公里成本高低相差7倍。道路和绿化养护实行竞争招标的城市，节约资金均在30%左右，可见，通过改革提高资金使用效率的潜力很大。

5.3.2 公用事业市场化改革的实现形式

市政公用行业是城市经济和社会发展的载体，它直接关系到社会公共利益，关系到人民群众的生活质量，关系到城市经济和社会的可持续发展，要加强领导、精心组织、统筹规划、稳步推进，推动市政公用事业的市场化进程。从西方发达国家对公用事业改革的经验来看，改革的模式主要可以分为以下几类：一是改变市场结构，以竞争代替垄断；二是改变公用事业企业的所有权，实行私有化；三是公用事业经营权的特许经营；四是通过融资途径来解决经营公用事业所面临的资金困难问题。

1. 公用事业改革的分析框架：SSP 范式

SSP（Situation-Structure-Performance）范式是由美国密歇根州立大学 A. 爱伦·斯密德教授拓展的一种理论框架，该框架关注的是对制度与经济绩效间的关系作出预测，预测人们在不同的权利安排下会得到什么益处。SSP 范式包含了状态、结构和绩效三个核心概念。

（1）状态（Situation）包括个人、团体和物品的特性，各种特性导致人们在经济活动中的种种依赖关系并影响着制度与绩效间的关系。在传统公用事业领域里，政府兼有市场监督者与生产者双重身份，而这种特殊身份赖以形成的历史与经济根源则是公用事业产品生产的特殊性，即生产的自然垄断性与产品的公益性。

（2）结构（Structure）指的是权利结构，是人们一切权利或机会的集合，它代表着一个社会的游戏规则。权利结构不仅包括名义上的生产要素所有制和市场竞争，还包括更广泛的内容：使用权和交换权及收益权、不同的交易类型等等。产权说明了与一种资源有关的人与人之间的关系，社会依此控制和协调人类的相互依赖性，解决人们的利益分配问题。由于权利安排对经济运行和效果有影响，选择权利就是选择利益。

（3）绩效（Performance）是指财富和机会在不同的个人或团体间的分配，即谁获得利益，谁承担成本。在 SSP 范式中，状态是给定的，结构是可选择的。不同的权利体系之间以及各自内部存在着重要的结构差异，这种差异对绩效可能会产生影响。在给定的状态下，所选择的结构决定了最终的绩效。

基于上述概念，公用事业改革过程就是从某种权利结构向其他权利结构转变的过程，是一个利益的重新分配过程，改革结果就是对权利结构选择的结果。

2. 公用事业的权利结构变动分析

（1）定价权：目前的公用事业垄断经营格局在很大程度上是以传统的自然垄断理论为其理论基础的，因此，具有自然垄断特性的公用事业必然不适合于市场经营，而必须由政府垄断经营。鲍莫尔等人提出的可竞争市场理论则认为，只要在位的经营者不具有法定的地位，由于潜在进入者的威胁，垄断的在位者就会像在竞争状态下那样行事，因而能够提高经营效率。基于此，一些学者提出公用事业可以引入竞争，无须由政府垄断经营的论断。

在实际操作上，鲍莫尔等人的可竞争市场理论存在以下局限性。首先，其理论假设并不现实，即潜在的进入者对在位者威胁并不像想象中的那么有力。由于经营公用事业需要大量的特质性投资，即使在位者能够获得高于正常利润的垄断价格，潜在的进入者至少需要数年甚至更长的时间才能进入这一市场，而不可能在短期内进入。如果在位者在获得垄断利润后再实行价格策略，潜在的进入者就要遭受损失。无论是在位者还是潜在的进入者都能够明确地知道这一点，因而其结果必然是，潜在的进入者不可能真正进入这一市场，潜在的竞争自然也就缺乏现实的威胁意义，在位者可以放心地获取垄断利润。其次，公用事业除了具有规模经济特性外，还具有产品需求弹性低、固定管网和地域性的特点，而后者使公用事业明确地不同于其他自然垄断行业。打破自然垄断、引入竞争的经典例子出于电信业，如中国联通与中国移动的竞争对市场绩效的改善。在移动通信市场引入竞争后，消费者得到了更低的价格和相对更优的服务，政府获得了更多的税收，可谓是多赢的增和博弈。但是，电信业的产品特性与通常所指的公用事业存在着巨大的差别。一方面，对于通信这类服务的价格需求弹性比较大，即使不存在生产者竞争，生产者为了刺激需求从而使利润最大化，也具有降低价格、刺激需求的愿望，因而目前移动通信服务的价格降低并非完全来自于市场竞争；如果考虑到电话等替代品的竞争，当前对这一市场竞争对价格的影响力显然被高估了。

即使不考虑上述因素，移动通信市场引入竞争也不是对自然垄断理论的否定。自然垄断理论适用于规模经济下边际成本低于平均成本的状态。规模经济事实上普遍存在着，在凡是需要较大固定资本投入的行业里我们都能看到规模经济现象，但只要市场需求足够大，企业就不会面临在低于平均成本时的边际成本定价问题，因为边际成本在某一个产量后总是要上升并高于平均成本的。因此，只要市场需求大到能够容纳多家供给者，就不会存在自然垄断问题。移动通信市场能够从垄断走向竞争是市场需求曲线变化的最终结果。在移动通信服务市场，通信网络并不是实体性的，消费者在很大范围内可以不受网络的地域分布约束来选择生产者。而通常所指的公用事业服务尤其是供水、供电、供气等服务都是人们日常生活、生产所必需，而且产品几乎无差异，因此其价格需求弹性非常低，即使在竞争状态下，价格策略对生产者的吸引力也很低。并且在水、电、气等的服务提供中，需要固定的管网分布来支持，这种管网的分布特征使这些市场至少在近期内根本不可能像移动通信服务市场那样可以被分割为若干个生产者共同经营。难以想象两个生产者将各自的管网接入同一消费者，因为这几乎必然意味着其中有一个生产者的投入是完全无效的。要解决规模经济的固定成本分摊问题就必须扩大市场对这一产品的需求，这就要求扩大经营所需的管网分布面积，但这也就意味着固定成本增加进而增加边际成本递减的趋势，随着市场需求的扩大边际成本低于平均成本的可能性依然存在。而且，一个生产者的经营管网扩大必须要以另一个生产者管网的缩小为前提，这是一个零和博弈的过程。这在某种程度上就意味着在一个既定区域内两个生产者几乎不可能同时解决规模经济问题。上述问题使通过市场竞争定价的愿望无法实现。由于这一原因，在这些公用事业服务领域必然存在着地区性的生产者垄断。

（2）所有权：私有企业比公有企业更有经营效率是长期以来一直流行的观点，将这一观点引用到公用事业中就是将公有的产权替换为私有的产权模式。人们常常认为在公用事业领域，公有企业效率低下，因而应该以私有企业替代公有企业。但一些学者早就指出，垄断的市场结构是公用事业低效率的根源，公用事业企业低效率事实上可能只是因为它们处于自然垄断的地位，换句话说，私有企业在自然垄断状态下其经营效率也会因缺乏竞争而变得低下。约瑟夫·E. 斯蒂格利茨在考察了西方一些国家的公用事业所有制制度后曾经评价说："并不是所有的国有化的企业都缺乏效率。例如，加拿大有两条铁路线，一条由政府经营，一条由私人经营，它们在经营效率方面相差无几。……法国的许多国有化企业与私人企业一样有效率。……政府企业与私人大公司在效率方面的差别可能并不像认为政府总是无效率的流行观念想象的那样大，特别是在两者都面临某种程度的市场压力和竞争压力的情况下。"国内的一些学者通过对英国公用事业民营化的研究，也认为所有制形式的改变与公用事业经营绩效并无显著关联。因此，从目前国内外对公用事业经营体制模式的实证研究结果来看，并不能得出非公有的经营模式就一定比公有的经营模式更有效率的结论。

如果公有企业与私有企业在经营效率上的差别无法证实，在无法改变市场垄断结构的状况下，传统理论关于自然垄断的论断就依然正确：由政府出面经营这一行业要优于私有企业经营这一行业。因为私有的市场企业相对公有企业而言更偏重于盈利目标，私有企业利润最大化产量较公有企业最大化产量会更小，市场结构从公有企业垄断转变为私有企业垄断，社会福利的无谓损失增大。

(3) 经营权：特许经营及其变通模式 BOT、TOT 等模式的共同特点是，政府以出让一个比较长时期的某一特定公用事业的经营权及其相应的经营收益为代价，解决经营建设公用事业所需的巨额前期资本投入问题，政府拥有公用事业的最终所有权并在到期后收回其他权益。特许投标作为治理自然垄断的一种方式是由德姆塞茨提出的，其基本思想是周期性地、公开拍卖特许经营自然垄断企业的权利。由于投标者会规定在特许经营期间其所收取的自然垄断产品的价格，最低的投标者将获得自然垄断企业的经营权。从形式上看，这种事前的竞争确实能够显露经营者的真实成本信息。但以威廉姆森为首的一些经济学家对此有质疑，他们认为，这种投标订契约的过程存在着巨大的交易费用，要求每个潜在出价者要指定其现在或未来准备提供服务的价格，甚至指定未来如果环境变化，所需做的价格变化，制定、谈判及执行完全合同几乎是不可能的。替代完全合同的方法是不完全合同，但这会引起机会主义行为。特别是当交易周期性发生、不确定并涉及大量的专用资产投资时，实行单一层级制治理方案要比以市场为中介的合同模式相对具有优势。

虽然在特许经营期限比较短，投标反复进行时，政府作为监管者确实能够获得关于经营公用事业的成本、价格等许多有用信息，但是，当需要巨额的特质性投资时，特许经营期限就必须放宽到相当长的时间，信息披露的优势就不复存在，取而代之的是经营方的单方信息优势。此时，在足够长时期内拥有经营权的经营者的行为与利润最大化企业的行为之间的差别微乎其微。垄断之下的产品定价问题仍然存在。

同时，政府将经营公用事业的控制权转移给完全的市场主体存在着一些潜在问题。例如，在一个不能满足规模经济要求的城市郊区，由于无法补偿成本，私人资本是不会在这样的地方投资经营如自来水这样的公用事业的，因为这会导致其亏损。但是，如果没有这样一些基础设施，这个地区的其他行业投资也将难以进行。如果由政府在这样的地区投资建设一个自来水厂，虽然这家自来水厂也将面临亏损（亏损由政府通过税收予以补贴），但如果因为基础设施的完善而引致该地区其他行业的投资增加，将会使全社会的经济总量增加，社会福利得到改善。而且，政府也能够从其他行业发展中的税收增加获得收益，弥补对自来水厂的补贴甚至得到额外的税收收入的增加。此时，政府就可以以某一个项目的短期亏损来换取整个项目组合的最大收益。

（4）收益权：一般地讲，城市公用事业经营需要有大量的特质性投资，如管网及大量的专用设备，这些投资金额巨大且具有明显的沉淀性，一旦投入就很难转移为他用。因此，对决定公用事业服务经营权归属的地方政府而言，经营公用事业的前提条件是必须拥有足够的财力来添置和维持昂贵的特质性投资。事实上，这正是大多数地方政府所面临的“瓶颈”。英国正是在财政支出捉襟见肘、对公用事业的补贴难以为继时才开始对公用事业进行民营化改革的。我国目前正处于与此类似的情况下。自1998年我国实施积极财政政策5年来，平均赤字比率上升到2.8%。尽管如此，政府在筹措设施建设资金等方面仍然面临着巨大压力，并且随着经济发展对公用事业服务需求的迅速增长，这种压力越来越大。以污水处理为例，按国务院批准的“十五”

环保计划要求，到2005年，城市生活污水集中处理率要达到45%，50万人口以上的城市要达到60%。资料表明，要完成污水集中处理目标，全国需要新建1000多座污水处理厂，新增处理能力2600万吨/日，总投资达千亿元。

公用事业目前存在的关键问题是资金不足，其实在公用事业市场化改革中，无论是国内还是国外所采取的种种形式都含有解决基础设施投入资金不足的举措。引入竞争的另一层含义就是引入其他形式的资本。从某种意义上说，出售公有企业是希望使私有资本具有在公用事业领域长期投资的产权激励；特许经营的根本特征是政府以公用事业的未来收益权利为代价来获取非公有资本的投入。但是这样的话，政府将完全失去或在很长时期内失去对公用事业的经营控制权，会导致社会福利的无谓损失。因此，最重要的不是公用事业的所有权或收益权，而是其经营权。这就需要找到一种能够有效地保有政府对公用事业经营权的融资模式。

通过追加财政投入来解决这一问题是困难的，因为政府对公用事业所采取的一系列市场化改革尝试就是为了解决财力不足这一难题。发行地方政府债券是政府融资的另一条路径，但就我国现阶段的行政管理体制状况来说，中央与地方的事权和财权划分仍然不够规范，地方政府职能定位仍不尽合理，一些地方政府尤其是部分市县和相当数量的乡政府隐性负债已经比较高，加上地方财政负债缺乏强有力的制度约束，地方政府发行债券融资的必要制度条件并不具备。

在不损害所有权及经营权完整性的前提下，在一段时期内出让部分甚至是全部收益权以解决资本问题是市场经济融资的常用模式。在实践中，大多数市场企业都是通过资本市场发行股票、企业债券、银行借贷等现代融资手段来解决融资问题的。但传统的公用事业企业本身的资产负债比率过高，而传统融资制度是以净资产抵押为基础的，大多数公用事业企业都不能满足发行股票及向银行借贷所需的资产负债率要求。另外，由于传统公用事业企业的负债率较高，如何保证所融资金不被原有债务侵蚀也是一个问题。因此，通过上述传统手段从资本市场融资不能从根本上解决目前公用事业普遍存在的资金需求问题。

综上所述，针对经营性和非经营性两类不同性质的公共事业而言，可以通过四项改革实现四个转变：

（1）通过投融资体制改革，实现垄断经营向开放竞争的市场格局转变。有一定经济回报的经营性项目，要在加快推进价格改革的基础上，按照特许经营方式，向社会公开招标，鼓励国内外各类经济组织采用 BOT 等方式进行投资建设和经营，实行项目业主负责制，由投资者承担投融资风险。无经济回报的公益性项目建设应由政府出资，但也要按市场规则运作。成立政府投资工程集中采购机构，代表政府组织项目的建设实施。

（2）通过原国有企事业单位实行政企分开的改革，实现单一产权向多元化产权结构转变。原国有投资所形成的大量市政公用企事业单位要实行政企分开和股份化改制，逐步形成国家独资企业、国家控股企业、国家参股企业和非国有企业并存的多元化的产权结构。各种企业以平等的身份参与特许经营权的竞争。

（3）通过价格形成机制和财政补贴机制的改革，实现由计划机制向以市场机制为主配置资源的转变。经营性的市政公用事业定价关系到投资者的积极性、消费者的承受能力和社会的整体利益。要建立科学合理的价格形成机制和科学可行的财政补贴机制，使其既能刺激企业愿意投资，主动降低成本，提高效率，又能满足公共利益的需要，保证市政公用事业的可持续发展。

(4) 通过政府管理方式的改革，实现政府由直接经营管理者向市场管制者角色的转变。政府由过去管企业、管行业变为管市场，通过事先控制和事后监督，依据法规对企业的市场进入、价格决定、产品质量加以管理。

5.4 公用事业PPP模式的系统分析

5.4.1 PPP模式简介

PPP（Private-Public-Partnership）即公私合作制，又称“公私伙伴关系”，是指公共部门与私人部门为提供公共服务而建立起来的一种长期的合作伙伴关系，这种伙伴关系通常需要通过正式的协议来确立。该协议不是对项目进行担保，而由政府向借贷机构作出承诺，按照政府与项目公司签订的合同支付有关费用。这个协议使项目公司能比较顺利地获得金融机构的贷款。采取这种融资形式的实质是，政府通过给予民营企业长期的特许经营权和收益权来换取基础设施的建设及有效运营。

从广义上讲，公私合作制PPP是指公共和私营部门共同参与生产和提供物品及服务的任何安排，自20世纪90年代开始在西方国家流行。目前，PPP项目融资模式已经在全球范围内被广泛应用，并日益成为各国政府实现其经济目标及提升公共服务水平的核心理念和措施。作为一种新的项目融资模式，PPP项目融资模式是一种以各利益相关人的“双赢”或者“多赢”为合作理念的现代融资模式。它能充分利用政府和私营机构各自的优势发展伙伴关系，即把政府机构的社会责任、远景规划、协调能力与私营机构的企业家精神、资金支持、技术手段和管理效率结合在一起。

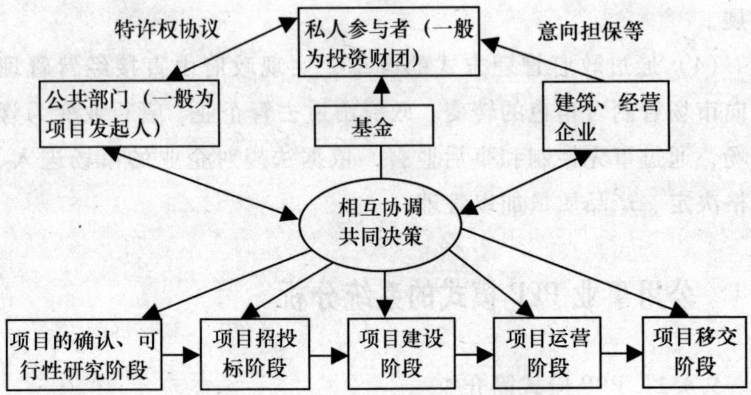

图 5.1 PPP 模式的主要运作思路

即使在开展公私合作制比较成功的英国、美国等西方国家，PPP 实践的过程也并不是一帆风顺的，而是在不断探索中逐步完善的。由于公共部门和私营部门各自优劣势的存在和期望的差异，政府和私营企业在风险的分担和收益的分配等方面要求不同，造成谈判过程旷日持久。Marcus 通过对英国 PPP 项目的调查研究发现，98% 的 PPP 项目在签订合同前所耗费的时间都超过非 PPP 项目，超出范围在 11%—166%，谈判时间所耗费的成本超过正常咨询和投标所必需的 25%—200%。

1. PPP 的类型

按照英国财政部对 PPP 模式的分类，PPP 有以下三大类型：

(1) 私营部门以投资入股的形式进入到政府拥有的项目或业务中。即私营部门以购买多数或小部分股份的形式（即部分私有化）与政府部门形成合作关系，在资本结构中占有一定的比例（不论是自行筹资开办还是作为战略性伙伴）。

(2) 以私人主动融资形式，即私营部门以合作伙伴形式承担公共项目的融资、建设、提供公共服务和维护维修的责任，与公共部门分担风险、分享利益。

(3) 将政府的服务以合作运营的形式出售给全部或部分私有化企业，其目的是利用私营部门的专门技术和资金来开发政府的商业资产。

2. 政府的职能定位

PPP 项目涉及项目发起与确立、项目资金的筹措、项目设计、建造、运营管理等诸多方面和环节。整个过程中涉及的参与方有政府（为项目公司提供特许经营权，最终可能拥有项目）、私人投资者（项目公司的主要股东）、项目公司（负责项目的建设、运营）、债权人（主要是贷款银行和财团）、最终用户（产品购买者或使用者）。此外还可能会涉及为项目公司提供保险的保险公司，建筑承包商、供应商、运营商等。他们在项目中分享不同的利益、承担相应不同的风险，共同构成了政府特许经营项目的利益相关者。公私合作制的首要目标是发挥市场竞争机制、优化资源配置和改善公众福利。政府的首要任务是逐步打破市政基础设施和公共事业的国有企业垄断地位，使民营资本能够平等地进入并公平地参与竞争。在 PPP 中，政府部门既是公私合作制的参与者，又是诸多利益团体的协调人，如果政府不重新调整角色并建立角色之间的协调关系，不补充相关的知识和管理技能，不能有效而公正地履行其公共管理职能，在如此复杂的公私合作关系下则很难产生所期望的资源配置效率和生产效率，并由此增进社会福利。

近几年来我国虽然对许多公共事业企业进行了市场化、企业化改造，但目前各级政府仍拥有大部分公共事业资产，政府（或代表政府的国有企业）负担着公共资产增值和保值的责任，而作为公共事业的监管者，政府又负有公共利益最大化的责任。如何在政府组织和制度上保证政府职能的实现已经成为政治、经济体制改革的重要内容，改革的目标是理顺政企关系，政府从直接提供公共服务、直接干预企业和社会的繁琐事务中解脱出来，将主要精力集中到制定规则、政策引导、依法监管等方面，政府需要从命令者和指挥者逐渐演变为服务者和合作者，增进与社会、企业的合作意识，促进社会整合能力的不断提高。

虽然公私合作者 PPP 与私有化在概念上基本相同，但 PPP 决不能等同于完全的私有化。公共事业和市政基础设施必须置于政府及公众的监督之下，即公私合作是长期的，政府需要在 PPP 的实施过程中予以支持、协调和监管。

（1）建立科学的 PPP 特许权授予制度：PPP 特许权授予制度将成为调节 PPP 项目中利益关系的制度保证。在 PPP 项目中，必然存在利益相关者的利益冲突，要对这些利益分化进行有效地协调，必须首先从制度安排入手。政府特许经营权一般是通过采用特许权协议中的合约条款的方式授予私人投资者的。特许权协议规定了项目公司和政府在项目建设、运营以及最后移交过程中的权利和责任。根据特许权协议，签约政府有义务授予项目公司进行项目的融资、建设、经营和维护的权力。在特许期内，项目公司拥有对项目的经营权，并由此回收项目的投资、经营和维护成本，并获得合理回报。特许期满后，项目公司有义务将所建的项目无偿地移交给签约的政府部门。PPP 特许权授予制度是政府的特权，政府授予特许权的同时承担政府责任。与特许权授予制度相配套，有必要建立特许权授予的程序制度、强制性招投标制度、责任追究制度、听证制度等。这些制度能保证在特许权行使过程中，兼顾公共利益和民间资本的利益，实现利益的平衡，达到公共事务的良好治理。

（2）公正的风险分担机制：公平的风险分担机制是 PPP 项目的“阿基米德支点”。在 PPP 项目中，相关人应该正视 PPP 项目中可能存在的各种风险。通过识别各种风险，力争做到各相关人承担的风险与收益均衡。这样，各相关人均感到自身利益在PPP项目中得以公平地实现，各相关人必会努力协作，共同完成PPP项目。

(3) 建立专门的PPP管理体系：PPP项目是一个动态的开展过程。各相关人的利益关系虽然在合同中已经得以明确，但是随着项目的开展，有可能出现一些突发状况。在这种情况下，各相关人之间就必须通过良好的沟通来处理解决这些问题，以防一方利益受到严重侵害。通过建立专门的PPP管理体系，协调常设管制机构与PPP具体的、多样化的管制内容的矛盾。这个机构应保持相对独立，通过公正、透明的程序对公共项目建设的全部过程依照法律和特许合同进行管制。

(4) 制定合理的PPP项目争端解决机制：目前，我国关于PPP的法律规定主要是国家计委、电力部、交通部1995年联合发布的《关于试办外商投资特许权项目审批管理有关问题的通知》。但在这个通知中，未详细规定PPP项目争端的解决途径。而PPP项目的建设运行是个长期的过程，在这个过程中，客观环境随时都可能发生变化，也会出现一些突发状况。在PPP项目运行框架中，事先制定出合理的PPP项目争端解决机制，可以成为PPP项目建设运行过程中突发状况解决措施的一个纲领，能够更客观地做到公平的解决PPP项目利益相关人的利益协调问题。

3. 公私合作的具体内容

公私合作的规模和条件在很大程度上取决于公共物品和服务的特性，因此可以根据它们的差异情况作出分析，主要从以下四个方面进行分析研究：设施规模、技术复杂性、收费的难易程度、生产或消费的规模。

（1）从设施规模上看，道路运输、城市运输、通信、电力、路灯、水和卫生设施项目比教育、健康、国防、社会安全、科研、司法等更适于公私合作形式。

（2）从技术复杂性上看，路灯、公园和邮政等服务主要依靠直接技术，而医疗健康、航空运输、通信和科研则需要更为复杂的、更新更快的技术，像水处理等项目则需要稳定和相对成熟的技术。基于私人部门的技术优势，对需要高技术的领域，私人部门介入的程度可以大一些。

（3）从收费的难易程度上看，基于消费的公共品收费（比如水供应、通信、电力、铁路等）要比纯公共品（比如国防、路灯、卫生服务等）更为容易。当然，随着技术的不断进步，收费能力也得到不断的提高。一般来说，收费越容易，私人部门介入的程度越高。

（4）从生产或消费的规模上看，各项目有所不同：有些项目（比如国防或科研）是全国或世界范围的，而其他项目（比如路灯、卫生、水供给、城市运输等）则被局限于一定区域范围之内。一个项目的地方性越强、规模越小，那么引入私人资本的可能性就越大，这是由私人资本的地方性和区域性特征所决定的。

总之，只要项目需要越多的资本投资、技术越复杂、收费越容易、地方性越强，那么私人资本介入的程度就越高。根据公共物品和服务的特性，公司合作制可以有不同的形式，不同形式的PPP在产权、融资和运营方面会有不同的方式和类型。相应地，公共部门和私人部门的角色和责任在不同形式的PPP下也是不同的。

4. 私人企业的回报方案

在现实中，公私合作的范围不同，合作合同内容也相应不同，但都必须包括两方面的主要内容：私人企业提供的服务以及要求的回报条件。但私人企业提供的服务只涉及设施本身时，其任务将包括三方面：设计、建造和维护。那么，公共部门应该把这三项任务同时交给一个企业还是分交给三个企业？长期以来，英国倾向于分交给多个企业，而法国则赞成交给一个企业。两种模式各有其优劣。如果单独给一个企业所有的授权和充分的信息，该企业在建造设施之前就知道他要负责设施的维护工作，那么它就不会为短期利益而牺牲长期利益。如果同时负责项目的设计工作，那么企业不仅可以节约时间，并可以避免合作矛盾，降低成本。这种模式的不足之处在于缺乏竞争压力，过去几十年世界范围的实践表明，法国单一企业模式更有竞争力。

私人企业的回报方案有三种：

（1）由公共部门直接以支付形式付给报酬；

（2）由消费者通过付费形式付给私人企业报酬；

（3）混合形式，既包括对消费者收费，又包括政府补贴。

5.4.2 PPP 模式的影响及其成功运作的必要条件

PPP 模式使政府部门和民营企业能够充分利用各自的优势，即把政府部门的社会责任、远景规划、协调能力与民营企业的创业精神、民间资金和管理效率结合在一起。PPP 融资方案与以往私人企业参与公共基础设施建设的项目融资方案相比，虽然并不是全局上的改变，但带来的影响却是巨大的，这种组织机构的设置形式可以尽早确定哪些项目可以进行项目融资，并可以在项目的初始阶段更好地解决项目整个生命周期中的风险分配问题。

第一，PPP 融资模式可以使参与公共基础设施项目融资的私人企业在项目的前期就参与进来，有利于利用私人企业的先进技术和管理经验。PPP 方案尤其适用于道路建设。在道路建设中，项目的早期计划阶段对于建设所采用的技术设计方案已经确定，从而使得在项目建设过程中进一步实施技术创新受到限制。如果采用 PPP 方案，就可以使有意向参与项目建设的私人企业与项目所在国政府或有关机构在项目的论证阶段共同商讨项目建设过程中所采用的技术方案，从而有可能采用较新的研究成果。

第二，在 PPP 方式下，公共部门和私人企业共同参与公共基础设施的建设和运营，双方可以形成互利的长期目标，更好地为社会和公众提供服务。而且，在 PPP 模式下有可能增加项目的资本金数量，进而降低较高的资产负债率。

第三，通过 PPP 融资模式，项目的参与各方可以重新整合，组成战略联盟，对协调各方不同的目标起到了关键性作用。

第四，在 PPP 融资模式下，有意向参与公共基础设施项目的私人企业可以尽早和项目所在国政府或有关机构接触，这样可以节约投标费用，节省准备时间，从而减少最后的投标价格。

PPP 方式突破了目前的引入私人企业参与公共基础设施项目组织机构的多种限制，尤其适用于大型、一次性的项目，如监狱、道路、铁路、医院、地铁以及学校建设等等，应用范围十分广泛。

PPP 模式虽然是近几年才发展起来的，但在国外已经得到了普遍的应用。1992 年英国最早应用 PPP 模式。英国 75% 的政府管理者认为 PPP 模式下的工程达到和超过了价格与质量关系的要求，可节省 17% 的资金。80% 的工程项目按规定工期完成，常规招标项目按期完成的只有 30%；20% 未按期完成的、拖延时间最长的没有超过 4 个月。同时，80% 的工程耗资均在预算之内，一般传统招标方式只能达到 25%；20% 超过预算的是因为政府提出调整工程方案。按照英国的经验，适于 PPP 模式的工程包括 365JT 交通（公路、铁路、机场、港口）、卫生（医院）、公共安全（监狱）、国防、教育（学校）、公共不动产管理。智利是在平衡基础设施投资和公用事业急需改善的背景下于1994年引进PPP模式的。其结果是提高了基础设施现代化程度，并获得投资于社会发展计划的充足资金。至今已完成36个项目，投资额60亿美元。其中，24个交通领域工程、9个机场、2个监狱、1个水库。年投资规模由实施以前的3亿美元增加到17亿美元。葡萄牙自1997年启动PPP模式，首先应用在公路网的建设上。至2006年的10年期间，公路里程比原来增加一倍。除公路以外，正在实施的工程还包括医院的建设和运营、修建铁路和365JT城市地铁。巴西于2004年12月通过“公私合营（PPP）模式”法案，该法对国家管理部门执行PPP模式下的工程招投标和签订工程合同作出具体的规定。据巴西计划部称，已经列入2004—2007年4年发展365JT规划中的23项公路、铁路、港口和灌溉工程将作为PPP模式的首批招标项目，总投资130.67亿雷亚尔。

从国外近年来的经验看，以下几个因素是成功运作PPP模式的必要条件：

（1）政府部门的有力支持。在PPP模式中公共民营合作双方的角色和责任会随项目的不同而有所差异，但政府的总体角色和责任即为大众提供最优质的公共设施和服务却是始终不变的。PPP模式是提供公共设施或服务的一种比较有效的方式，但并不是对政府有效治理和决策的替代。在任何情况下，政府均应从保护和促进公共利益的立场出发，负责项目的总体策划，组织招标，理顺各参与机构之间的权限和关系，降低项目总体风险等。

（2）健全的法律法规制度。PPP项目的运作需要在法律层面上，对政府部门与企业部门在项目中需要承担的责任、义务和风险进行明确界定，以保护双方的利益。在 PPP 模式下，项目设计、融资、运营、管理和维护等各个阶段都可以采纳公共民营合作，通过完善的法律法规对参与双方进行有效约束，是最大限度发挥优势和弥补不足的有力保证。

（3）专业化机构和人才的支持。PPP 模式的运作广泛采用项目特许经营权的方式，进行结构融资，这需要比较复杂的法律、金融和财务等方面的知识。一方面要求政策制定参与方制定规范化、标准化的 PPP 交易流程，对项目的运作提供技术指导和相关政策支持；另一方面需要专业化的中介机构提供具体专业化的服务。

5.4.3 PPP 融资模式在我国公共基础设施中的应用

虽然 PPP 融资模式在国外已有很多成功的案例，但是在我国，公私合作制仍是一种尝试或试验。我国的公共基础设施建设中存在的主要问题是资金不足。公共基础设施具有明显的公益性，社会效益要高于经济效益，同时其初期建设的投资巨大，单靠运营过程中的收入难以弥补。因此，有必要在公共基础设施的建设中引入市场竞争机制，拓宽融资渠道和发展多元化的投资主体。私人企业参与公共基础设施的建设就是一种很好的方式，可以有效缓解建设资金不足的局面。我国从 20 世纪 90 年代初期开始，市政公共事业的市场化改革和引入公私合作制 PPP 模式就在一些城市和地区进行了初步探索。自 2000 年以来，在中央政府的政策推动和各地政府的积极响应下，各地真正开始了大规模地推进市场化的改革。

PPP 模式在我国有着广阔的发展前景。但是，PPP 模式在我国的应用中，以下几点应注意：

第一，PPP 模式离不开政府的积极推动，但是政府顺利完成角色转化也是非常重要的。按照完善社会主义市场经济体制的要求，在国家宏观调控下更大限度地发挥市场配置资源的基础性作用，最终建立市场引导投资、企业自主决策、银行独立审贷、融资方式多样、中介服务规范、宏观调控有效的新型投资体制。在这种新思路下，政府应由过去在公共基础设施建设中的主导角色，变为与私人企业合作提供公共服务中的监督、指导以及合作者的角色。在这个过程中，政府应对公共基础设施建设的投融资体制进行改革，对管理制度进行创新，以便更好地发挥其监督、指导以及合作者的角色。政府通过制定有效政策及具体措施，促进国内外私人资本参与本国基础设施的投资，形成风险共担、利益共享的政府和商业性资本的合作模式。政府改变为扮演组织者和促进者的角色，而不再是全部资金的供应者和经营管理者，不再承担巨大的投资风险和商业风险。

第二，PPP 模式是国际上比较通行的建设公共基础设施的方式之一，尤其是在美国已经发展得较为成熟。我国入世后，国外的一些大型企业必然会以 PPP 模式更多地参与我国的基础设施建设。因而政府应该认真研究 PPP 模式及其在我国的应用前景，以国外的一些应用实例为基础，在我国的公共基础设施的建设中进行推广和规范。在这个过程中，政府应建立健全相关法律法规。在 PPP 模式下的项目融资中，参与的私人企业一般都是国际上大型的企业和财团。政府在与它们的谈判与合作中，所遵循的不仅有国内的法律和法规，同时也要遵循国际惯例。政府应该行动起来，在立法制度上有所突破，迅速完善我国的投资法律法规，使其适应这一形势的发展。

第三，良好的监管框架的形成和监管能力的执行，是一个项目得以顺利完成以及未来运营顺畅的重要环节。政府监管必须确定一种承诺机制，以保证企业资产的安全性，降低企业融资成本，并给企业提供投资的激励。同时，政府监管必须能够保证企业生产或运营的可持续性，让接受监管的企业得到合理的利润收入。通常一个基础设施的投资需要较长的时间才能收回，所以政府必须建立一个适合项目长期发展的程序，并有一个相应的监管规则。项目具有可持续性的前提是项目公司必须保持良好的财务状况，同时利益相关方一定要进入监管过程。政府监管不力将会带来各种各样的风险，监管效率应成为政府监管的最重要目标。

第四，在公共基础设施的建设中，PPP 模式操作复杂，需要懂经济、法律、财务、合同管理和专业技术等各方面的人才。我国在工程建设领域拥有大量的技术人才，但是缺少按照国际惯例进行工程项目管理的人才。在我国 PPP 模式尚属新生事物，并具有国际融资项目的性质，我们在这方面经验不足。因此要着重加强人才的培养。培养复合型、开拓型人才，增强民营企业或外商的投资信心，确保项目立项、签约、实施能够高效率地完成。

5.4.4 PPP 项目融资模式的风险识别和风险分担

PPP 模式的公共基础设施项目通常都是规模大、投资多、技术复杂、建设周期长、涉及面广、参与方众多，其本身存在组织结构的复杂性和不确定性（包括融资、税收、技术细节、市场条件以及项目过程中的变故等等），因此风险问题就成为直接影响项目成败的关键。

1. PPP 模式的风险识别及类别

风险识别是指通过对大量来源可靠的信息资料进行系统了解和分析，认清项目存在的各种风险因素，进而确定项目所面临的风险及其性质，并把握其发展趋势的行为。识别风险通常有以下几种方法：（1）风险分析询问法；（2）财务报表分析法；（3）外部环境分析法。

识别风险的另一种方法就是形成风险清单。英国学者李宾提出对 PPP 项目的风险因素进行三个层面的分类：宏观层面的风险；中观层面的风险和微观层面的风险。

（1）PPP 模式宏观层面的风险包括那些来源于外部的风险，即项目自身以外的风险，但是产生的后果却会影响到项目本身及其结果。该层面主要关注国家或工业水平层面的风险或自然性风险。该层面的风险主要与政治条件、法律条件、经济条件、社会条件和天气条件相关。

（2）PPP 模式中观层面的风险包括那些来源于内部的风险，也就是说风险事件及其结果是在项目系统边界以内发生的。这些代表了 PPP 项目的完成风险，包括项目的要求/使用、选址、设计、建造以及技术之类的问题。

（3）PPP 模式微观层面的风险包括来源于股东在合作过程中的关系，主要是由于公共部门和私人部门在合同管理中本质的不同而形成的。这些也是内部的风险，但是与中观层面不同的是它们是与合作体相关而不是与项目相关的。产生这类风险的主要原因是政府与私人部门的合作目的不同。政府担负着社会责任，而私人部门主要是追求利润。

表 5.2 表示了相关风险因素水平分组和归类。

2. PPP 模式的风险分担

从风险分担及管理角度看，公私双方在约定风险分配计划时应该注意以下几个方面的问题：（1）确定关键风险因素；（2）各方的风险承担能力；（3）风险在谁的控制范围内；（4）由谁处理风险对整个项目最为经济有效；（5）谁可以享有处理风险的最大收益；（6）若风险发生，会造成怎样的后果，损失将由谁负责。就 PPP 项目的风险分担而言，项目公司自行承担项目的融资、建造、运营和维护等商业风险，对项目公司不可预测的风险采取如下三种方式承担：（1）由于国家政策和法规的变化使项目公司造成损失的，将由政府部门通过调整运价、延长特许期限等方法予以补偿；（2）自然不可抗力通过保险方式承担；(3) 政治不可抗力主要有东道国政府承担，也可通过协商加以解决。

表 5.2　　PPP 模式的风险因素分类

风险水平层面	风险因素分类	具体风险因素
宏观层面风险	政治与政府政策	政府不稳定
		征用或资产国有化
		低效的公共决策程序
		政治局势恶化
	宏观经济	金融市场不景气
		通货膨胀率不稳定
		利率不稳定
		发生具有重大影响的经济事件
	法律	法律变动
		税率变动
		工业调整
	社会	缺少私人提供公共服务先例
		公众对项目的不满程度
	自然	不可抗因素
		岩土条件
		天气
		环境

续表

风险水平层面	风险因素分类	具体风险因素
中观层面风险	项目选择	土地获得
		项目需求水平
	项目融资	融资的可能性
		项目对投资者的财务吸引
		融资的高成本
	开发风险	未能中标的风险
		项目规划及审批延误
	设计	设计不完善
		未使用过的工程技术
	建设	建设成本超标
		建设时间延迟
		材料/劳动力的获得
		后期设计变更
		工人关系不协调
		过多的合同变更
		分包商或供货者出现问题
	运营	运营成本超标
		运营收益低于期望值
		运营生产力低
		维护成本高于预计
		维修次数过多
微观层面风险	关系	组织与合作风险
		缺乏 PPP 项目经验
		责任与风险分配不当
		对合作关系中的权力分配不当
		合作者的工作方式和方法不同
		任何一方的承诺不够
	第三方	第三方侵权责任
		人员问题

根据风险承担主体的不同，风险分担框架具体如下：

（1）应该分配给政府的风险：政府主要负责带有政府行为或项目公司无力承担的风险，主要包括宏观层面的大部分风险与中观层面的小部分风险如政治与政府政策、法律及项目选择的风险等。具体说来有政府不稳定、资产国有化、低效的公共决策程序、政局恶化、法律变动、工业调整、土地获得等等。其中，土地获得是属于中观层面的项目选择风险。

（2）应该分配给私人部门的风险：在上述的风险因素中，应该分配给私人部门的风险主要集中于中观层面的项目融资、开发、设计、建设、运营几部分，还有宏观层面的通货膨胀风险。而这些风险又可以分为主要由私人部门承担及完全由私人部门承担两类。像通货膨胀率不稳定、未使用过的工程技术、建设成本超标、建设时间延迟、过多的合同变更、运营和维护成本高等风险主要由私人部门承担；而开发风险、融资的高成本、设计不完善、材料/劳动力的获得、后期设计变更、工人关系不协调、分包商或供货者出现问题等风险就应该完全由私人部门承担。

（3）应该通过保险转移的风险：宏观层面中的环境、不可抗因素等自然因素，由于其发生具有很大的不确定性和危害性，这类风险就只能采取投保的方式，将风险转移给保险公司。在保险公司不能投保的则采取双方共同承担的原则。

（4）应由合作双方共同分担的风险：在 PPP 项目中还有一些风险任何一方都没有相关的管理和控制经验，也很难说到底应该由公共部门还是私人部门承担，这就应该由双方协商，进行风险共担，包括宏观及中观层面的少数风险和微观层面的全部风险。这些风险并非直接与项目类别、项目价值、协议方法或回收渠道相关，因此也没有清晰的迹象表明应该分配给项目的哪一方。这些风险对 PPP 项目的影响适中，需要合作双方在进行风险分配决定时仔细考虑。

5.5 公用事业BOT模式的系统分析

5.5.1 BOT模式简介

BOT（Build-Operate-Transfer）项目是私营企业投资项目的一种方式，政府给予“项目公司”的某一私营财团在某一时间段内特许权以进行某一项目的研究、开发和实施，项目公司负责项目的设计、建造、拥有、运营、管理和使用，以补偿公司建设成本并实现特许权合同中的盈利；在特许权结束时，根据授予特许经营权谈判时即已达成的协议，项目的所有权无偿地移交给政府。

1. BOT体系融资方式对当地政府的作用

第一，将投资负担和商业运营风险转嫁到私营企业，从而不会导致国家财政预算的直接负担或求助于内外举债；

第二，促进可能需要很长时间筹资的项目的快速发展；

第三，在建成项目的服务中，私营企业比国有部门有更多的经验，使用私营企业运营那些项目，通常可以改善服务；

第四，政府与私有企业双方面的经济可行性研究有助于提高成功率；

第五，私有企业先进技术的运用可降低项目成本以及加快施工进度；

第六，在项目公司中安置本国人员并从中学得丰富经验，将在特许权结束收回项目后使政府受益。

2. BOT体系融资方式对当地私有企业的作用

第一，雇用当地人员，以减轻政府部门的就业压力；

第二，项目所用材料尽量使用当地产品，带动当地相关产业的发展；

第三，对一些不是很专业的、通常又是规模较小的工作，允许项目公司分包给本国私有企业；

第四，项目公司须向政府提交关于项目运行的监管报告，以保证一切均良好运行，这一报告将使政府在将来的类似项目中受益。

3. BOT 体系实施成功的基础

第一，预期收益。这是项目公司的首要目标。因此，与诸如储蓄利息、投资保障基金或无论是本国还是外国投资者在其他地区这类投资的选择机会，或者是投资者认为对其来说是不错的其他机会相比，收益应当是刺激因素。

第二，东道国的政治、经济稳定状况。东道国越稳定，投资者就越能感到投资的商业安全，BOT 项目建设耗时可能会超过50 年，因此，投资者应对这些国家各个方面的将来预期政策加以考虑。

第三，货币政策及金融市场的发展程度。外汇政策与汇率的变化，将直接影响项目公司的收益流动。

第四，非商业风险。这是指那些通常由于国家采取的与政治、经济和总体安全相关而又出乎外国投资者预料的风险。

4. BOT 体系实施成功的必要条件

第一，BOT 体系成功的基本要素就是各方一致认同这一体系对他们是适合的，即便其在各自的期望目标上有所分歧；

第二，政府对将来项目阶段有充分的设想和研究，确定其纳入政府的生产、人力资源和环境发展规划，研究 BOT 体系在将来项目实施中的作用；

第三，政府确保通过竞争性采购程序以最优的条件实现最经济的项目；

第四，政府应该保证稳定的政治基础，为私有企业的长期投资营造强势氛围，使其行政机构在决策时更加高效、灵活和快速；

第五，项目的有关合同格式严谨、内容精确，尽可能清楚、透明，这一任务由法律专家组负责；

第六，项目的承建者应该具备经验和能力，并具有很强的金融储备；

第七，项目风险应该以均等和公平的方式在各方之间分担，并明确各方的权利和义务；

第八，偿还项目贷款及其利息，以及实现合理盈利的基本来源和基本担保依赖于通过对项目使用者收费的未来收入，因此，在特许权期间，项目公司应着重于公司的运营水平。

5.5.2 BOT风险管理

BOT投融资项目涉及主体多、投资规模大、运营周期长，诸多特点决定其潜在风险大、管理难度大。如何做好对BOT项目的风险管理，尽可能减少、规避和合理分担项目风险，是BOT项目成败的关键，任何成功的BOT项目都是建立在科学的风险管理之上的。如果风险管理不当，则不仅会损害东道国政府的利益，也将挫伤投资者的积极性，最终还会影响用户的福利。

对BOT投融资模式的风险管理，国内外学者已进行了大量研究，取得了丰硕成果，但仍有不足之处。这突出表现为：在风险识别环节，大都不分阶段、不分主体，用核对表法罗列所有风险，结果是既难以穷尽，又难以周全；有学者试图按主体划分，往往使主体太多，难分主次；有学者试图将风险分类，如系统内、系统外等，分类方法不够明确和实用。凡此种种，既影响了风险的主次识别，又影响了风险分析与评价，最终会影响风险的正确处理。笔者在前人研究的基础上，将 BOT 投融资模式细分为四个阶段，将 BOT 投融资模式简化为三个主体，运用 ABC 分类管理法和矛盾分析法，以风险发生的时间为顺序，以风险识别、分析、评价、处理为内在逻辑，从主要到次要，从重点到一般，简要论述不同主体在不同阶段的风险及其防范措施。

1. BOT 模式的四阶段论

BOT 是建设—经营—转让的英文缩写，这一形象称谓，含义是将 BOT 投融资模式划分为三个阶段，这隐含着一个前提，就是项目公司已经获得了政府的特许经营权。这种划分基本上抓住了要害，突出了特点，但也带来了一些后续问题，表现在风险管理上，大都紧紧围绕这三个阶段展开，有的虽提及前期的可行性论证，往往也是作为建设期的前缀，难以充分展开。事实上，取得特许经营前的这一阶段，是 BOT 投融资关键性阶段，从确立意向、考察、立项、可行性研究、筹资、投标、谈判，到最终取得特许经营权，往往要经过长期、艰苦、细致和大量的工作。尤其是其中的可行性论证阶段，在时间上它对应于项目全过程中的规划阶段，在逻辑上它对应于项目全过程中的问题提出、建立评价指标体系以及项目分析等不同过程，必须根据项目的大小与不同类型，由浅到深、由点到面，从技术、经济、政治、社会等不同层面对项目进行全方位科学论证，方能奠定成功的基础。

成功始于此，失败亦始于此。为了突出取得特许经营前这一阶段的风险管理，建议将这一阶段称为“特许经营取得期”，简称“特许”（Concession）或“特许期”，建议将 BOT 全称为 CBOT（Concession-Build-Operate-Transfer），即特许（期）—建设（期）—运营（期）—移交（期）。从时间的角度看，这四个阶段长短不一，特许期较长，可能是几月、几年；建设期更长，可能是几年；运营期最长，可能是十几年、二十几年；移交期最短，可能是几天、几月。

2. BOT 模式的三主体论

BOT 投融资模式涉及的主体众多，一般将主要参与人分为九个主体：项目发起人（Project Sponsor）；项目公司（Project Company）；产品购买商或服务接受者（Buyers or Users）；贷款银行（Lending Banks）或称辛迪加财团（Syndicate Banks）；承建商（Contractors）；供应商（Suppliers）；保险公司（Insurers）；运营商（Operators）；东道国政府（Host Government）。然后，在此划分的基础上，站在不同的角度，去逐个识别各自的风险。这种研究方法的优越性在于比较清晰，但缺点是比较烦琐，难以突出重点。

现将主体简化为三个或说是三类：项目公司（Project Company）、政府（Government）、用户（Users），其他的六个主体可以一并划归为项目公司（Project Company），因为他们具有共同的追求目的、共同的利害关系，完全可以通过正常的市场运作相互协调其内部关系，项目公司是其他六个商业主体利益的典型代表。这样，BOT 投融资模式涉及主体之间的关系可简化为如图 5.2 所示。

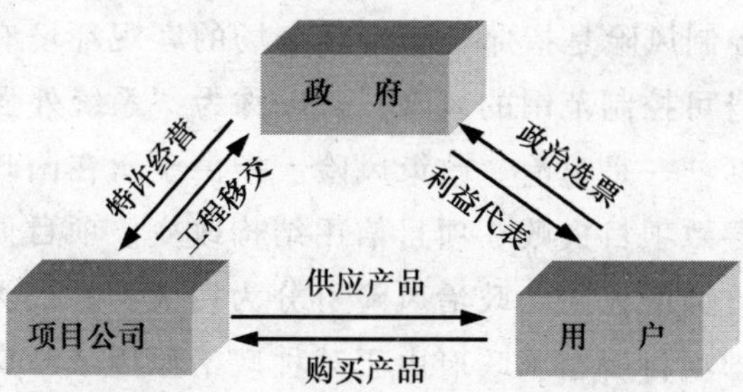

图 5.2 BOT 模式的三主体

3. CBOT不同主体在不同阶段的风险、风险曲线及其防范措施

基于以上两部分的分析，以下部分将BOT全称为CBOT（Concession-Build-Operate-Transfer），即特许（期）—建设（期）—运营（期）—移交（期）。

风险存在于人类的一切社会经济活动之中，这当然也包括CBOT项目的融资运作。每个CBOT项目都存在风险。这一方面是因为CBOT项目的投资规模大、时间跨度长、涉及主体多，使得各种不确定、不稳定的因素大大增加；另一方面由于每个CBOT项目的具体实施条件各不相同，常常是无先例可循，这也增大了CBOT项目的风险，可以说，风险贯穿于CBOT项目运作的全过程。

CBOT项目风险除具有一般风险的典型特征，即客观性、潜在性、可预测性、相对性和随机性以外，也呈现出以下显著的特点：一是CBOT项目的风险具有比较强的阶段性；二是不同的参与主体，具有不同的利益预期，决定了他们在不同的发展阶段具有不同的风险。

CBOT项目风险，按项目自身是否可控大体可分为两类：不可控制风险和可控制风险。

不可控制风险是指那些与宏观市场的客观环境有关，超出了项目自身可控制范围的风险，可以称为“系统外强加风险”。它主要包括：一是政治、政策风险。指由于所在国政治条件发生变化而导致项目失败、项目信用结构改变、项目债务偿还能力改变等方面的风险。政治风险可分为两大类：一类表现为国家风险，即项目所在国政府由于某种政治原因或外交政策上的原因，对项目实行征用、没收，或者对项目原料产品实行禁运、联合抵制、终止债务偿还等，又称“强制收购风险”或

"国有化风险"；另一类表现为国家法规变更风险，即项目所在国在外汇管理、法律制度、税收制度、劳资关系、环境保护等与项目有关的敏感性问题方面的立法变动、健全、完善风险。政策风险表现为产业政策和投资导向的变化，国家和地区为了实现一定的发展目标，通过制定不同时期、不同发展阶段的产业政策和投资导向来鼓励或限制某些产业的发展。而 CBOT 投资是一种长期投资，在投资过程中产业政策和投资导向的变更，都可能会给投资带来一定的风险。二是经济与金融风险。主要包括市场风险、通货膨胀风险、外汇风险和利率风险四大类。其中，市场风险是指在 CBOT 项目整个特许经营期中，市场供求关系和价格的变化，主要有价格风险、竞争风险和需求风险，它们之间相互关联，相互影响，直接影响着项目的投资效益。此外，市场风险还存在于项目原材料及燃料的供应环节，如果项目投产后原材料及燃料价格的涨幅超过了项目产品价格的涨幅，那么项目的收益必然下降。三是不可抗力风险。包括因火灾、洪灾和地震等引起的伤亡损失和由罢工、战争和动乱引起的非伤亡损失。

可控制风险指那些可能或可以由项目自行控制和管理的风险，按照其来源不同，又可分为自身的、外来的（详见 5.6 节）。

违约风险，是 CBOT 投融资方式中常见的、典型的风险，是指项目参与方因故无法履行或拒绝履行合同所规定的责任与义务而给项目带来的风险。CBOT 投资方式是一个相当复杂的系统工程，不仅参与方多，关系复杂，而且其运作周期长，面临的不确定性因素多、风险大，这客观上要求在项目前期签订一系列的协议或合同，来保证和协调各参与方之间的法律关系，将各种可能预见的项目风险在参与者之间进行合理分配，实现各参与主体之间权利义务的对等和利益平衡，以确保 BOT 项目的顺利实施。因此，BOT 在某种意义上是一种复杂的合同安排，其所涉及的各项权利、义务和风险分配的含义必须保持一致，各合同之间及每个合同的前后条款，都应保持连续性和互补性，共同构成完整协调的 CBOT 项目运行的法律框架。违约风险是介于可控与不可控之间的一种风险，当违约来自对方时，自身可能也有一定的责任，此时不可控因素大于可控因素；反之，可控因素大于不可控因素。

鉴于已经对 CBOT 投融资模式的参与主体进行了简化，即项目公司（Project Company）、政府（Government）、用户（Users），下面简要分析一下各个主体在特许（期）—建设（期）—运营（期）—移交（期）各个阶段自身所面临的风险和来自其他两个主体的风险，这其中主要是可控制风险。

(1) 项目公司主体

项目公司是项目发起人为了 CBOT 项目的建设和满足投融资管理需求，依照东道国政府的法律而建立的自主经营、自负盈亏的法律实体，在 CBOT 整个实际操作中处于核心地位，是项目的主办者。项目公司的权益由项目发起人投资的资本金构成。除此之外，项目公司主要依靠借款营建和购置资产，以项目本身的资产和未来的收益作为偿还债务的保证对外融资，项目公司是其他六个商业主体的典型代表。项目公司的风险管理是项目成功与否的关键，项目公司在特许（期）—建设（期）—运营（期）—移交（期）等不同的阶段具有不同的风险及不同的风险管理重点。

基于对项目公司在不同阶段不同风险的分析，我们可以得出一个新的、经过进一步修正的风险曲线，如图 5.3 中的 AA′所示。

表 5.3 项目公司在不同阶段的不同风险

不同阶段	风险来源	风险序数排列	规避措施（回避、抑制、转嫁、集合及自留）
特许期	自身	可行性研究风险	科学论证
		筹资风险	履约保证金
		组织管理风险	专家咨询
	政府	特许（获准）风险	公开公平公正竞标
			特许协议及政府备忘录
	用户	市场预测风险	调查研究
建设期	自身	财务风险	加强管理
		施工风险（质量）	投保
		完工风险（工期）	签订灵活工期，寻求激励
		技术先进性风险	专家论证
		成本超支风险	系统控制
		监理风险	履约保证金
		原材料供应风险	
		重大事故组织风险	投保
	政府	基础设施/设备配套风险	政府备忘录
		监管风险	
	用户	监督风险	加强宣传
运营期	自身	经营管理风险	加强管理
		成本超支风险	加强内部控制
		效益风险	科学预测决策
	政府	规制风险（价格、质量、成本）	政府备忘录
		运营环境风险	加强外部协调
		竞争风险	提高服务质量
		政府换届风险	加强公关
		环保风险	守法经营
	用户	市场需求、价格风险	提高质量
			塑造形象，增强亲和力

续表

不同阶段	风险来源	风险序数排列	规避措施（回避、抑制、转嫁、集合及自留）
移交期	自身	效益风险	合理决算
		资本沉淀风险	及早撤资
	政府	资产评估风险	委托独立机构
	用户	监督风险	加强宣传

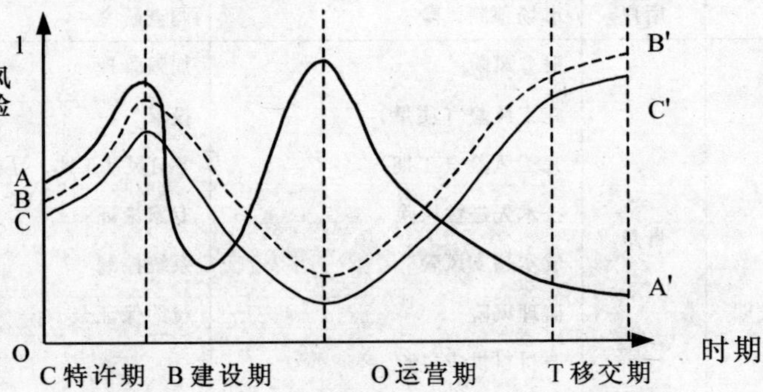

图 5.3　不同主体在不同时期的不同风险曲线

（2）政府主体

在 CBOT 项目融资中，东道国政府（Host Government）或政府机构是项目最终所有者。政府包括东道国中央政府及其相关职能部门和地方政府两个层面，中央行使对项目的批准监督职能，而地方政府更多地涉及具体事务。另外，政府主体还具有双重身份，它既是公共基础设施的管理者，也是项目特许经营权的授予方。政府批准 CBOT 项目，进行公开招标和评标，授予私营机构以特许经营权。在特许经营权协议中，政府须承担相应的义务和一定的风险，并提供适当的政府保证。如果东道国的法律与 CBOT 的通常规则相抵触，或者在回报方面满足不了投资者的要求时，政府须提供进一步支持和相应的法律措施以保证项目可行。

从总体上看，政府是 CBOT 项目的控制主体。政府决定着是否设立此项目，是否采取 CBOT 方式，在谈判确定 CBOT 项目协议合同时，政府也占据着重要地位，它还有权在项目进行过程中对必要的环节进行监督和管理，在项目特许经营期结束时，它可以无偿收回该项目。这表明，CBOT 项目融资中政府的角色至关重要，政府对 CBOT 的态度以及在 CBOT 项目实施过程中给予的支持将直接影响项目的成败。政府提供的支持越多，投资人的风险越小。同样，站在政府的角度上，政府在特许（期）—建设（期）—运营（期）—移交（期）等不同的阶段同样具有不同的风险及不同的风险管理重点。

表 5.4　　政府在不同阶段的不同风险

不同阶段	风险来源	风险序数排列	规避措施（回避、抑制、转嫁、集合及自留）
特许期	自身	可行性研究风险	科学论证
		组织管理风险	专家咨询
	项目公司	资信力风险	全面考察
		招投标风险	履约保证金
		被俘获风险	反腐倡廉
	用户	信任、支持风险	广泛宣传
建设期	自身	政策变动风险	依法行政
		监管风险	委托监管
	项目公司	施工风险（质量）	全程监管
		完工风险（工期）	激励工期
		技术先进性风险	专家论证
	用户	监督风险	宣传动员

续表

不同阶段	风险来源	风险序数排列	规避措施（回避、抑制、转嫁、集合及自留）
运营期	自身	疏于管理风险	加强监管
	项目公司	虚增成本风险	公开成本资料
		任意调价风险	价格听证
		掠夺性经营风险	依法规制
		被俘获风险	反腐倡廉
	用户	市场需求、价格风险	疏通收费渠道
		抵制、替代、拒绝风险	保证特许经营
移交期	自身	管理风险	加强管理
	项目公司	资产评估与流失风险	专业评估或依法冻结
	用户	监督风险	加强宣传

基于对政府在不同阶段不同风险的分析，我们可以得出一个新的、经过进一步修正的风险曲线，如图 5.3 中的 BB′所示。

(3) 用户主体

在 CBOT 项目融资中，用户（Users）主体是指项目所提供的产品或服务的购买者或使用者，又称“产品购买商”。用户一般是公众或政府的公用事业机构，为了保证 CBOT 项目的成功，使项目建成后有足够的现金流入用于还本付息，在项目谈判阶段，一般都要确定稳定的用户群体，并签订长期的产品购买合同，确定合理的价格和畅通的收费渠道，以减少或分散项目的市场风险。从总体上讲，通过 CBOT 投融资模式改善基础设施，能极大地提高用户的福利，但是，用户福利的提高，同样会面临很多潜在的及现实的风险，在特许（期）—建设（期）—运营（期）—移交（期）等不同的阶段同样具有不同的风险及不同的风险管理重点。

表 5.5 用户在不同阶段的不同风险

不同阶段	风险来源	风险序数排列	规避措施（回避、抑制、转嫁、集合及自留）
特许期	自身	监督风险	关心
	政府	信任风险	监督
	项目公司	资信力风险	调查
建设期	自身	监督风险	关心
	政府	监管风险	舆论监督
	项目公司	施工风险（质量）	舆论监督
		完工风险（工期）	现场监督
		技术先进性风险	考察
运营期	自身	监督风险	关心
	政府	规制风险（价格、质量、）	价格听证会
		环保风险	环保宣传
	项目公司	掠夺性经营风险	舆论监督
		价格风险	依法监督
		质量风险	以脚投票
移交期	自身	监督风险	关心
	政府	资产流失风险	依法监督
	项目公司	资产流失风险	依法监督

基于对用户在不同阶段不同风险的分析，我们可以得出一个新的、经过进一步修正的风险曲线，如图 5.3 中的 CC′所示。

(4) 对不同主体风险曲线的简要解释

如图 5.3 所示，项目公司、政府、用户三个不同主体的风险曲线 AA′、BB′、CC′各自具有不同的特征。

项目公司的风险曲线 AA′，在特许期，由低到高，直到成功获得特许经营权，风险便急剧下降；在建设期，随着投资的逐步加大，风险日增，直到完工时达到最大；进入运营期后，资金逐步回收，风险日减，直至完全移交，资金收回并获利，风险结束。

政府的风险曲线 BB′，在特许期，由低到高，直到成功引进项目，风险便急剧下降，直到临近完工，风险最小；进入运营期后，政府规制需求增加，风险加大，临近移交，风险最大。

用户的风险曲线 CC′，与政府的风险曲线 BB′相近，充分体现出两者的利益一致性。

从总体上看，项目公司的风险曲线 AA′高于或大于 BB′及 CC′，尤其是在项目前期，表现最为明显；政府的风险曲线 BB′与 CC′相近或相似，但整体上又高于或大于 CC′，用户的风险曲线 CC′总体上最小。

5.6 公用事业 ABS 模式的系统分析

ABS（Asset-Backed-Securitization）模式，指资产支持证券，是资产证券化的两种形式之一，指需要融资并且拥有一定数量能带来稳定现金收入资产的企业（原始权益人）将该稳定现金收入的权益转让给一个特别设立的公司即 SPV（Special-Purpose-Vehicle），SPV 向原始权益人支付相应的对价后取得该收益权，并以该收益权为支持向投资者发行债券的融资方式。换言之，由一个特别设立的 SPV 发行债券，用发行债券所得购买原始权益人所拥有的收益权，以收益权所产生的稳定现金收入偿还所发行债券。SPV 可以由原始权益人自己设立，也可以由其他机构设立，其存在的唯一或主要职能是发债及还债。ABS 的要旨即在于需要融通资金的原始权益人自己并没有借债，而是利用它所设立的一个 SPV 发债，通过把收益权转让给 SPV，从而获得经营发展所急需的资金。由于通过信用担保等手段，SPV 获得比原始权益人更高的信用评级，对债券投资者而言，ABS 债券（即 SPV 发行的债券）比原始权益人自己发行的债券更安全，更具流通性。

根据研究公用事业行业的需要，可将一组流动性较差的公用事业资产经过一定的组合，使这组资产能产生稳定的可预计现金流收益，通过中介机构的信用，把这些资产的收益转变为可在金融市场上流动的、信用等级较高的债券行政权的过程。公用事业的特性决定了它与其他资产相比，具有现金流稳定、违约风险小的特点。

5.6.1 ABS 融资方式在公用事业领域应用的现实意义

1. 公用事业建设资产证券化可以弥补基础设施建设资金的短缺。以基础设施资产收益权担保发行抵押证券后，将原来相关大型投资单位（主要为政府）拥有的资产收益权，变为资本市场上众多投资人持有的抵押证券，集中社会闲散资本进行大型基础设施的建设，以解决建设资金短缺的问题。

2. 利于盘活公用事业巨大的存量资产。ABS 融资选择的是未来现金流量稳定、可靠、风险较小的项目资产，这些资产虽然自身具有很高的投资价值，但是由于公用事业的特殊性，很多资产无法或者不允许抵押，也就无法获得资信评级，一次很难通过证券化途径在资本市场筹集资金，形成现有公用事业资产的巨大存量。

3. 规避了公用事业资产证券化资产的风险。资产证券化自问世以来得到很快的发展，最根本的原因是通过破产隔离降低了发起人风险，减少了融资成本。破产隔离的融资结构安排保证了公用事业企业资产证券化融资是以特定的金融资产（如未来稳定的收费权）而非以发起人企业的整体信用作为支付保证和信用基础，这样就隔离了市政公用企业资产证券化资产的风险，即使市政公用企业经营不善而破产，也不会波及实行资产证券化资产的正常营运，在一定程度上保证了公用事业的安全。

4. 为公用事业的资产整合提供了条件。一个企业发行股票或者债券，它是以资产所有者的整体信用为担保的，为融资提供支撑的是该企业的所有资产，而不是特定的某部分资产。然而资产证券化与此截然不同，它不是以资产所有者的整体资产为支撑，而是把其中适合证券化的资产“剥离”出来，然后将其销售给一家特殊目的载体，由该载体来进行证券化。而且证券化的资产也不限于一家企业，可以将不同地域、不同企业的资产组合成一个证券化资产池进行融资，这种方式为公用事业企业的整合提供了条件。目前的公用事业企业一般由专业从事的地域性市政设施领域发展而来，虽然有些市政公用企业开始尝试摆脱地域限制，但总体来说，这类企业的规模偏小，实力不强，对于单个企业而言，它掌握的能产生稳定收益的项目规模可能不足以支持一次 ABS 融资，但是多个公用事业企业把各自较好的项目会集在一起，或者一个公用事业企业将其拥有的不同地域中收益较好的项目会集在一起，共同组合成证券化的资产池，形成一定规模的预期收益，就有可能成功地组建 SPV，同时获得较好的信用评级，顺利进行 ABS 融资。

5.6.2 ABS 模式的运作过程

ABS 融资方式的运作过程分为六个主要阶段。

第一阶段：组建项目融资专门公司。采用 ABS 融资方式，项目主办人需组建项目融资专门公司，可称为“信托投资公司”或“信用担保公司”，它是一个独立的法律实体。这是采用 ABS

融资方式筹资的前提条件。

第二阶段：寻求资信评估机构授予融资专门公司尽可能高的信用等级。由国际上具有权威性的资信评估机构，经过对项目的可行性研究，依据对项目资产未来收益的预测，授予项目融资专门公司 AA 级或 AAA 级信用等级。

第三阶段：项目主办人（筹资者）转让项目未来收益权。通过签订合同、项目主办人在特许期内将项目筹资、建设、经营、债务偿还等全权转让给项目融资专门公司。

第四阶段：项目融资专门公司发行债券筹集项目建设资金。由于项目融资专门公司信用等级较高，其债券的信用级别也在 A 级以上，只要债券一发行，就能吸引众多投资者购买，其筹资成本会明显低于其他筹资方式。

第五阶段：项目融资专门公司组织项目建设、项目经营并用项目收益偿还债务本息。

第六阶段：特许期满，项目融资专门公司按合同规定无偿转让项目资产，项目主办人获得项目所有权。

ABS 项目融资模式的运作方式如图 5.4 所示。

5.6.3 ABS 融资方式的应用

ABS 最早发源于美国的 MBS，随后在美欧各国被大量采用。资产证券化自创新以来迅速发展，在美国资产证券化市场已成为仅次于联邦债券市场的第二大市场。在亚洲地区，资产证券化于 1995 年兴起，之后在香港地区和日本、韩国迅速发展。随着国际经济合作的发展，ABS 融资方式受到了越来越多的筹资者和投资者的重视。ABS 的适用领域主要看原始权益人有无能够产生稳定现金收入的资产。一般来说，凡有可预见收入支撑和持续现金流量的基础设施和公共工程开发项目，如果加以适当的结构

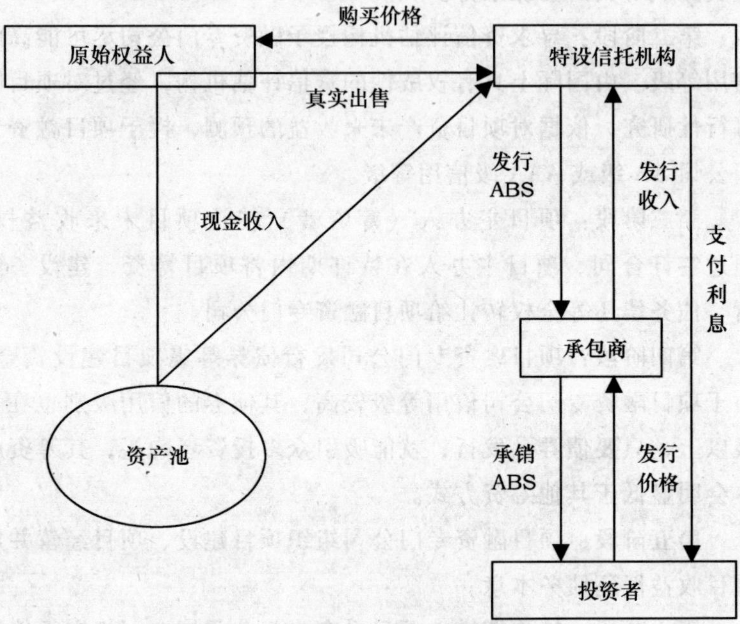

图 5.4 ABS 融资方式结构图

重组均可以采用 ABS 进行融资。从实践来看，很多国家和地区将 ABS 融资方式重点用于交通运输部门的铁路、公路、港口、机场、桥梁、隧道建设项目；能源部门的电力、煤气、天然气基本设施建设项目；公共事业部门的医疗卫生；供水、供电和电信网络等公共设施建设项目，并取得了很好的效果。如美国雷曼兄弟公司以项目融资专门公司的身份，通过公开在证券市场发行债券，为墨西哥的 IDLUCA 收费公路建设项目筹资 2.05 亿美元，使该项目提前服务于社会。ABS 融资方式作为一种国际筹资方式，在不到三年的时间里，就以其涉及环节少、风险分散、筹资成本低、融资证券化等优势而成为国际金融市场上为大型工程项目筹措资金的重要方式。

一般认为，亚洲的资产证券化业务始于雷曼兄弟公司代表美洲银行于1994年7月在香港地区完成的业务。该业务把银行的住房抵押贷款卖给在百慕大注册的一家特殊目的公司（SPV），此SPV发行了3.5亿元港币的债券。随后的第二笔交易是美国花旗银行将香港住房抵押贷款卖给一家在百慕大注册的公司，该公司发行10亿元港币的债券以购买该笔住房抵押贷款，该债券后来在卢森堡证券交易所上市。除了住房抵押贷款外，曼哈顿信用卡公司将其信用卡应收款转卖给一家信托投资公司，该信托公司发行了2亿美元以信用卡应收款做支撑，并且由单一业务保险公司担保的债券；1995年香港地区一家汽车公司将其汽车分期购买合同以及租赁合同转让给一家在百慕大注册的SPV，该SPV发行了10亿元港币的证券。应该说，在香港地区进行的ABS业务领域还是非常广泛的。

1996年下半年，亚洲资产证券化进一步深入发展。印度尼西亚一家大型联合企业下属的一家财务公司将其拥有的汽车贷款卖给了在开曼群岛注册的一家SPV，该SPV发行了2亿美元经过评级的债券。因为该债券由金融证券担保公司做了担保，标准普尔以及穆迪公司都将其评为AAA级，这是印度尼西亚的第一个ABS项目。泰国Tisco公司向在开曼群岛注册的泰国汽车有限公司出售了一批汽车分期付款合同，泰国汽车有限公司发行价值2.5亿美元经过mbia单一业务保险公司担保且得到标准普尔和穆迪AAA评级的债券以购买这些合同，这是泰国的第一个ABS项目。菲律宾航空公司也将通过信用卡出售机票的收入用以开展资产证券化业务。

澳大利亚从20世纪80年代中期就开始了ABS业务，早期的ABS项目以住房抵押贷款为主，目前，ABS的适用范围已经扩大到金融票据证券化、汽车和设备出租销售合同证券化、俱乐部记账卡应收款证券化、贸易应收款证券化等多个领域。日本的ABS项目是亚洲最多的，租契和汽车应收款是主要的证券化项目。

5.6.4 ABS模式在我国的应用现状

我国的资产证券化经过十余年的理论探讨和试点，以2005年4月中国人民银行和银监会公布《信贷资产证券化试点管理办法》为标志，进入了规范运作的发展轨道。2005年12月15日，国家开发银行的信贷资产证券化ABS"开元"和中国建设银行的个人住房抵押贷款支持证券MBS"建元"同时面世，分别发行41.77亿元、30.19亿元，并正式进入银行间债券市场。

表5.6　　我国金融业尝试

2000年9、10月	中国建设银行和中国工商银行相继获准实行住房抵押贷款证券化试点。但由于诸多因素影响，一直没有成功实施
2003年6月	中国华融资产管理公司，132.5亿元债券资产，被称为准证券化
2004年4月	中国工商银行宁波市分行，26.02亿元债权资产。中国商业银行首个资产证券化项目，第一次尝试采用资产证券化方式处置不良资产
2005年3月	国家开发银行和中国建设银行获准作为试点单位，将分别进行信贷资产证券化和住房抵押贷款证券化的试点，这也标志着我国本土证券化的试点将正式开始
2005年8月	中金公司设立了首个专项管理计划产品——中国联通CDMA网络租赁费收益计划，募集93.6亿元资金
2005年12月	东莞控股推出了"莞深高速公路收费收益权专项资产管理计划"，融资规模为5.8亿元
2005年12月	国家开发银行41.7727亿元的信贷资产支持证券和中国建设银行30.19亿元的个人住房抵押贷款支持证券在银行间市场顺利发行，也是我国首批政策规范下的资产支持证券，标志着我国信贷资产证券化试点工作取得了阶段性成果

2006年6月28日，国内首个以市政公共基础设施收费权进行资产证券化的产品——“南京城建污水处理收费资产支持收益专项资产管理计划”获得中国证监会的批准，开始正式面向合格机构投资者发售。“南京城建污水处理收费资产支持收益专项资产管理计划”是以南京城建集团所属污水处理厂本来4年的污水处理收费收益权为基础资产，发行7.21亿元的专项计划受益凭证，共分四期发行，预期收益率依存续期限不同为2.9%—3.9%不等，存续期限届满时，南京城建给付投资人投资和收益款项，收回收益凭证。该产品的管理人为东海证券，上海浦东发展银行为受益凭证的本息偿付提供不可撤销的连带责任担保，并对专项计划的资产进行托管，转向受益凭证获得了上海远东资信评估有限公司给予的最高AAA评级，其流通和转让将通过深交所大宗交易系统进行。

表5.7　　2006年我国资产证券化重要事件统计表

2006年3月	中国国际金融有限公司推出“中国网通应收款资产支持收益凭证”，融资规模103.15亿元
2006年4月	招商证券股份有限公司开发设计了国内第一个电力行业资产证券化项目——“华能澜沧江水电收益专项资产管理计划”，融资规模20亿元
2006年5月	东方证券股份有限公司推出了国内首个租赁资产证券化项目——“远东租赁资产支持收益专项资产管理计划”，总规模4.86亿元
2006年5月	中国证监会发布了《关于证券投资基金投资资产支持证券有关事项的通知》（证监基金字［2006］93号），基金可投资包括符合中国人民银行、银监会相关规定的信贷资产支持证券，以及证监会批准的企业资产支持证券类品种
2006年6月	东海证券有限责任公司推出“南京城建污水处理收费资产支持收益专项资产管理计划”，发行规模为7.21亿元
2006年6月	国泰君安证券股份有限公司设立“浦东建设BT项目资产支持收益专项资产管理计划”，总规模为4.25亿元

续表

2006 年 6 月	国务院颁布了《关于保险业改革发展的若干意见》（简称“国十条”），《意见》提出，在风险可控的前提下，鼓励保险资金直接或间接投资资本市场，稳步扩大保险资金投资资产证券化产品的规模和品种，开展保险资金投资不动产和创业投资企业试点
2006 年 8 月	华泰证券有限责任公司设立“南通天电销售资产支持收益专项资产管理计划”，总规模为 8 亿元
2006 年 8 月	中信证券股份有限公司募集设立“江苏吴中集团 BT 项目回购款专项资产管理计划”，总规模为 16.58 亿元
2006 年 9 月	大连万达集团联合迈格里银行发行了 CMBS（商业房地产抵押贷款支持证券）产品，面向国际市场募集资金，融资规模为 11.52 亿元人民币
2006 年 10 月	深圳国际信托投资公司推出了一款“准 ABS 信托产品”，产品名为“南光股份格兰云天大酒店集合资金信托计划”，产品最终募集资金 0.8 亿元
2006 年 11 月	东方资产管理公司和信达资产管理公司公开发行首批不良资产证券化产品，由东方资产管理公司发起的“东元 2006—1 重整资产支持证券”融资规模为 19 亿元；由信达资产管理公司发起的“凤凰 2006—1 资产证券化信托资产支持证券”融资规模为 47.5 亿元

在我国严格来说 ABS 模式尚处于起步阶段，ABS 模式作为一种证券化融资方式，代表着项目融资的未来发展方向。随着我国公用事业项目投资规模的不断扩大和资本市场的全面发展，我们当然不能错过当前国际上 ABS 迅速发展的良好势头，应该积极思考其在融资中的巨大作用，充分研究、实践创新，探索公用事业项目融资的新渠道。

5.6.5　我国 ABS 模式面临的法律障碍及对策

我国的资本市场受到国家的严格管理，由于外汇管制的原因，资本市场的对外开放更是严格。资产证券化作为一种新型的融资手段，尤其是在国际证券市场上融资的一种新型工具，已经日益受到国人的关注。但是，对证券化产品进行规范的却只有

2005年4月和11月中国人民银行和银监会先后颁布的《信贷资产证券化试点管理办法》和《金融机构信贷资产证券化试点监督管理办法》，且两个办法也仅仅是部门规章，立法的层次不够高。因此，目前资产证券化在我国所面临的法律障碍还是很多的，如何与中国现行的法律制度相协调，以及尽早制定有关资产证券化的专门法律，需要对此进行认真研究和探索。

1. SPV的设立与破产隔离

资产证券化能够成功的一个重要原因在于其破产隔离的特点，所谓破产隔离，是指当原始权益人破产清算时，证券化资产权益不作为清算财产，所产生的现金流仍然按照证券化交易契约的规定由SPV拥有，并支付给ABS债券持有人，从而达到保护投资者利益，降低投资风险的目的。ABS的一个特点是证券化资产由与原始权益人分离的SPV持有，并由SPV发债，以确保证券化资产和由其产生的现金流免受原始权益人任何不测事件所造成的不利影响，从而达到破产隔离的目的。

SPV的设立，是资产证券化过程中一个重要环节，从各国实践来看，SPV一般均要受到资产证券化法律的严格限制，限制体现在目标和权力限制、债务限制、独立董事、分立性、不得发生重组兼并、开支等上。SPV开支应非常有限，只限于年度商业登记费等。由于我国目前并没有关于ABS的任何法律规定，可以参考其他国家对SPV的法律限制，完善我国现行的法律、法规，用特别法或在有关契约中加以严格限制，使资产证券化操作有法可依、有章可循，以保护投资者的利益。

2. ABS债券的发行

ABS债券在国际债券市场上很有生命力，并且已经占据相当之市场份额，这与国际债券市场的机制与市场发达程度关系密切。ABS债券凭借其风险低等突出的优点深受专门债券投资者

（如各种基金）的欢迎。从亚太地区各国的实践来看，发行 ABS 债券主要针对国际债券市场。改革开放以来，我国在国际债券市场上已经有过多次成功的发债记录，但 ABS 债券至今未有。1998 年我国广东国际信托投资公司的破产，极大地影响了我国公司对外发债的信用，许多著名大公司均被标准普尔和穆迪两个评级公司评为极低的等级，使我国公司在国际债券市场上发债深受影响。但这也有可能促成我国采用 ABS 方式，提高债券的评级，以使我国企业债券能够在国际债券市场上顺利发行。

ABS 是一种现代融资方式，它首要职能是发行债券，以获得企业经营发展所需的资金。但我国实行资本项下外汇管制，严格控制外债规模，在国际市场上发债受到有关外汇管理法律法规的严格限制，这就使一般企业利用 ABS 发债的可能性很小。另外，在我国现行法律体制下，SPV 发债也与有关法律规定相冲突。《公司法》第 161 条规定了发行公司债券的条件：（1）股份有限公司的净资产额不低于人民币 3000 万元，有限责任公司的净资产额不低于人民币 6000 万元；（2）累计债券总额不超过公司净资产额的 40%；（3）最近三年平均可分配利润足以支付公司债券一年的利息。按此条件，SPV 根本无法发债，首先，SPV 的职能在于用发债的收入购买原始权益人的、有稳定现金收入流的资产，再用所得现金收入流来偿债，SPV 本身并不需要多少净资产；其次，由于 SPV 本身的净资产并不多，它不可能仅仅发行本身净资产 40% 的债券，它发行的债券往往要超出其净资产数倍；第三，SPV 往往是一设立就发债，它本来就是为发债而特别设立的，因此，它不可能有三年盈利的经营历史。ABS 之所以与现行发债法律相冲突至此，是因为 ABS 发债并不依靠 SPV（发债主体）自身的信用状况与经营状况，而主要依赖其将要购买之有稳定现金收入资产的质量状况。

3. 收益权的转让与“真实交易”

原始权益人向发行人（SPV）出售能够产生稳定现金收入流的资产也是资产证券化的一个重要环节，这也被称为“资产发起”或“真实销售”（True Sale）。“真实销售”是资产证券化的核心技术，只有实现了“真实销售”，才能够保证已经证券化的资产与原始权益人的破产隔离，即原始权益人的破产清算情况的发生，并不影响 SPV 拥有已经证券化的资产所产生的稳定现金收入流并用其偿债。对“真实销售”的界定，往往取决于各国法律的规定，在某种情况下，尽管资产转移是通过购买合同进行的，但该转移所涉及的客观情况可能令法律或有关部门认为不是一种销售，而是一种借贷融资，是发行人向出售者提供的抵押贷款，这样破产隔离就会无法实现。

4. 信用增级

信用增级是运用各种有效手段和金融工具，确保 SPV 按时支付债券本息，它是提高 ABS 交易质量和安全性的重要手段。信用增级是 SPV 获得较高信用等级的关键所在。信用增级主要分为内部信用增级和外部信用增级，其中内部信用增级主要是通过直接追索、资产储备、保留从属权方式进行的；外部信用增级是第三方为资产证券化提供金融担保，从而增加 ABS 债券的信用等级。一般来说，实践中常用的信用增级主要通过以金融担保为主的外部信用增级，信用增级是 ABS 债券被广大投资者接受的关键所在。

5.6.6 三种典型基础设施项目融资模式的对比分析

基础设施项目融资的三种方式各有优缺点，从融资模式要素、适用范围、融资对象等方面对三种典型的项目融资方式进行具体的比较，如表 5.8 所示。

表 5.8　　　　三种融资模式比较表

融资模式	PPP	BOT	ABS
运作繁简程度	非常复杂	复杂	一般
融资成本	高	高	中
投资风险	风险合理分配	较大	较小
项目所有权和运用权	政府通过特许协议将项目交给私人开发，由私人进行融资和建设，政府租赁投产的特许项目，然后再通过特许权协议安排，政府将所租赁的项目委托私人部门运营。政府拥有一定的所有权和决策权	特许期内属于项目公司；特许期届满，所有权将移交给政府	在债券发行期内，项目的所有权属于 SPV，运营决策权属于原始权益人；债券到期时，资产的所有权归还原始权益人
资金来源	民营资本	主要是外资	债务性
项目性质	无要求	不涉及国计民生	牵涉国计民生
技术和管理水平	不十分成熟	不成熟	成熟
资金要求	资金与风险合理分担	缺乏大量资金	大规模、高效率地筹集资金
适用范围	尤其适用于大型、一次性项目，应用范围十分广泛	某些关系到国计民生的重要部门不能采用	在我国城镇基础设施内，能通过收费获得收入的设施或服务项目都可采用

对基础设施项目三种典型融资模式的比较分析中所得到的结论是：

1. 适合 PPP 融资模式项目的条件（或特点）是对民营伙伴的加入不存在法规管制；服务对象欢迎民营伙伴的加入；潜在民营伙伴之间存在着竞争，通过竞争可以达到低成本高效率的目的；服务的产出可以被简单地度量和定价，通过对客户的收费可以很快回收成本；可以提供创新机会；有利于促进国家或地区的经济发展。

2. 适合 BOT 融资模式项目的条件（或特点）是不会涉及国计民生的项目；有必要引进外资和国外的先进管理技术和经验；对项目的控制力要求不是很高；允许长时间放弃经营权；政府资金相对比较紧张；具有未来收益能力的单个新建项目。

3. 适合 ABS 融资模式项目的条件（或特点）是可以关系到国计民生的项目；可预见未来现金收入的基础设施；需要大规模、高效率地筹集资金；具有良好收益的固定资产；对项目的经营权和所有权要求比较高的大型项目，尤其是对于技术密集型产业、已建成的良性资产组合等。

6　我国公用事业运营的政府规制改革

6.1　政府规制的理论基础

1. 福利经济学及其缺陷

以斯密为代表的古典经济学家们崇尚市场机制对经济的调节和推动作用，认为仅靠市场机制就可实现资源的优化配置，推进社会财富的增长。斯密在其名著《国民财富的性质和原因的研究》中对市场的功能作了生动的描述，在斯密看来，最能增进社会财富增长的经济体制莫过于以自由劳动和自由交换为特征的市场机制，市场就像一只"看不见的手"（Invisible Hand），自动牵引着社会资源走向最优配置。由于充分肯定了自由劳动的"经济人"和自由交换的市场机制对社会财富的增进作用，斯密对政府在经济事务中的作用持十分保守的态度，认为政府只需承担三项最基本的职能：防止外来入侵、防止社会成员遭受任何其他成员的不公正待遇、建立和维护公共设施及公共机构。除此以外，政府对经济的任何干预都是有害无益的。斯密的论述经过马歇尔、瓦尔拉斯（Walras）、帕累托等经济学家的不断补充和完善，最终形成了完整的微观经济学体系。斯密论断最终在严格的假设条件下得以证明，其核心结论就是福利经济学定理。

福利经济学定理严格的前提假设包括：第一，充分竞争性假设。市场中每个经济当事人只能被动地接受市场价格，按价格信号决定自己的生产和消费。第二，规模报酬不变和递减性假设。第三，无外部经济效应假设。生产者和消费者的经济行为不会对其他人的福利造成任何影响。第四，完全信息假设。交易双方有关交易的内容和商品的知识是完全对称的。第五，小交易成本假设。交易双方在交易过程中交易成本可忽略不计。第六，完全理性假设。经济当事人在进行决策时总是以个人福利最大化为目的。当上述条件满足时，仅靠价格调节、自由市场的供给与需求就可达到“瓦尔拉斯均衡”（Walras General Equilibrium），并且这种均衡处于一种社会性无改善余地的“帕累托最优”（Pareto Optimality）状态。福利经济学基本定理一方面给出了经济活动的“帕累托最优”目标，同时给出了实现这一目标的条件。由于这些条件本身是理想化了的，现实世界中的许多经济因素和非经济因素都会使上述条件难以完全成立。

由于现实经济中存在规模报酬递增现象，市场上时常会出现寡头垄断，甚至是独家垄断的情形，完全竞争性市场假设往往不能成立。从蜜蜂采蜜授粉到工厂废水排放污染环境，外部经济和外部不经济效应随处可见。完全理性显然是理想化了的假设，因为人们在决策过程中很难考虑到所有备选方案，也很难对每种方案所产生的结果都具有完全的了解和正确的预测，因而人们的理性是有限的，人们只有在知识和能力能够达到的范围内求得满意的结果。有限理性也包含着信息的不完备性，人们要使自己在交易中选择余地尽量大，结果更满意，达到结果的过程更易于控制，就必须搜集更多的信息，签订更为详尽的合同。而信息不是免费财富，制订合同也需要成本，这些交易费用会随着交易的复杂性和重要程度而变得十分巨大，有时甚至会阻止交易的发生。因此，福利经济学基本定理的严格的前提条件本身也从另一方面说明了纯粹的市场机制很难达到现实经济活动的目标，市场也会失灵。政府在规范垄断行为、补偿不完备信息、评估外在不经济的成本等微观经济层面具有不可替代的作用。

在宏观经济层面，20世纪30年代初，世界范围的经济大萧条暴露出了纯市场经济的重大缺陷，忽视政府作用导致经济活动中“合成谬误”（Fallacy of Composition）发生以致酿成经济衰退。市场运行的实践表明，由于存在市场缺陷和市场失灵，纯粹靠市场自动均衡供给和需求有时会引导经济走上错误的道路，给社会造成重大损失。

弥补市场缺陷，解决市场失灵问题必须充分发挥政府的作用。通过政府对经济的积极干预，创造市场正常运行的环境和条件，及时矫正经济运行的轨迹，促进社会福利的增长。特别是在那些市场机制无法施展调节作用的领域，政府的作用显得尤为重要。

2. 垄断与政府干预

西方政府规制理论的产生和发展是与当时市场发展状况和政府在处理各种市场问题中所采取的方法紧密联系在一起的，也可以说是从国家干预主义理论中派生出来的。在众多发生市场失灵、需要政府干预的领域中，垄断是表现得较为充分的一个领域。垄断是与完全竞争相对立的一种市场结构，主要有三个特征：第一，市场上只有一个厂商生产和销售产品。第二，该厂商生产和销售的商品没有相近的替代品。第三，其他任何厂商进入该行业都极为困难或不可能。形成垄断的重要原因之一是在该行业内存在规模报酬递增的现象。由于独家垄断的厂商控制了整个行业的生产和销售，可以控制和操纵市场价格，垄断一直被视为影响资源配置效率的最大障碍，费歇尔（Fisher）干脆把垄断定义为“竞争的缺乏”。垄断带来的效率损失主要来自于厂商利润最大化的目标，厂商在边际收益等于边际成本处定价，这使得与完全竞争情形相比较，产量相对要低，而价格相对要高。哈伯格（Haberger）对垄断带来的福利损失作了细致的研究，其基本观点可用图6.1表示。假设长期成本对于厂商和行业都不变，并且边际成本MC等于平均成本AC，假设DD与MR分别为需求曲线和边际收益曲线，则完全竞争条件下的产出Q_0由MC与需求曲线DD的交点决定，相应的价格为P_0。在垄断情形下，厂商将会在边际收益MR = MC处定价，这时的产出为Q_1而价格为P_1，显然$P_0 < P_1$，$Q_0 > Q_1$。在图6.1中，矩形ABP_0P_1是垄断利润，是从消费者转移到垄断厂商的财富，而三角形ABE是垄断造成的社会福利损失，这个损失是整个社会经济的净损失，不能用重新分配收入来弥补。这里，P = MC是一个十分重要的条件，如果一个行业在长期均衡时实现了价格等于长期边际成本，则表示资源在该行业得到了最有效的配置。如果P > MC，则表示该商品的供给是不足的，应该有更多的资源投入到商品的生产中去，以使这种商品的供给增加，价格下降，使得P与MC更接近，以改善资源的配置状况。在众多的市场结构中，唯有完全竞争情形实现了P = MC，在不完全竞争市场上，都有P > MC，特别是在垄断市场上这种现象更为突出。这个条件成为在垄断领域实施政府干预的重要尺度和标准之一。因此，尽管福利经济学定理的假设过于完美，完全竞争的市场结构在现实中也难以实现，但是它们却给出了经济活动的目标和政府干预市场的方向：追求完全竞争市场所带来的社会福利效果。政府对市场的干预也在于模拟完全竞争的市场环境。

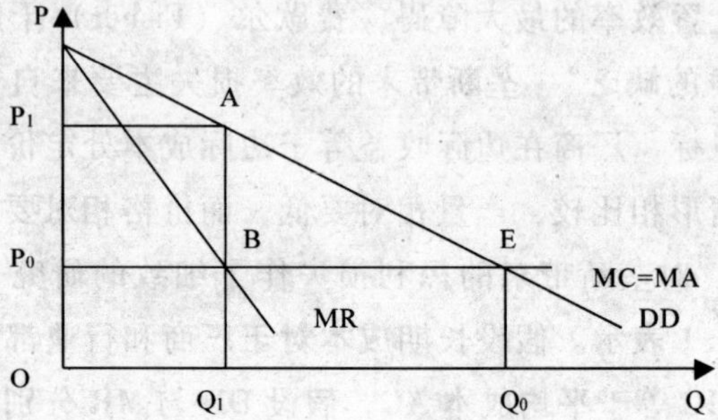

图 6.1 垄断造成的福利损失

政府对垄断的干预主要通过间接规制和直接规制的方式进行。直接规制主要针对在具有竞争结构的市场上妨碍竞争的垄断行为，这里面包括：一是行业中的一些厂商以垄断市场、获取超额利润为共同目的，在一定时期内划分市场、规定产量、确定价格而达成正式或非正式协议，既所谓的“卡特尔协议”。卡特尔协议属于厂商间的串谋行为，将会限制厂商的生产能力，不利于市场竞争。二是行业内的大厂商之间的兼并，其结果如同具有强约束力的卡特尔协议一样，使得一些本来具有支配地位的厂商能更有效地操纵市场，增加了其他厂商进入市场的障碍，减少了潜在竞争者进入市场的机会，并且常常伴随着驱除对手定价和垄断性定价的出现。这种兼并行为会减少甚至消灭竞争。三是行业内具有支配地位的大厂商凭借其经济实力对其他厂商施加影响，迫使他们按自己的意愿行事，实行价格歧视、独家交易、搭配销售、维持转售价格、限定销售区域、公司董事交叉任职等排挤竞争对手的手段，滥用其市场势力，妨碍公平竞争。

评判市场垄断行为的主要模型有克拉克（J. M. Clark）提出的有效竞争（Workable Competition）模型。有效竞争模型调和了市场竞争与规模报酬递增之间的矛盾，强调将竞争与规模经济结合起来，形成对长期均衡有利的竞争格局。“有效竞争”的概念作为政府制定经济政策的依据，使政府能够营造一种既有利于维护竞争又有利于发挥规模经济作用的竞争环境。其中，政府的公共政策成为协调两者关系的主要方法和手段。衡量“有效竞争”程度的主要标准是厂商操纵价格的能力和限制对手参与竞争的能力。梅森（E. S. Mason）提出了“有效竞争”程度的描述性标准，这些标准包括：

（1）产业结构标准：①厂商数目：市场中的厂商数目在规模经济效益允许的前提下越多越好。②厂商相对规模：竞争厂商的规模应大致相等，个别厂商或厂商集团不应占有压倒性的市场份额。③进出障碍：不应有进出市场的人为障碍。

（2）市场行为标准：①厂商独立性：各个厂商的定价、生产、营销等重大决策应当独立作出，而不应该搞串通合谋。②竞争的公平性：厂商之间的竞争应以效率为胜负的基准，不得以效率以外的手段战胜或削弱竞争对手。

（3）市场绩效标准：①利润水平：行业的利润水平与投资、创新、效率的收益持平。如果行业的利润率持续性地超过其他相似风险的行业的平均利润率，则说明行业中存在市场垄断力量。②产品差异：行业中厂商之间的产品没有本质性差异。如果产品差异过大，则可能是垄断的征兆。③效率：每个厂商的生产过程是有效率的，缺乏效率的厂商在市场中不会受到保护。④新技术开发应用：厂商总是努力引进新技术、新产品。竞争激烈的行业对新技术的开发和利用总是比垄断程度高的行业来得积极。

这些标准得到当今世界主要发达资本主义国家政府和学术界的普遍认可，并根据这些标准制定了一些相应的测量指标来测量市场集中度、产品差别程度、进入壁垒、市场效果等，政府在限制垄断保护竞争的过程中大都以上述标准为依据，以有效竞争为其政策目标。

政府间接规制的目标主要通过议会立法、政府监督、司法机构执行来实现。政府依据反垄断法制定相应的反垄断政策来间接地调整市场结构和市场参与者的行为。如美国的《谢尔曼法》、《克莱顿法》、《联邦贸易委员会法》，日本的《关于禁止私人垄断及确保公正交易的法律》，德国的《反对限制竞争法》等。通过详尽的法律条款，防止破坏公平竞争的机会主义行为，协调厂商的盈利行为与公共利益之间的关系，最终促进规范的厂商行为和良好的行业绩效。

6.2 政府规制的实质内涵

西方政府规制理论，是适应政府对自然垄断行业管制的需要，从国家干预理论中派生出来的，且随着自然垄断理论的发展而发展的一系列政府干预理论，其主要研究在市场经济体制下，政府如何依法对市场主体进行干预。20 世纪末，西方国家对自然垄断产业进行了私有化、放松规制、引入竞争等一系列改革，取得了显著成效，直接反映出经济学界对政府与市场、垄断与竞争关系认识的进一步深化。我国已经拉开了对自然垄断产业改革的序幕，尤其是对公用事业的改革已进入关键时期，但是，环境条件的显著差异，客观上要求我们必须不断创新政府规制理论，并在改革实践中不断丰富和完善。本书在西方规制理论的启示下，从规制城市公用事业的视角，探讨政府规制的相关属性和本质，框定政府规制的目标，寻求政府规制的方式和路径，动态调整政府规制的合理趋向，为保证改革在科学、高效、公正、安全的轨道上不断深入，提供相应的政策建议和有益启示。

1. 各主体的经济人属性

政府规制是指具有法律地位并相对独立的行政机构依照一定法律和规则对企业活动进行限制的行为。政府是实施规制的主动者，对象主要是微观经济活动以及参与这些活动的企业、个人或组织机构。政府规制系统中涉及三个主体：政府、企业、用户。其中，企业和用户是当然的经济人属性，利益最大化和消费者剩余最大化是他们的理性选择；政府的属性比较复杂，因具有多重目标趋向，其经济人属性曾遭到质疑，但施蒂格勒（Stigler）从其自然人组成结构上认为其具有难以避免的经济人属性，并以此作为“俘虏理论”的前提假设；我国政界传统上为官一任造福一方的仕途意识、发展地方经济的政府职能以及当前对地方政府官员政绩考核评价体系，使地方政府表现出明显的经济人属性。

在政府规制系统中，三主体的地位不同，政府以其特有的授权凌驾于其他二者之上；而企业和用户，理论上处于平等地位。三者两两主体之间相互作用，构成了一闭合循环系统。政府本应处于其他二者之间的、不偏不倚的中立位置，是一个理想的点的均衡。事实上，由于政府和企业具有共同价值趋向的交集，故政府位置更多的是向企业偏移，从而形成“政企同盟”，也可能向用户偏移而形成“政消同盟”，政府正是在左右摇摆中求得动态平衡的。

2. 政府规制的实质

西方的公共利益论、利益集团论、替代税收论等传统政府规制理论的解释力，随着客观条件的变化而日渐衰退。鉴于信息不对称、交易费用、外部性、不确定性的存在，尤其是技术与需求的变化以及规制起点的不同，需重新审视政府规制的实质。

（1）政府规制是政府主体的一种行政行为。同其他国家权力相比较，具有主动性、广泛性、自由裁量性等特点；同企业集团、消费者等权利相比较，具有强制性、单方性、优越性等特点，同时，它又是须依法限制的一种行为。

（2）政府规制是一种制度安排或结构，是行为主体依据成本—收益分析进行权衡的结果。只有一种规制结构净收益大于零，且在各种可供选择的规制结构中净收益最大，才是最优的、均衡的规制结构，此时对规制的需求就等于规制的供给，各行为主体无意也无力来打破这一均衡。

（3）政府规制是一种利益分配和调整。政府具有多重目标函数，政府并不能被简单假设为自觉为实现公众利益最大化而服务的组织。施蒂格勒认为，首要的问题是探明“谁从管制中得益、谁因管制受损”。政策也通常是各利益集团多次和长期博弈的最终结果。佩尔兹曼（Peltzman）从三个方面阐释了对政府规制本质的认识：政府规制的实质是将垄断利润最终归属的决定权授予政府规制当局；在政府规制条件下，受规制者往往能够对规制结果作出较为准确的预测，致使一个理性的产业显然会花光所有的垄断利润而只保留政府认可的利润；在政府规制条件下，较之不加以规制而言，真正发生明显变化的不是受规制产业的产量和价格，而是收入在各相关利益集团之间的分配。

3. 政府规制的动态性分析

政府规制的公共利益理论以及俘获理论的共同弱点是忽视了规制环境的动态性演变，包括规制对象和规制政策本身的演变对政府规制效果的影响。如果用动态性的观点，既分析规制前提假设条件的演变，又分析政府规制效果随规制环境动态演变的过程，并联系规制公共利益说和规制利益集团说的理论分析框架，从中寻找两者的契合点，将会丰富和完善规制理论，使其具有更强的解释能力。

（1）市场结构与政府规制之间具有相互对称的关系。对于不同的市场结构，厂商的行为不同，政府规制的侧重点也就有所差别，从而产生与市场结构相对称的规制政策。市场结构与政府规制的相互对称、相互均衡的规制结构，是实现政府规制目标的前提条件，如果两者不匹配就会产生规制错位，导致规制失灵。

(2) 许多发生规制失灵的行业其实是行业特征发生变化使规制结构偏离均衡状态。市场结构由成本结构和需求结构共同决定，而成本结构和需求结构受外部因素影响所发生的动态变化，推动着市场结构发生动态变化。在市场结构动态变化过程中，如果政府规制政策不做相应的修正，将会出现市场结构与政府规制不对称状态而造成的规制错位，即市场结构动态性成为规制错位的重要因素。

(3) 规制目标与规制效果的偏差不可排除利益集团作用的因素和政府官员的"经济人"特征的影响，但这种影响规制效果的负面效应可以通过制度和规制政策的合理设计来消除。均衡的规制结构是一个均衡的利益分配机制，各个利益主体共同认可社会福利最大化这个前提以及在此前提下的有关利益分配的规制制度安排，接受最终的利益分配结果，即均衡的规制结构中有关利益分配的规制制度是利益中性的，任何一方不会在此规制结构中获取以损害其他各方利益为代价的额外利益。

(4) 政府规制政策在执行过程中也具有动态变化的特性。政府规制政策的最终取向以及复杂程度是规制机构、受规制厂商、社会公众和中介服务机构各方追求利益目标的博弈均衡的结果，成为规制效果的重要决定因素。政府规制类似于一个强制的规则，迫使受规制厂商在可能产生的社会福利最大化点上进行生产，达到资源的优化配置。

(5) 评判政府规制的实际效果应综合考虑政府规制的收益和因规制而发生的各种成本，通过成本效益分析决定在什么情况下，政府规制是合算的，在什么情况下应该进行规制改革。政府规制就是要创造公平的市场环境来增进社会福利，但政府规制也会引发社会成本。在均衡点上，政府规制的效果可能是正值，也可能会被完全抵消，当然，还可能产生额外费用，这主要取决于政策制定的初始属性及动态演变的复杂程度。要权衡政府规制的利弊与效果，必须考察规制可能会带来的成本。

一般来说，规制的成本由以下几部分构成：一是规制机构的运行成本。二是规制错位所引发的成本，包括错位所导致的规制无效性成本以及各利益集团寻租活动所造成的社会财富的浪费。三是规制政策复杂化成本，包括中介机构费用和规制机构因政策复杂化而产生的成本。这些成本会在利益集团的不断作用下及规制机构的不断扩充中变得越来越大。当政府规制的效果被各利益集团的逐利行为所抵消，初始目的不能达到，而且规制成本超过预期收益时，政府规制将会陷入尴尬困境。当政府下决心进行规制改革，包括校正规制错位，精简臃肿机构，简化规制政策，提高规制效率时，又会触动政府有关规制机构官员的利益和其他相关利益团体的利益，政府规制改革必须进行必要的投入以平衡各方利益，规制改革方可成功。

6.3　政府规制的目标原则

政府规制的效率目标是社会福利最大化，这可以用消费者剩余和生产者剩余这两个概念来刻画。消费者剩余表示消费者获得的超过购买商品支付的总效益或总价值。生产者剩余表示生产者获得的超过生产该产品成本的剩余，就单位产品来看，这个剩余是生产者接受的市场价格与边际生产成本之间的差额。如果将社会分成消费者和生产者两个利益群体，则消费者利益集团愿意得到更多的消费者剩余，生产者利益集团愿意得到更多的生产者剩余，社会福利表示消费者剩余与生产者剩余之和。社会福利最大化实际上是消费者利益集团与生产者利益集团之间利益调整的帕累托最优均衡，任何偏离该均衡点的均衡都将会影响到社会福利最大化的目标。

从另一个角度看，由于需求表示在给定的市场价格下，消费者愿意而且能够购买的商品的数量，从某种意义上讲，这个价格也就可以表示消费者在消费该单位商品时所得到的边际收益（或边际效用）。个人边际收益曲线也就可以用需求曲线来表示。在消费者的个人消费不会带来外部性的情况下，个人边际收益等同于社会边际收益等。同样，个人边际成本表示消费者消费该单位商品时所耗费的社会资源，个人边际成本曲线可用企业的边际成本曲线表示。如果个人消费该单位商品没有带来附加的成本，则个人边际成本等同于社会边际成本。因此，在无外部性的情况下，每增加一单位产品的生产所带来的社会福利可表示为该边际产量所带来的社会边际收益与社会边际成本的差额，即价格减去生产该单位产品的边际成本的差。一般来说，当增加一单位产品所带来的社会福利是正值，该单位产品的生产才是有意义的。将这些正的社会福利进行加总，即可得到该产品生产所带来的最大社会福利以及相应的产量及价格。

设 $P=P(Q)$ 为市场的逆需求参数，$C=C(Q)$ 为生产者的成本函数。$C(Q)$ 的一阶导数 $C'(Q)$ 为表示边际成本函数，而 $AC(Q)=C(Q)/Q$ 则表示生产者的平均成本函数，则产量 Q 处的社会福利为 $\left(\int(P(Q)-C'(Q))dQ\right)'=P(Q)-C(Q)=0$，社会福利最大的目标函数为 $MAX\int(P(Q)-C'(Q))\,dQ$。最优均衡点应满足：$P(Q)=C'(Q)$，即满足该式的产量 Q^* 与价格 P^* 为社会福利最大均衡点。

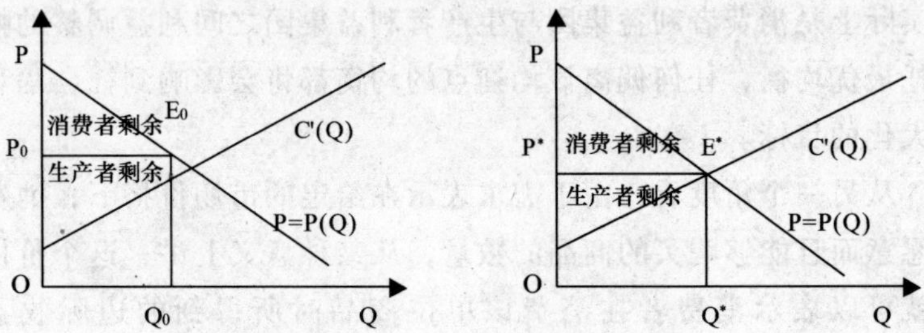

（1）均衡点（Q_0，P_0）处的社会福利　　（2）最优均衡点（Q^*，P^*）处的社会福利

图 6.2　不同均衡点的社会福利

图 6.2（1）和图 6.2（2）分别是社会福利及其最大化均衡的几何直观表示：图中处于市场价格上方的三角形表示消费者剩余，价格下方的曲边矩形表示生产者剩余。在无外部性的情况下，社会福利最大化条件 $P(Q)=C'(Q)$ 实际上表示最优。

虽然从理论上讲，社会福利可以在 E^* 点达到最大，但这个最优均衡在现实中不一定总能够达到，这与厂商的成本函数密切相关。如果最优均衡价格不低于厂商的平均成本，即 $P^* \geq AC(Q^*)$，这个最优均衡是可能达到的，如图 6.3 中的平均成本曲线 AC_1 和 AC_2 所处的位置。反之，如果厂商的长期平均成本高于市场价格，即在长时期内，有 $P^* < AC(Q^*)$，厂商总处于亏损之中，厂商将会退出市场，社会福利完全消失，图 6.3 中的平均成本曲线 AC_3 描述了这种情形。换言之，在这种情况下，社会福利最大化是不可能达到的，可能均衡应该在社会边际收益 $P(Q)$ 等于社会边际成本 $C'(Q)$ 处达到。

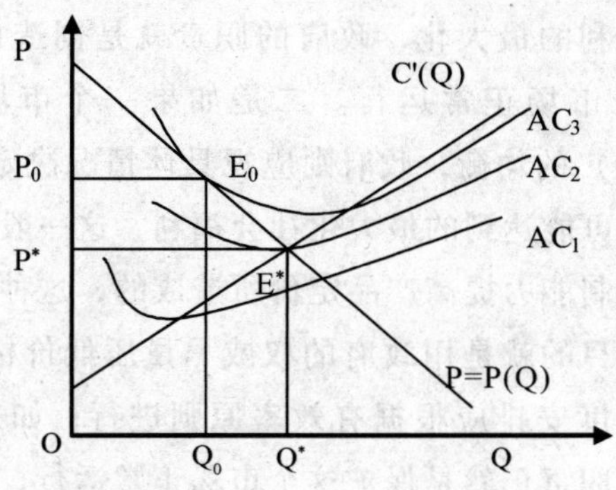

图 6.3 最优社会福利及其可能

最大社会福利是在 E_0 点，这是具有成本函数 AC_3 的厂商留在市场内的最起码条件。虽然在 E_0 点均衡不是社会福利最优均衡，但它毕竟创造了正的社会福利，比起厂商退出市场，社会福利为零的情况却是好的。

因此，可能达到的最大的社会福利通常是一个有约束的社会福利最大化，这个约束条件就是厂商的平均成本，要求价格 P 不小于厂商的平均成本。由此可以得到政府规制的基本原则：

（1）有效性原则：如果市场能够自动实现均衡，则政府的职责就是保证这个市场正常运行，而不需要对市场进行过多的干预。否则，政府就应该积极对市场进行干预，通过规制手段实现这个最优均衡。

（2）有效率原则：当需要政府规制时，政府规制的成本应该小于规制得到的社会福利，只有这样政府规制的投入产出比率才是合算的，政府规制才是有效率的。

具体规制行为准则根据市场均衡价格 P（Q）和厂商的边际成本 C′（Q）之间的关系来确定，可归纳为：一是如果一个市场结构可以自动实现均衡条件 P（Q）＝C′（Q），这时市场自动达到了社会福利的最大化，政府的职责就是创造良好的市场环境，保护这个市场正常运行。二是如果一个市场结构出现 P（Q）>C′（Q）的均衡，政府则应视具体情况决定其规制行为。如果没有达到可能达到的最大化社会福利，这一般是生产者通过其对市场的控制能力提高产品定价所造成的，这种情况需要进行政府规制，其目的就是用政府的权威尽量压低价格，实现均衡。但具体规制制度安排应根据有效率原则进行；如果已达到了均衡，则政府的职责仍然是保护这个市场正常运行，不需要进行过多干预。

6.4 政府规制面临的主要问题

公用事业与人民的生活息息相关，各国都建立了较为完善的政府规制体系，从而确保公用事业公正且有效地运行，并切实保护消费者的利益。西方政府规制理论和实践，对我国政府管理方式变革有积极的借鉴意义，但西方国家的政府规制有其自身的特点，其政府规制主体比较独立，在规制动议、规划、研究、评估、决定、执行与监督阶段已经形成了比较有效的官民互动机制；其规制的客体，主要是针对自然垄断和外部性；其市场发育比较成熟，各种生产要素都以市场为基础配置手段，价格、竞争和供求等市场机制能发挥积极调节作用，政府可通过价格水平、价格结构等规制来实现规制目标。

相比之下，我国公用事业领域国家垄断经营源自于高度集中的计划经济。新中国建立后，为了减少产业内国有产业（企业）之间的过度竞争，避免重复投资及确保必需性产品或服务的有效供给和公平利用，政府根据各个公用事业的自然垄断性强弱及其各自的产业特点，以有关法律、法规及政令、规章、条例为依据，采取批准、认可、许可、命令等手段，对公用事业进行了一系列的行政规制。这一方面有利于城市的快速发展，另一方面也因为政府资金的匮乏，阻碍了城市公用事业的发展。为改变我国基础设施领域的落后面貌，适应加入WTO的需要，近年我国开始对公用企业进行引入竞争机制的改革，但由于我国不同的经济发展水平、体制和文化传统等基本国情，特别是我国经济正处于特殊的双重经济转型期，即由二元经济转向一元经济、由计划经济转向市场经济，其规制主体、规制客体、规制内容、法制基础、市场基础、垄断结构等与西方市场经济国家存在极大的差异。这样，规制体制带来了种种弊端，如公用企业亏损经营、政府财政补贴沉重；企业缺乏自主权和积极性；生产效率低，服务质量差；公用事业建设投资主体单一，缺乏稳定、规范的建设资金来源渠道等等。具体地说：

（1）规制机构的行政能力不足。规制机构尚未独立健全，职能尚未完成转换，制度残缺，人员素质偏低，方式方法仍是原行政体制的历史沿革，规制水平和规制能力相对低下。例如价格规制机构。根据《中华人民共和国价格法》，公用事业价格规制机构为县级以上城市人民政府的价格主管部门，物价部门作为专门的价格执法机构，依法负有执行有关价格法律法规、依定价目录制定有关商品和服务价格、查处各种违法行为等职责，具有丰富的价格执法经验。然而，在对有关商品和服务进行定价和价格调整时，是否具备相应的专业知识以及是否能够获得充分的相关信息是极为重要的。如果对公用事业的生产经营过程没有较深入的了解，就很难合理行使价格决策权和监督检查权，这就要求规制者应当具备较为丰富的专业知识，而目前的物价部门显然并不具备这一条件。

（2）市场发育不完善。市场主体的培育仍未完成，政企尚未完全分离。目前，我国各城市政府几乎都设有公用事业管理局或类似的政府机构，既负责城市公用事业的管理工作，又有其所属的企业垂直垄断公用事业的经营活动。在产权和管理体制上，城市公用事业局与其所属的公用事业运营企业之间的政企不分主要表现在：公用事业的投资决策由公用事业局制定，公用事业的生产、经营计划由公用事业局编制；公用事业运营企业的经营者由公用事业局委派和考评；公用事业的亏损通过公用事业局获取财政补贴。另外，由于历史上进入壁垒的限制，新的企业主体还没有做强做大，供给能力偏小；城市居民的收入水平有所提高，但也很难承受高额的消费；新的市场运行制度有待进一步健全。这种现状的负面影响是行政权的寻租及“规制的捕获”等现象的产生。

（3）规制内容过于严厉，成本过高。目前我国公用事业的政府规制内容包括价格规制（收费规制）、进入规制、退出规制、投资规制、质量规制、财务规制等，其中以价格规制和进入规制为最重要的规制内容。①价格规制。即政府根据以各个规制产业为对象的规范价格行为的法律和法规，从资源有效配置和服务公平供给观点出发，以限制具有较强的自然垄断性的公用企业制定垄断价格、谋取垄断利润的行为为目的，对公共服务的价格（收费）水平和价格体系进行规制。在现实生活中由于信息不对称使行政机关对公用事业的价格规制成本过高，收效不大。②进入规制。在公用事业经营中，基于对充分发挥规模经济效益和范围经济效益，并确保服务数量和质量的稳定性考虑，政府允许特定一家或几家公司进入某行业，而限制其他企业进入，或基于防止过度竞争的考虑，政府根据供求的平衡状况限制新的企业加入。我国长期以来，特别是在高度集中的计划经济时期，政府及其所属各部门在公用事业的市场进入规制方面是非常严厉的，许多行业处于独占或寡占状态，由政企不分的国有公用企业垄断经营，其他企业一般不能进入该领域。直到近年来，某些行业的部分业务才放开经营。

(4) 法制不健全。目前，我国规范公用事业行为的法律主要有两类。一是1993年9月颁布的《中华人民共和国反不正当竞争法》及其配套的规章，规范的是一般市场竞争行为。《反不正当竞争法》第6条规定："公用企业或其他依法具有独占地位的经营者，不得限定他人购买其指定的经营者的商品，以排挤其他经营者的公平竞争。"1993年12月，国家工商行政管理局依据上述法律规定发布了《关于禁止公用企业限制竞争行为的若干规定》。作为与上述第6条配套的规章，该规定具体列举并规范了当时实践中出现的几种公用企业限制竞争行为。另一类是如铁路法、民用航空法、电力法等部门行政法。这些法律法规由于制定时间较早，目前适用起来存在不少问题，如《反不正当竞争法》是在公用企业依法具有独占地位前提下的规定，不能适应公用事业市场化以后，建立与维护自由、公平、有效竞争秩序的需要。而其他的几部部门行政法也面临同样的问题，强调了保证国家基础设施的安全，对于经营主体的规范则较少一些。而一些急需规制的行业却没有部门法，这也是法制不健全的一种表现。

(5) 供求市场低水平运转。一方面公用事业负债经营、效率低下、产品供不应求；另一方面，价格倒挂，用户在收入不断提高的情况下，仍以具有惯性的低价享受着低水平的劣质服务。由于公用事业具有强外部性，目前低水平运转的公用事业已成为城市经济发展的制约"瓶颈"。

(6) 对政府规制缺乏监督机制。由于目前中国并无一部统一的行政程序法，这使得许多行政机关在行使规制权力时没有程序性限制，因而不同程度地侵害了公民和企业的听证权、知情权及参与权。规制机关、规制权力不受司法审查也是较为突出的一个问题。目前，在我国司法审查体制中，政府的规章制定行为尚未纳入法院的审查范围。法院的受案范围主要是审查具体行政行为是否合法，这样的现实使行政机关可以不顾相对人的利益而滥用规制权力，而公民、企业面对随心所欲的政府规制权力则无可奈何。

表 6.1　　我国公用事业政府规制状况

产业	进入规制	价格收费规制	规制法律	规制机关
电力	供电营业许可证、营业执照	核准	电力法（1995）、电网调度管理条例（1993）、电力供应与使用条例（1996）及相关法规	电力监管委员会、地方经济综合主管部门、物价部门
城市供水	资质审查、工商登记	地方政府定价	城市供水条例（1994）及地方条例	建设部、地方政府及物价部门
城市燃气	地方政府垄断	地方政府定价	有关全国性及地方法规	同上
地铁	同上	同上	同上	同上
城市出租车	营业执照	同上	城市出租汽车管理暂行办法（1988）及地方法规	建设部、交通部、公安部、国家旅游局、物价部门
邮政	国家垄断	法定价格	邮政法（1986）及其实施细则（1990）	信息产业部
电信	垄断	法定价格或地方政府定价	有关全国性及地方法规	信息产业部、物价部门

续表

产业	进入规制	价格收费规制	规制法律	规制机关
有线电视	许可	地方政府定价	有线电视管理规定（1994）	广播电影电视总局
国家铁路	法定垄断	法定价格	铁道法（1990）	铁道部、物价部门
地方铁路	审批	地方政府定价	同上	地方铁道局、物价部门
航空	许可、营业执照	法定价格	航空法（1995）	民航总局、物价部门
城市公交	地方政府垄断	地方政府定价	交通法及有关法规	交通部、物价部门
水运	许可、营业执照	行业指导	水路运输管理条例（1997）	同上
公路运输	营业执照	行业指导（客运）放开（货运）	交通法及有关法规	同上

6.5 政府规制的路径选择

现有规制体制所带来的种种弊端表明它显然已经不能适应公众对公用事业日益增长的需求。借鉴国外公用事业的先进经营理念，一系列文件的出台成了公用事业市场化改革的主要标志。其一，2002 年 4 月 1 日起施行的《外商投资产业指导目录》将原禁止外商投资的电信和燃气、热力、供排水等城市管网首次列为对外开放领域。其二，2002 年 12 月 27 日建设部发布《关于加快市政公用行业市场化进程的意见》，明确提出了“鼓励社会资金、外国资本采取独资、合资、合作等多种形式，参与市政公用设施的建设，形成多元化的投资结构”；而江苏省 2003 年 1 月 22 日发布的《关于进一步推进全省城市市政公用事业改革的意见》也在全国引起了巨大反响，建设部还专门向全国转发了这一文件，要求各地“重点研究深化市政公用事业改革……加快市政公用企业改革步伐，推动市政公用行业市场化进程”。这些都明显地需要现行的公用事业的政府规制体制作出回应，否则将不利于市场化的顺利进行。

针对我国自然垄断行业，尤其是各地公用事业的改革，地方政府规制的总体目标也应是实现资源最优配置和社会福利最大化，实现的方法和途径是将竞争性的市场机制与政府的规制相结合并使之有效运行，在市场竞争条件下，在政府规制的基础上，建立与之相适应的政府规制制度，形成并维持有效的竞争市场，运用市场和政府两种力量，不断地调整和实现政府规制的均衡。

从建立在多重委托—代理分析模型基础上的激励性规制理论来看，网络型公用事业的基本问题应该是激励成本与信息租金提取之间的权衡问题。政府规制改革实质上是希望提供适当的激励，诱导出私人信息，从而降低信息租金。政府是改革的主体和倡导者，针对我国的实际情况，政府应重新构建网络型公用事业政府规制内容和有效竞争市场，主要应包括重新规划和设计市场结构，培强做大市场主体、合理选择经营模式、科学运用规制手段、科学设置规制机构、制定完备的应急预案等。

1. 科学设置规制机构

西方国家公用事业的监管机构设置大概有三类：一是设立综合性监管机构，对数个领域行使监管权；二是分别设立行业监管机构；三是不设立专门的监管机构。比较成熟的经验应是建立相对独立的监管机构，维持监管者的自主性，由其对市场准入、价格和普遍服务义务进行监管。社会事业及公共服务改革中政府的自主性至关重要。自主性的高低，主要表现为公共权力免受个别势力干预的程度。如果监管机构没有较高的自主性，它就有可能被经营者或其他利益集团所左右，就不能代表好、实现好和维护好社会公共利益。为了保持监管者的自主性，必须确保它的相对独立性。在这方面，美国的经验值得借鉴。美国各州都有一个针对公共事业的管制机构——公共事业管理委员会（PUC），这个委员会统一负责监管各州的公共事业领域。这样做首先在结构上使其与政府政策部门分开，可以独立地执行监管政策而不受利益相关方的干涉，特别是作为现有公司股东的政府政策部门的不必要的干涉。其次它由一个合议机构来集体领导，从人员构成上讲，该机构由行业管理专家、技术专家、经济学家、法学家组成，这些委员具有固定的、得到保证的、任命时间与政府的行政领导错开的任职年限，这种安排既可以保证监管的专业性也可以保证政策的连续性。我国新近一轮的政府机构改革所设立的电监会正是在这样的思路下成立的。同时，建立公用事业监管委员会后，要在政府与公用企业之间形成行政指导与行政合同并存的法律关系，应依法加强对规制机构的规制，努力增加其设租创租的成本。具体地讲：

（1）政府应对公用企业实施行业性的行政指导。行政指导是指“行政主体为了实现一定的公共行政之目的，期待行政客体的一定行为（作为、不作为）而实施的，其本身没有法律约束力，但可对行政客体直接起作用的一种行为形式”。目前，行政指导已成为成熟市场经济国家政府调控经济事务的一项重要手段。在对公用企业运营模式的规制中，政府应从整个行业角度出发对所在行业的公用企业进行必要的行政指导，以促使其向预定目标靠拢。这是达到公用企业终极目标的需要，也是政企分开后，政府对公用企业进行管理的一种角色定位的需要。具体来说，政府应通过指导性立法来规范行业竞争，预先阻止处于垄断地位公用企业的滥用行为；通过指导性政策、计划，来引导整个行业的发展方向；通过信息指导，引导民间投资的流向、启发产品的开发；运用舆论工具，对公用企业进行弹性监督等。

（2）建立政府与个体公用企业之间的行政合同关系。行政合同是指“设立、变更和终止公法上的法律关系的合同”。在国外这是一种比较发达的制度，主要类型有公共事业的特许权合同、公共工程合同、供给品和服务合同、公债合同、服务租赁合同等。由于公用企业所提供的是社会公众所需要的基本产品和服务，因而保证服务的稳定性、质量的可靠性和可信赖性就显得至关重要；又因公用企业与国家基础设施密切相关，其运营好坏会影响生产要素的流动进而影响经济增长。此外我国地区性的差异，也会引发公用企业倾向性投资行为。针对上述因素，政府往往需要与公用企业个体之间进行直接交涉，以达到其基本管理目标。在现阶段，政府与个体公用企业之间订立行政合同是较为合适的方法。在政府对公用企业的管理过程中，为达到社会福利最大化目标指引下的具体行政管理目标，就需要与公用企业订立行政合同，对某些具体事务作出权利、义务方面的规定。这是政企分开后，政府达到其公共目标的有效手段。当然，在建立行政合同关系后，政府的信用问题也是要特别注意的。政府一定要严格履行合同、合理行使规制手段。在规制的过程中不得以公共利益需要等理由而无视个体利益的实现，政府要遵循信赖保护原则。

2. 完善立法，坚持依法规制

从国外的经验来看，以法律制度作为公用事业改革的准则，以立法为先导，依法行政，可以减少改革的盲目性。如英国政府根据电信产业规制体制改革的需要，在1981年制定了电信法，

1984 年又制定了新的电信法，在电力、煤气和自来水供应产业也分别制定了电力法（1989）、煤气法（1986）和自来水法（1989）。这些法规由立法机构制定，它们确定了新的行政规制体制的基本框架，实际上就是政府规制体制改革的纲领性文件。目前我国也应当基于促进有效竞争、以保护消费者利益为根本指导思想，修改《铁路法》、《电力法》、《航空法》，制定《电信法》，并规定行政规制机构的设置、责权划分、市场结构等。除此之外，还应抓紧修改和制定城市公共交通管理、城市排水和污水处理管理、城市燃气管理、城市供热管理、城市园林管理、风景名胜区管理等方面的行政法规、规章。

3. 合理选择经营模式

公用事业多年市场化改革的实践证明，市场化的核心是进行产权改造，改变原国有资本一统天下的局面，2005 年 2 月《国务院关于鼓励支持和引导个体私营等非公有制经济发展的若干意见》再次给予确认，允许非公有资本进入公用事业和基础设施领域，支持非公有资本积极参与城镇供水、供气、供热、公共交通、污水垃圾处理等市政公用事业和基础设施的投资、建设与运营。在规范转让行为的前提下，具备条件的公用事业和基础设施项目，可向非公有制企业转让产权或经营权。鼓励非公有制企业参与市政公用企业、事业单位的产权制度和经营方式改革。事实上，萨瓦斯（E. S. Savas）在其著作《民营化与公私合作的伙伴关系》中详细描述了提供公共服务的几种制度安排：一是委托授权，包括合同承包（部分服务、全部管理）、特许经营（场域特许使用、租赁）、补助、凭单、法令委托；二是政府撤资，包括出售、无偿赠与；三是政府淡出，包括民间补缺、撤出、放松规制。我们可以参照其分析框架，针对当前存在的实际情况，通过政企分离、产权重组、招商引资、股份制改造等不同路径，逐步培育出具有强大生产力和竞争力的市场主体，逐步完成由国有国营单一市场主体，向国有国营、国有民营、民有民营等多种市场主体的转变。

城市公用事业大都是网络型的自然垄断性产业，纵向一体化和纵向厂网分离是其常见的经营模式。不同行业的技术要求不一样，即使同一行业，不同城市的情况也不一样。单从经济角度讲，一体化模式的规模效益高、垄断利益大、竞争效益低、财政压力小、招商引资效益大；厂网分离的情况应相反。各有利弊，政府应慎重选择。

4. 科学运用规制手段

政府规制的总体目标是实现资源最优配置和社会福利最大化，因此，针对不同的市场结构和市场行为，应采取不同的规制方式。黑夫兰（Heffron，1983）从现实的角度设计了一可资借鉴的分析框架：经济性规制、社会性规制和辅助性规制。经济性规制从市场失灵的角度出发，具体规制产业方面的市场行为，如费率、产品或服务的质量和数量、竞争行为等；社会性规制用以纠正不安全、不健康的产品及生产过程中的有害副产品；而辅助性规制泛指各种社会福利保障，如社会保险、公费医疗、卫生、环保、教育方面的规制。由于我国固有的政治、经济体制的一些特点和弊端，政府对经济性规制的关心相对于社会性规制要差一些，即使在其热衷于经济性规制的地方，也存在规制制度、工具、方法等不当或错位的现象。事实上，在不同的规制时期，对于不同的市场结构，应采取不同的政府规制方式。应根据不同的行业特点、企业经营能力、规制成本、用户承受力，正确运用特许经营条例，科学设置经营期限、产品范围、经营的区域、进入与退出壁垒。既要运用保护机制，保护企业的投资积极性，又要运用激励机制，适时引入虚拟竞争，防止其攫取高额垄断利润。

价格规制是最主要、最复杂的政府规制手段，也是最重要的规制内容。目前对价格的规制主要有两种思路：一是着眼于弥补成本；二是着眼于制定上限价格、替代竞争、标尺竞争等，意在努力诱导出其真实成本。但从广义上讲，信息的不对称是绝对的，企业凭借信息的绝对优势而获得部分信息租金是难以避免的，规制的目标是将其控制在相对公平合理的范围之内。因此，政府可以灵活运用价格规制手段，在特许经营的初期，在供给能力较低的情况下，为保护其积极性，可允许其“成本黑洞”的存在，按照保本微利原则，制定成本加利润的价格；当市场发育比较完善、供给能力比较强大时，可采用激励政策，制定上限价格，努力挤压成本水分。

5. 切实保障市场化程序的公正

国际社会公认的几项消费者权利：安全权、知情权、建议权与索赔权等在我国的公用企业面前均较难实现。因此未来的政府规制体制必须强调公众参与，确保所有程序公开透明，让民众所有的意见都能得到合理表达，充分体现竞争及民意。可以根据《中华人民共和国招标投标法》制定公用事业公开招标投标制度，减少不正当交易和腐败现象的发生；根据价格法的规定，结合实际，进一步完善公用事业的价格听证制度，保证消费者有获取定价信息与参与制定价格的权利；设立由规制者和被规制者以及其他利害关系人和公众代表组成的协商谈判委员会，通过规制当事人的协商谈判程序，达成规制机构的规章制定；通过公用事业信息公开制度，使公民获取有关公用事业规划、运作的信息；制定统一的行政程序法，通过遵循正当的行政程序，加强和完善对规制者的规制和监督，使它们把消费者和企业双方的利益最大化作为行动基准，较好地运用行政裁量权，充分保障相对人的合法权益。

6. 建立政府规制效益的评价体系

对政府规制效益进行评价，理论上研究的较少，实践上也比较欠缺。这一研究难度较大，因政府规制活动是一具有多重目标趋向的、复杂的行政行为，仅用简单的几个经济指标是无法衡量的，涉及经济、政治、社会、生态、文化、人文等多个领域，更涉及近期、中期、远期等不同发展时期。但这一研究不可或缺，需要在理论层面上加强创新；在实践层面上，规制者应强化效益意识，贯彻科学的发展观。

面对我国特殊的国情以及特殊的经济转型时期，西方的政府规制理论表现出一定的局限性，需要我们探索适合国情的政府规制理论、方法和途径。政府规制是一种制度安排，是一种利益分配和调整，是一种系统内各主体间利益和力量的均衡，也是与市场结构的一种均衡。政府规制的总体目标，是在多重价值趋向的情况下，在进行成本—收益分析的基础上，努力寻求供求的均衡，最终实现资源最优配置和社会福利最大化。

静态均衡的实现，依赖于对动态不均衡的调整。政府需根据不同发展阶段的目标，根据不断变化的技术和需求情况，运用不同的规制手段，采用不同的规制路径，适时进行动态调整。在经济转型期供给水平低下的初级阶段，为保护企业投资积极性，政府可采取倾斜的让利政策；但当市场发育到高级阶段，应适时采取相应的激励政策，以防止企业利用私人垄断的强大市场力，去任意攫取消费者剩余。这客观上要求，政府规制机构设置要科学、职能要完善、能力要提高、措施要得力。

7 价格规制及潍坊市水价形成机制研究

7.1 价格规制的目标与定价方法分析

7.1.1 国内外对价格规制的研究

近年来，国内对公用事业价格和管制体制开展了一些实证研究，如张维迎、盛洪（1998）通过对我国电信的分析，指出其在垄断性经营的市话业务与引入竞争性业务间采取交叉补贴（Cross Subsidization）的定价模式以排斥竞争，这种定价扭曲了市场竞争机制，导致效率损失。梁雪峰（1999）分析了供热产业经济特性，并指出了政府定价的失效原因，并提出了新的政府定价机制。王俊豪（1995，1997，1998）对涉及我国基础设施等公用事业的定价机制作了实证分析，指出传统的公用事业既存在竞争又存在垄断，须打破公用事业传统的定价模式：平均成本定价法（P = AC + P）与边际成本定价法（P = MC），引入市场定价并再造价格管理机制，但总体上看，国内分析较少将公用事业价格统一起来进行研究。

国外对公用事业价格和管制体制的研究侧重于理论与实践的结合，研究的方法也由传统的产业组织理论转向以信息经济学为主的研究工具。这些研究一开始就伴随改革的实践而展开。首先，鲍莫尔、帕恩查和韦利格在1982年用劣加性重新定义了自然垄断，指出了公用事业存在竞争的可能性。施蒂格勒（1996）却认为或许管制机构不能控制企业的正常运行，所以受管制企业仍能定高价；或许垄断性的管制理论基础并不一定成立。争论的结果最终被公用事业打破垄断、引入竞争的成功改革所证明。之后，对引入竞争后公用事业价格的规制方式又进行了一系列研究，指出，由于政府与企业间的信息不对称和被管制企业缺乏提高效率的激励等原因，政府直接管制定价不能达到帕累托最优。

德姆塞茨（Demsetz，1968）、波斯纳（1972）提出用收益率定价来替代政府的直接控制。他们把劳动L和资本K作为投入要素，以生产电力的公用事业模型来阐述收益率定价法，其收益率定义为利润对股本价格的比率：收益率 =（PQ - wL - uK）/PK，其中，w是厂商雇用一单位劳动所支付的工资，u是资本的使用者成本，P是购买资本存量K的一个单位的价格。国家采用收益率来限制公司的资本收益率，而不直接控制价格。虽然收益率管制法对消费者可能有所帮助，但它却不能激励厂商高效率地开展活动。英国的李特查尔德（Littlechild，1983）也设计了另外一种具有剩余索取合同（Residual Claimant Contract）性质的价格上限法（RPI - x）。另外，福格桑和芬辛格（Vogelsang and Finsinger）也设计了一个具有激励效应的模型，但萨平顿（Sapington）认为该模型建立在完全信息基础上，即假设管制者掌握全部关于企业技术、成本的信息，但在现实中，政府却需要企业提供信息。当前，国外文献较侧重于激励问题，以及不对称信息下管制者与公用事业企业之间的委托代理关系研究。

7.1.2 公用事业价格规制的目标

1. 促进社会分配效率

由于公用事业存在市场失灵，公用企业不能自行定价，政府对公用企业的价格采取严格控制的策略。这种管制价格既不同于竞争市场定价，也不同于垄断定价。但这种管制价格应该达到较高的资源配置率，其中包括公用事业生产的高效率和公用产品交换配置的高效率。公用事业的一个共同特征就是具有自然垄断性。如果不存在任何外部约束，这些企业就会利用垄断地位制定垄断价格，把一部分消费剩余转化为生产者剩余，从而扭曲分配效率。所以公用事业价格规制的第一个目标是促进社会分配效率。

2. 实现最大生产效率

由于公用事业几乎不存在竞争或竞争很弱，政府的管制价格虽然限制了企业制定垄断价格的可能，并保护了消费者利益，实现了分配效率，但这种价格还不能像市场竞争中的价格一样，刺激企业优化生产要素组合，充分利用规模经济，不断进行技术革新和管理创新，所以公用事业价格规制的第二个目标是努力实现最大生产效率。

综上所述，我们将促进社会分配效率、激励企业生产效率作为政府管理价格的二维目标体系。公用事业价格的合理性将由这二个指标加以衡量。我们将此目标体系简化为二维坐标图（如图7.1），横坐标表示企业生产效率，用P表示；纵坐标表示社会分配效率，用S表示。图7.1中二维坐标不仅反映了公用品价格的目标，而且它也是管制价格制定者的约束空间，限制着管制价格的范围。同时，它还可以作为一个标志，以衡量各种管制价格的经济合理性，并反映管理价格制定者对各种价格管制目标的偏重。例如，在A区域中的价格表明此处社会分配率和企业生产效率比较协调，且都比较高；B点表示价格更偏向于社会分配率，而缺乏对企业生产效率的刺激。而C点则偏重刺激企业效率，而相对忽视社会分配效率。图中 D 点则意味着对社会分配率和企业生产率的影响都较低，如完全垄断时的企业定价；与之相反，完全竞争时的价格可能如点 E 所示。

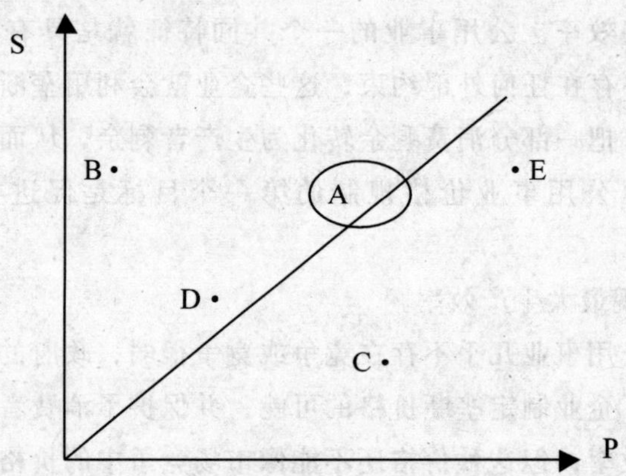

图 7.1　公用事业定价的二维目标

7.1.3　价格规制的一般方法分析

利用边际成本定价能够实现资源配置的最优，政府如果给予企业一定的补贴，将使公用企业的生产达到社会最佳，但是由于边际成本在现实生活中的测算难度，其只具有理论上的意义，在企业实际定价中难以实现。

价格规制的一般方法可分为线性定价和非线性定价，线性定价又可分为拉姆齐定价和平均成本加成定价，其主要特征是每一单位产品都是同一价格，消费者对每一单位产品的平均支出是固定的；非线性定价又可分为二度差别价格、高峰负荷定价法、两部收费制定价，其主要特征是单位产品的价格随着购买量或时间因素的变化而变化，所以消费者的平均支出不是固定不变的。

1. 线性定价

(1) 拉姆齐定价（Ramsey Pricing）

在传统的管制定价中政府关注的是提高资源配置效率，所以在这种情况下，政府的目的就是企业至少在不盈不亏的情况下，找到一种“次优”的定价方法，使得资源配置尽量优化。英国经济学家拉姆齐正是基于这一目标，在1927年运用数学模型研究这一问题的。拉姆齐价格的基本思路简单明了：假设边际成本价格使企业产生负利润，企业不能接受，因而社会福利的最大化已不可能，在这种情况下，企业只能接受一个偏离边际成本的价格。拉姆齐假设企业生产多种产品，他在企业不亏损的限制条件下求解社会福利的最大化，得到一组次优价格，并证明某一市场上次优价格偏离边际成本价格的比率与该市场需求弹性的绝对值成反比。

拉姆齐定价的合理性在于，如果需求比较有价格弹性，提高一点价格，就会引起需求量的显著减少；而如果缺乏价格弹性，提高价格后只引起需求量的很少的变动；在极端的情况下，当需求是完全无价格弹性（需求曲线是垂直线）时，价格提高，需求量完全不变。因此，对于越缺乏需求价格弹性的服务，所定价格的边际成本的偏离越大。当价格对边际成本的相对偏离正好和需求价格弹性成反比，资源配置的无效性也就最小。

拉姆齐定价虽然在理论上找到一种次优的定价方法，但它也存在较大的争议：一是在实际中，政府无法拥有足够信息来制定拉姆齐价格，所以它只能停留在理论阶段，无法具体制定公用企业产品价格。二是因为对那些替代品最少的产品（即需求弹性最小的产品）定价时偏离边际成本最远，所以价格偏离边际成本也比较远，损害了社会福利；而对多产品的公用企业来讲，拉姆齐价格试图根据需求弹性的不同在不同产品间分摊福利损失，需求价格弹性小而价格高，将损害需求弹性小的那部分消费者的利益，明显有失公平。

（2）平均成本加成法

平均成本加成法的基本思路是使单一产品或多产品的公用企业的收入足以弥补成本，企业盈亏相抵，经济利润为零（这里将投资回报利润归入成本），解决了边际成本定价中的亏损难题。可以用下面的式子表示：企业成本 TC = E + X；产品价格 P = AC = （E + X）/Q。对于多产品的公用企业来说，一般用全面分摊成本（Fully Distributed Cost）来代表平均成本。全面分摊成本把成本分为两类：直接成本和共同成本。直接成本是与生产产品直接相关的成本，如只提供自来水所需花费的成本。公共成本（Common Cost）与多种产品都有关但不容易很明确地分配到每一单位产量上。如电信经营的国内长途和市话服务中，公共成本分摊一般采取这些方法：产量法（Relate Output）、成本法（Attribute Cost）、收入法（Cross Revenue）。产量法同某一产品用量占总产量的比重作为权数分配公共成本，成本法和收入法则分别用某一产品的成本或毛收入占全部成本或全部毛收入的比重来分配公共成本。公共成本分配后，产量价格就应大于或等于明确于该产品的成本加分配给该产品的公共成本。

平均成本加成法不仅弥补了公用企业所耗费的固定费用和可变费用，而且还获得了正常利润。对于企业来讲，正常利润使它能够获得在其他行业应能获得的平均利润；作为政府方面，企业的收支平衡也不会构成财政上的负担。同时，平均成本加成法也便于监管机构测算、观察和对比，因而有较强的可操作性和较好的实践效果。

但是，同拉姆齐价格相比，平均成本加成价格只考虑弥补成本，没有考虑追求社会福利最大化，平均成本加成定价对企业提高效率和服务无激励作用，因为无论企业经营情况如何，它将稳获一定的利润，并且它只需提高其平均成本，就可获得超额利润，这将大大降低企业生产效率。

2. 非线性定价

(1) 二度差别价格

二度差别价格不是为每单位产品定不同的价格，而是根据单个消费者购买的数量大小来定价，这可由图 7.2 来说明。对每个购买者来讲，购买 O 到 Q_1 数量的价格为 P_1，购买 Q_1 到 Q_2 数量的价格为 P_2，购买数量如超过 Q_2 则价格为 P_3。

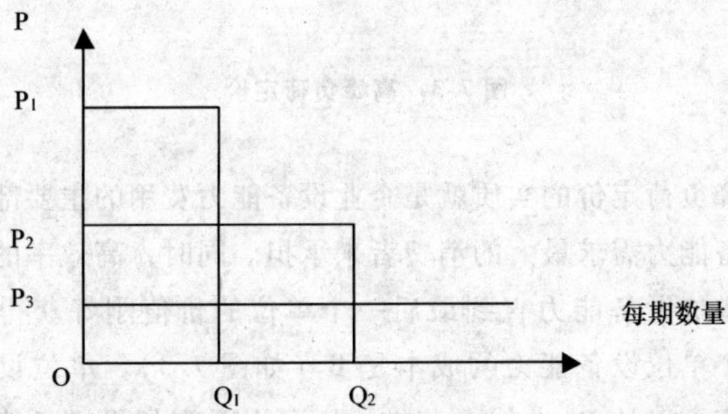

图 7.2 二度差别价格

二度差别定价主要用于产品和服务的消费量可进行测度的情况，如公用事业中的电力、自来水、煤气等的定价也常采用类似的方法。

(2) 高峰负荷定价法（Peak Load Pricing）

高峰负荷定价法也是公用企业用以增加设备利用率进而增加总利润的一种方法。一般情形是用同一个设施向不同时点上的几个市场供应产品，其中对高峰需求期间的顾客定高价，对非高峰期间的顾客定低价。高峰负荷定价法必须适合下面三个条件：一是产品不能储备；二是在不同时期里提供服务所用的是同一设施；三是在不同的时期里，必须有不同的需求特点。

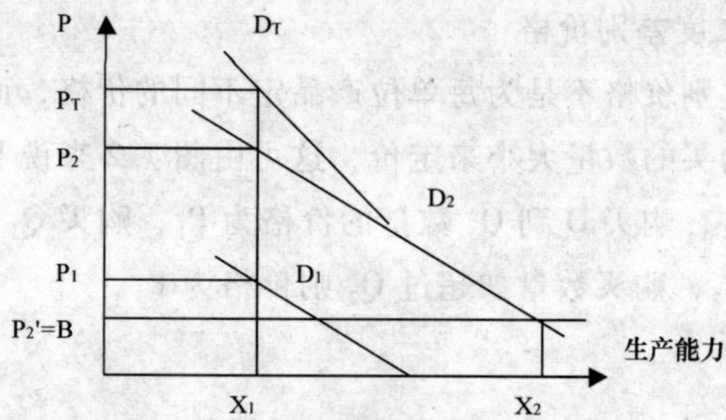

图 7.3 高峰负荷定价

高峰负荷定价的实质就是企业设备能力费用的主要部分应当由对设备能力需求最大的消费者来承担。同时，高效率的资源配置要求增加设备能力直到最后一个单位的价值刚好获得它的成本。每个单位设备能力的成本是 B（如图 7.3）。单位设备能力的总价值可以从 D_T 曲线上获知，还可以看到如果设备能力的单位成本为 B，就应当使用 X_2 单位设备能力的费用。因为即使设备能力的成本为零，为了满足时期 X_1 的需求，也不需要有 X_2 单位的设备能力。因此，选择 X_2 单位设备能力，对时期 X_1 的消费者并没有带来什么好处，这意味着不应当要求这部分消费者来支付设备能力的费用。这一时期的用户应当支付的只是所消费的每单位服务的人工成本 B。相反，由于 X_2 单位设备能力对时期 X_2 的用户具有价值，他们应当承担这部分成本。即在时期 X_2，设备能力的价值为 $P_2' = B$。把这一成本分派给时期 X_2 的消费者，就能补偿设备能力的边际成本。因此，对时期 X_2 的用户来说，

消费的总价格应为 $P_2' + B$，对时期 X_1 的用户则为 B。

由上面的分析可以看到，由于非高峰时期的用户对设备能力的边际产量没有赋以价值，故它们支付的只是人工成本，设备能力的费用是由需要设备能力的用户来支付的。所以，一般来说，高峰负荷定价法向高峰时期的用户索取全部或大部分设备能力成本，同时根据设备能力费用以外的其他成本来定非高峰时期的价格。

（3）两部收费制

两部收费制是指消费者购买某种产品或服务要支付两部分费用：一部分为“注册费”，用于购买“消费权”；另一部分为“使用费”，用于直接购买产品或服务。“两部收费制”的目的是攫取消费者剩余，获取超额利润。

①有一类消费者的“两部收费制”

假设寡头厂商所有顾客都具有相同需求曲线，实行两部收费制可以剥夺几乎所有的消费者剩余。这些假设条件是接近于现实的，因为企业产品设计、生产与销售，都是针对特定的目标市场的，而同一目标市场的消费者应该具有相同、相近的需求曲线。

图 7.4 说明了两部收费制是如何攫取全部消费者剩余的。厂商只要将价格定为等于边际成本，购买量就可以达到 Q_0。而将全部消费者剩余（三角形面积）都定为注册费，从而可以最大限度地获取超额利润。

②有二类消费者的“两部收费制”

如果寡头厂商的顾客数量众多，包含了若干种类需求特征不同的消费者，他们对同样的产品与服务有不同的需求曲线，那么，厂商的两部收费制就不能完全攫取所有消费者剩余。我们将这类厂商的所有消费者简化为两类：一类消费者 A 的需求曲线为 D_1，另一类 B 为 D_2。

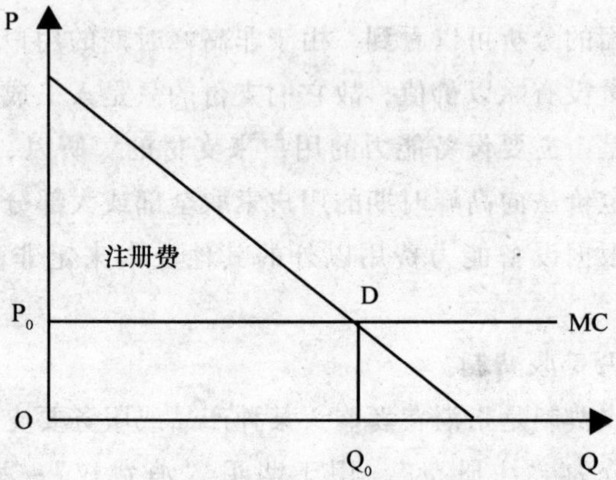

图 7.4 只有一类消费者的两部收费

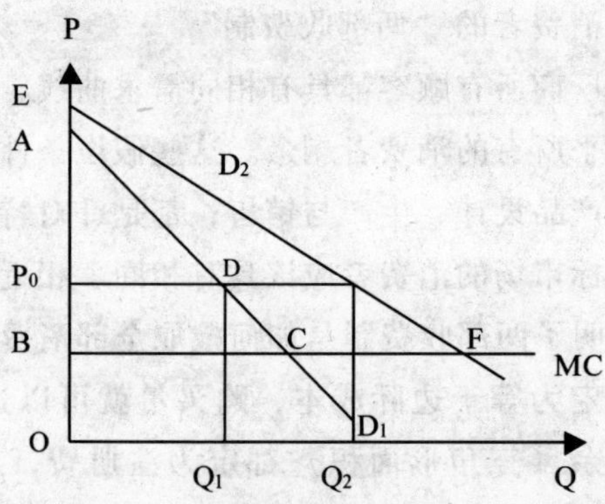

图 7.5 有两类消费者的两部收费

图 7.5 说明了有两类不同消费者时，厂商如何设计两部收费制方案，才能获取更大的利润。假如把价格 P 定为等于 MC。显然，此时消费者 A 拥有的消费者剩余 CSA 则为三角形 ABC 的面积，而消费者 B 拥有的消费者剩余 CSB 则为三角形 EFB 的面积。如果企业不想让消费者 A 离开这个市场的话，其所取

得的注册费最高不能超过其消费者剩余 CSA。假定企业按 CSA 来制定其注册费，这时企业可获得的超额利润为三角形 ABC 面积的两倍。

另外，我们可以向消费者 B 索取注册费。企业如果将注册费定位消费者 B 的剩余 CSB，即三角形 EFB 的面积，这时企业可以获得的利润就是三角形 EFB 的面积。此时注册费超过了其消费者剩余，消费者将退出市场。因此，企业在制定价格策略时就要比较他们的利润，也就是比较两个消费者的剩余。显然，如果两倍的 ABC 面积大于 EFB 的面积，即 2CSA > CSB。企业就按 CSA 来制定注册费。相反，如果 2CSA < CSB，企业就将注册费定为消费者 B 的剩余 CSB。

事实上，在一定条件下，企业还可以采取更为有利的方案，即对注册费实行差别定价的方案。如果消费者可以划分为具有不同的消费价格弹性的不同群体，那么，企业就可以对注册费实行差别定价。在上面的例子中，如果两类消费者分别具有消费者 A 和 B 完全相同的需求曲线，那么，企业就可以对第一类消费者按 CSA 索取注册费，而对另一类消费者按 CSB 索取注册费。此时所有的消费者都将进入市场，而他们的所有消费者剩余都将成为企业的超额利润。

7.1.4 公用事业定价间接管制探索

前面我们分析目前的平均成本加成的定价方法，它要求管制者直接核对企业生产成本，增加了管制者的难度，也难以产生激励。然而我们可以绕过对企业生产成本的直接监控，通过设立新的目标以达到对价格的管制。

1. 收益率定价模型

任何投资都需要一定的回报，公用事业的投资也不例外，我们以资本收益率表示这种回报。公用企业的收益率通常定义为利润下对股本价格 $P_k \cdot K$ 的比率，即收益率 = $(PQ - wL - uK) / P_k \cdot K$，其中，w 是企业雇用一单位劳动支付的工资，u 是资本的使用者成本，P_k 是购买资本存量 K 的一个单位的价格：劳动 L 和资本 K 是企业投入生产的要素。于是，公用企业收益率管制价格（单一产品价格）即为 $R(P \cdot g) = C + S(RB - DEP)$，在上式中，R 为收入函数，C 为费用支出，S 为政府规定的资本的收益率，RB 为资本或回报计算基数，DEP 为折旧。由于公用企业大都独家垄断，如果不实行政府管制，公用企业将会以利润最大化的原则使用资本和劳动，其收益率将很高。所以，政府采用收益率管制定价法以限制公用企业的收益率，以达到限制其获取超额利润的能力，以增加社会福利。

由于收益率管制定价中收益率的基数是企业所用的资本，这会刺激企业扩大投资额。一方面，在公用企业供给不足，需要扩大投资以提高规模时，这种方法有利于鼓励企业扩大投资，以维持企业不断发展的能力。另一方面，如果该行业规模已足够，并且市场供给已经过剩，企业的过度投资将增加生产成本，使资本效率降低，从而降低生产效率。阿弗奇和约翰逊（Aferch and Johnson，1962）指出因为在其他因素不变的情况下，资本增多，收益率就越低，为使利润最大化，企业将过度投资于资本，即产生 A－J 效应。

2. 价格上限机制与 RPI－x 价格

价格上限定价可以看做固定价格机制，也可看成是道德风险情况下的剩余索取合同。当管制者只能获得最基本的已公布的历史性会计数据资料时，价格上限可进一步被视为简单的“非贝叶斯”激励机制。基本的理论模型是福格桑—芬辛格模型（1979），认为通过每一时期对利润最大化价格的自行选择，被管制的公用事业单位将收敛于拉姆齐价格的极限处。但是，萨平顿（1980）证明如果管制者只掌握企业上期成本，并根据上期成本来规定企业的本期价格，那么实际上它有可能采取策略性行为，使其未来收入流的现值最大化。在实践中，公用事业单位受剩余索取合同的约束，并相信利润会被充公，一般情况下它将提高本期不必要的成本来提高下期的价格，并不会宣称拥有大量利润，从而剩余索取合同的 x－效率收益就会消失。

在价格上限机制中，利润与 x－效率问题同时存在，并且以将前期利润充公的形式而递减。而 RPI－x 机制的实质是当公用事业企业由公共所有转移为投资者所有时，将 x 外生固定。它仍然是一个剩余索取合同，当公用事业企业仍在降低成本与价格时，仍能获取大量的利润。英国教授斯蒂芬·李特查尔德（Stephen Littlechild，1983）首先提出这一机制，内容如下（其中 M 是公用事业企业名义价格指数）：

$$M = \sum q_i p_i \quad M_t = M_{t-1}\left[1 + \mathrm{RPI} - x\right]$$

上式表示管制价格是在上一期基础随通货膨胀率减去 x 的变动而变动。这里 RPI 表示零售物价指数（Retail Price Index），它是通货膨胀的反应指标；x 为行业或政府管理部门制定的一定时期内生产效率的提高率。例如，如果某年通货膨胀率是 6%（RPI＝6%），x 被规定为 4%，按 RPI－x 得企业能够涨价的最高百分比为 2%。同时，如果 RPI－x 的负数，如－2%时，意味着企业须降价 2%。RPI－x 价格不仅适用单一产品或服务，也适用于多产品或服务的定价。对于多产品的最高限价，通常采取加权平均价格的形式。各种产品价格的权数，是由该种产品所创造的收益。

3. 两种定价模式的比较及启示

(1) 两种定价模式的比较

从理论上讲，收益率管制与 RPI - x 定价有根本差别。因为收益率管制定价与 RPI - x 定价区别在于产生的风险和利益分别由消费者和企业承担。在收益率管制价格下，消费者是提高成本所引起的风险与降低成本所带来的利益的承受者；而在 RPI - x 价格中，由企业来承担和享受这种风险与利益。进一步可以理解为，在收益率管制价格中，消费者只能通过企业降低成本才能获得利益，但企业却没有降低成本的动力，因为企业只有通过提高收益回报率水平或扩大投资才能获得更多的利润；而在 RPI - x 价格中，由于企业受到最高限价的制约，最后只有通过降低成本才能获得较多的利润。从提高生产效率的角度看，RPI - x 价格比收益率管制价格更富有激励作用；从促进投资和企业自我积累的角度上看，收益率管制价格更有优势。但是由于 RPI - x 价格也要考虑企业的投资回报率影响，然后才决定企业在一定时期内的上限价格，这样 RPI - x 价格与收益率管制价格又有了类同的功能。从间接管制的角度看，这二种方法基本思路一致，只是选取管制的目标和侧重点不尽相同。它们都模拟了市场的部分功能，收益率管制价格反映了市场对资金收益率的要求，RPI - x 价格反映了市场对企业生产效率的要求。

(2) 对我国公用事业产品定价的启示

这两种间接管制价格在西方国家 20 世纪 70 年代的放松管制运动中，分别被美、英两国所采用，实践证明它们都取得了较好的效果。这些成功经验将有助于我国公用事业产品定价的改变。由于二者实现的功能侧重点不一致，对我国公用事业来说，应该具体行业具体分析，根据不同地域不同行业的经济发展状况，灵活运用。就自来水行业而言，我国绝大多数大城市都缺水，尤其是北方城市，供求远远不能满足居民生活和工业发展的需要，所以需要自来水公司不断扩大生产规模，加快投资力度。由于收益率管制价格能促进企业的这种自我积累发展的需要，制定水价就可以考虑采取收益率管制价格。同样，也适用于煤气和电力等需大规模投入且供给不足的公用事业。而对那些供求已趋于饱和，且由于垄断造成效率停滞不前的行业，由于经济效率不见好转，不妨采取 RPI－x 价格，以激励企业不断提高效率。总之，间接管制定价由于采用市场经济中的部分功能来限制垄断所带来的弊端，从而使管制者不再反复核查企业的成本，在公用事业价格目标体系中属于次优的定价方法。所以我国公用事业价格的改革方向就是抛弃过去传统的政府全面控制方法，设计一些更富激励的管制定价方法。

7.2 我国公用事业价格现状与改革对策

1. 我国公用事业价格现状

（1）公用事业价格形成缺乏科学性。长期以来，我国公用事业一般由国家垄断经营，其价格由政府直接制定或批准。政府在制定公用事业价格时，既要考虑其成本的变动，保证生产企业能够获得合理的利润，以保证公用事业的供给；又要考虑价格变动对其他部门、行业及居民生活的影响，增进社会福利，致使价格的调整不能及时反映成本的变动。公用事业领域不但存在经济垄断，而且存在行政垄断，表现为政府职能部门在规划、审计、设计、筹资、经营管理等方面全方位介入公用事业领域，甚至有的公用事业产品直接由政府的职能部门提供，如城市道路、桥梁、市政、供水、环卫等。公用事业领域经济垄断和行政垄断并存的现象，使消费者几乎没有讨价还价的余地，只能是价格的接受者，由于信息不对称，公众很难了解实情，公用事业产品价格形成缺乏规范化，更难以由市场形成价格。从公用事业企业来说，它在提出定、调价要求时，往往从部门、行业的利润出发，向国家提出过分或不合理的要求，甚至虚报成本以达到提高价格的目的。在这种情况下，所谓政府定价往往演变成企业与政府价格主管部门之间的讨价还价，结果是成本涨多少，价格就提多少，甚至是价格的上涨比成本的提高还要快。特别是以经营者个别实际成本制定价格，缺乏科学性，导致成本约束软化，经营效率低下。同时，在公用事业产品价格形成中，对政策性因素和经营性因素的界定模糊不清，往往将公用事业企业的经营性亏损也摊入定价成本中。

（2）公用事业定价缺乏成本约束。长期以来，公用事业定价一直沿用成本加成定价法，各级政府价格部门确定公用事业产品或服务价格的依据主要是被管制企业上报的成本，这种成本是特定行政区域内公用事业企业的个别成本，而非合理的社会平均成本。按企业个别成本定价，成本越大价格越高，不仅使企业失去降低成本的压力和动力，而且还会诱使企业虚增成本。在这种情况下，虽然价格管理部门会对企业上报的成本资料进行审核，但由于公用事业产品定价既没有法定的定价成本范围，也没有明确的效率提高标准和要求，加上价格管理部门职能单一，无法控制与价格相关的因素，也不参与市场准入、需求管理及运行成本的监控，存在管理部门与企业之间信息严重不对称的情况，难以对公用事业成本进行约束。一旦公用事业投入运营，不论其社会效益好坏，经营管理水平高低，价格部门都要根据其已形成的实际成本定价；或者公用事业运营企业在产品成本增加后，为不减少利润而要求对价格进行调整，从而出现成本推动价格上涨，企业倒逼政府提价现象，最终形成“成本增加——企业要求提价——成本再增加——价格再提高”的恶性循环。

(3) 公用事业外加价现象严重。公用事业是关系到公众基本生活质量的行业，在过去相当长的时期内，这些行业基本上是由国家直接拨款投资建设，其价格水平也相应较低，由此导致资金不足而严重影响这些行业的发展，成为国民经济发展的“瓶颈”。为了解决这一问题，促进这些行业的发展，国家陆续对部分公用事业开征建设基金。由于这些基金都是随价征收的，造成消费者在消费其产品时需付出更多费用，导致严重的重复收费、乱收费现象。

(4) 公用事业产品价格上涨过快。近年来，随着市场机制被引入公用事业领域，公共产品价格呈不断上涨趋势。部分公共产品价格一直保持两位数的高速增长态势。人们明显感到私人商品价格越来越低，公共产品价格越来越高。有些公用事业企业获取的利润近乎暴利。而从表面上看，提供这些产品的公用事业企业往往是亏损部门。公用事业价格上涨，其危害是显而易见的，在加重百姓生活负担的同时，也加重了企业的负担，公用事业产品价格贵，利用率就低，致使有的城市居民干脆拒绝购买公用事业产品。

(5) 公用事业价格形式单一。目前，公用事业价格形式单一，没有准确地反映供求关系，没有形成合理的差价、比价关系，不利于节约资源、平衡供求矛盾。按照经济运行原理，合理的价格能有效地平衡供求关系，反过来，供求关系的变化又影响着价格变动的方向和幅度。但是我们对水、电、气、暖等价格的制定和调整并没有准确反映供求关系。如煤气的消费具有较强的季节性，而目前的价格却是一年四季一价不变，由于忽略了季节差价，煤气生产总是被动地去适应需求的变化，造成旺季供不应求，淡季设备闲置，加剧价格矛盾。同样，由于受江河、水库水资源丰枯季节影响，自来水的生产和消费也具有季节性，但自来水并没有季节差价。无论是煤气还是自来水对同一类型的消费者，价格标准只有一个，产品单价与消费量无关，在价格不到位和实施财政补贴的情况下，这种与消费量脱节的一步计价，往往会出现多用多补贴，少用少补贴的不合理现象，一方面增加了国家财政补贴负担，另一方面在客观上鼓励了对资源的浪费。

（6）规制公用事业价格的法律法规不完善。公用事业在国民经济中的特殊性决定了其价格规制的重要性，需要制定针对公用事业价格规制的法律、法规，但目前我国尚未出台专门的公用事业价格法律、法规，对公用事业价格规制的原则和方法主要参照《中华人民共和国价格法》及其他法律、法规，针对性不强且操作性差，主要体现在：其一，在制定和调整公用事业价格时，对如何协调企业利益、消费者利益、国家财力三者之间的关系没有明确界定；其二，公用事业价格应以完全成本还是不完全成本作为定价依据，没有明确界定，导致以不同成本定价规制的效果差别很大；其三，没有明确规定公用事业行业的合理利润率标准。法律法规不完善，往往造成在公用事业价格的制定和调整过程中就事论事，降低了公用事业产品定价的科学性。

（7）公用事业定、调价程序中监督机制不完善。由于价格主管部门在定、调价过程中部门内和部门外的监督与约束机制不健全，使其在行使公共权利的过程中，往往会屈从于公用事业企业及政府其他有关部门的压力，再加上客观存在的价格主管部门与公用事业企业之间信息不对称的问题，往往会造成决策的失误。在实践中，由于价格主管部门提交的定、调价方案主要以企业提供的资料为依据，往往导致制定和调整的价格受到消费者质疑。而我国在公用事业的定价问题上，虽然上有《价格法》，下有价格听证程序，但很不完善。在听证会里，既有企业的代表，也有各个利益集团的代表和消费者的代表。而目前价格听证程序的要害是，听证归听证，定价归定价，听证会只是把各方意见表达出来的程序，实际上没有法定权力去决定价格，听证的效力也没有得到保证。例如，历次春运火车价格听证的结果都是反对意见均未得到采纳，听证成了一种形式，并没有落到实处。从2003年4月16日公布的《民航国内航空运输价格改革方案》来看，有关部门确定运价的办法仍是"成本加价"原理，也即由民航部门自己或者通过会计师事务所提出成本核算报表，然后由政府确定一个"合理的"利润率，两者相加，即形成听证会价格。这样定价的最大问题是，成本一般是企业内部的事情，外人很难弄清楚，尤其是根据成本来定价的话，企业就有动机去虚构成本、夸大成本。在美国，公用事业的定价方法也有以成本为基础的价格制定法，其核心内容是准许成本+准许利润。但运用这种方法时，公用事业委员会要审核公用事业公司的合理经营成本，审定对公司投资的公平合理的利润，而不是由公司自己说了算。此种公用事业价格听证会在定价程序中地位不清，导致价格听证会在定价的具体实践中流于形式，甚至有的地方还没有建立这种制度；公用事业企业及其主管部门、消费者各自的权利和义务不明，导致消费者在听证会中处于弱势地位，听证会的功能不能充分发挥。

2. 改革价格机制的对策建议

公用事业价格存在的诸多矛盾和问题，阻碍了价格杠杆在公用事业领域作用的发挥，使之未能对产业效率形成有效的激励，难以起到降低成本、提高效益的作用；难以实现促进消费、增进社会福利的目的；难以做到节约资源和保护环境并重，甚至导致公用事业企业服务质量低劣，引起公众怨声载道。因此，必须对现行公用事业价格进行改革，建立与社会主义市场经济体制相适应的公用事业价格体系和价格管理体制。

（1）明确公用事业价格改革目标。根据我国的实际，公用事业价格改革的目标应是建立科学、合理、规范的价格形成机制和价格管理体制。一是坚持公用事业价格政策的基本价值取向，在制定公用事业产品价格时，既要考虑公用事业产品或服务价值，又要考虑公众的基本需求及社会效益；既体现经济效益的要求，也满足社会效益的需要，在两者发生矛盾时，由于公用事业产品或服务的外部收益大于内部收益，因而应以社会效益为主。二是合理确定价格水平，自觉运用价值规律，科学制定公用事业价格，使价格能够起到合理配置资源、调节社会需求、增加社会供给的作用，这就要求政府在制定公用事业价格时，既要考虑公众的承受能力和社会效益，又要充分考虑到企业自我积累、扩大投资的需要，做到公平与效率兼顾，吸引多元化主体投资，促进公用事业持续快速健康协调发展，形成公用事业“投资——经营——发展”的良性循环。三是政府要通过一定的管制政策和措施，建立竞争激励机制，以刺激公用事业企业提高生产的质量和效率，优化生产要素组合，充分利用规模经济，不断进行技术革新和管理创新，努力提高经济效益。

（2）确立公用事业价格改革原则。一是受益付费原则。公用事业产品大都是准公共产品，受益者是某类社会成员，因而其费用开支不应由全社会负担，而是由受益者负担。二是补偿成本原则。在一般情况下，成本是产品价格形成的最低界限，如果公用事业产品价格低于成本，一方面政府必须提供较多的财政补贴，加重财政负担，另一方面必然会影响公用事业产品提供的数量和质量，贯彻补偿成本原则，就是要使公用事业企业运营的合理成本得到相应的补偿。三是分散决策原则。我国地域广阔，各地资源分布、经济发展水平、居民收入水平和支付能力都存在不同程度的差距，公用事业不同行业的运行也存在差异，因而公用事业价格改革不应一刀切，应由各地政府根据地区经济和行业的具体情况分散决策，以有利于因地制宜地解决问题。四是循序渐进原则。公用事业价格水平对消费物价指数和人民生活水平有着直接的影响，其改革要因势利导、分步进行，尽量避免因改革动作或跨度过大而对社会生活和经济运行产生负面影响，以有利于经济和社会的稳定发展。五是统筹兼顾原则。公用事业价格改革要统筹考虑各方面的利益，保证改革措施能够落到实处，要兼顾企业和居民、企业和财政、生产企业与网络经营企业多方面的利益。

(3) 转换公用事业价格形成机制。转换公用事业价格形成机制的核心是使公用事业领域自然垄断业务和非自然垄断业务分离，对非自然垄断业务引入竞争机制，使价格在市场竞争中形成；对自然垄断业务继续实行政府定价或政府指导价格。随着经济体制改革的深入及科学技术的发展，公用事业领域的垄断正在发生变化，在特定的公用事业领域，总是既有自然垄断性业务，又有非自然垄断性业务。对带有自然垄断性的公用事业业务，其定价应根据公平合理、切实可行的要求，建立由政府、企业、消费者共同参加的价格协调机制，通过共同谈判、协调，按成本加合理利润的原则，制定大家都能接受的合理价格，并针对市场准入、价格、服务建立约束市场供求双方的准则，既能最大限度地保护消费者的权益，又能保障生产者开展正常经营的积极性；同时防止有的企业滥用市场垄断力量来谋取高额利润，充分发挥价格机制在市场经济中调节资源配置的作用。对非自然垄断性公用事业业务逐步放开其价格，根据供求关系，由市场决定价格，以充分发挥市场在这些领域中的基础性调节作用，指导投资者的投资方向，实现资源的有效配置。转换公用事业价格形成机制要理顺价格关系，取消价外加价，将各种基金或收费并入价格中，制止各种形式的乱收费、重复收费；要根据公用事业的特点，实行不同形式的峰谷电价、阶梯水价、季节差价等，完善价格体系。

（4）建立公用事业成本约束机制。要规范公用事业价格构成，避免公用事业企业以成本上升为由倒逼政府定价的现象，必须建立成本约束机制。其基本方法是：根据零售价格指数并参考社会平均职业收入增长率因素，确定企业成本的上升率；根据企业所在行业的技术进步率、实际生产效率和国内外同行业先进生产效率的差距等因素，确定企业生产成本的下降率；只有在成本上升率大于下降率时，企业才能提价，反之，企业就应该降价。在这种成本变动硬约束下，企业要取得较多的利润就必须努力降低生产经营成本。为此，政府价格管理部门必须重视发挥成本调查的作用，把成本调查工作扩展到公用事业领域，建立公用事业企业定期上报成本资料制度，由企业按每月或每季的期限上报工资状况、人员构成、各种支出等成本构成因素，然后由价格管理部门进行审核认定，剔除虚置成本，约束企业倒逼政府定价行为；要规范公用事业价格成本构成，划定定价成本的合理开支范围，建立合理的成本开支项目体系，从而使公用事业定价成本具有确定性，避免企业虚增成本；要以社会平均成本，而不是以企业实际发生的生产成本作为公用事业定价成本的直接依据。

（5）完善公用事业价格监督管理体制。一是在价格主管部门主导下，建立公用事业企业代表、消费者代表、专业性消费者协会代表等共同参与决策的多元复合决策主体，形成价格主管部门、公用事业企业、消费者之间相互制衡的约束机制和信息沟通机制。二是建立职能完备的价格管制机构，基本要求是实现价格审批与成本监控一体化，以价格管制为中心，将价格管制机构与市场准入、运行规程等管制机构合并，建立各级公用事业管制机构。三是建立公用事业价格管理法律体系，制定《公用事业价格管理法》，由法律法规明文规定实行监管的公用事业范围、监管的政策目标和监管的组织机构等，负责实施监管的机构以公开、公正方式公布公用事业价格的定价程序、价格水平，接受社会各界的监督。四是培育有实效的社会监督体系。要发挥社会团体对公用事业价格制定和调整的监督作用，以保证价格制定的透明度；总结完善公用事业价格听证会制度，加强公用事业价格听证程序的公开性和公正性，提高价格决策的民主性。政府对公用事业价格还应实行“动态化”管理，即对公用事业价格要根据价格指数、成本等因素的变化，及时进行调整，以保证企业正常运行；政府确定的公用事业价格应有一定的浮动范围，使企业在遇到一些特殊情况时，可以通过对价格的微调来化解矛盾，同时给予经营管理好的企业进行价格竞争的机会，促进整体管理水平的提高。

7.3　潍坊市自来水价格现状及其变革

1. 自来水公司基本情况

潍坊市地处山东半岛，下辖 12 个县市区，总面积 15859 平方公里，人口 847.71 万。市区包括潍城、奎文、坊子、寒亭以及高新、经济技术开发区，面积 1472 平方公里，其中建成区面积 109.6 平方公里，总人口 128.36 万。潍坊市区现有供水企业三家，即潍坊市自来水总公司、坊子区自来水公司、寒亭区自来水公司。总供水能力为 20.8 万立方米/日。其中潍坊市自来水总公司为市属中型企业，公司已有固定资产 3.4 亿元，设计总供水能力 20 万立方米/日，DN100 以上输配水管 382 公里，实际供水能力 17.0 万立方米/日，在职职工 703 人。坊子区自来水公司现有职工 160 人，供水管网长度 126 公里，供水能力 2.6 万立方米/日。寒亭区自来水公司现有职工 80 人，供水管网长度 69 公里，供水能力 1.2 万立方米/日。潍坊市污水处理厂有限公司，主要负责处理市中心城区内的工业废水和生活污水，服务人口 60 多万，服务面积约 60 万平方公里，该公司总投资 2.16 亿元，2000 年 10 月建成投产，现已满负荷运行，日处理污水 10 万立方米以上，日脱干泥约 40 吨。

2. 价格改革的历程

长期以来，潍坊市自来水一直实行低水价、福利价，成本与价格倒挂。改革开放以后，国家逐步放开大部分商品的价格，但对公用事业产品价格仍实行严格的政府定价。1996 年以后，通货膨胀被控制，基本上实现了竞争性商品价格由市场形成，公用事业价格改革的力度有所加大。

（1）公共物品化阶段。潍坊自来水公司自 1959 年成立至 90 年代初，一直处于多年一成不变的低水平运行。1982 年以前自来水公司性质上属事业单位，主要任务是为城市的生产和生活提供后勤保障。自来水公司不收取水费，政府在国有企业收入中进行统筹。实际上在这个阶段，自来水作为纯公共物品，由政府无偿提供。1982 年市区自来水第一次进行调价，调整后的居民生活用水每吨 0.13 元，工业用水每吨 0.20 元。收取的费用主要用于自来水公司管理，减轻财政补贴的压力。这一水价执行了 10 年时间，到 1992 年元月才进行调整，居民生活用水由 0.13 元/吨调整至 0.25 元/吨，工业用水由 0.20 元/吨，调整为 0.60 元/吨。在这个期间，1989 年潍坊市遇到了特大水荒，半个城市陷入瘫痪，为解决水的问题，利用法国政府 1 个多亿的贷款，在市区以外 60 公里的峡山水库取水，向市区供水。政府财政要负责还本付息，承受了巨大的压力。这时，潍坊市开始向城市单位和居民收取水费，但自来水仍属于半福利性产品。

(3) 商品化阶段。1996 年通货膨胀得到控制之后，全国各类竞争性产品由市场定价，自来水价格也加快了改革的进程。按照保本微利的原则，自来水价格主要包括成本 + 费用 + 税金。1999 年 10 月 1 日，自来水价格又进行了调整，调后价格为居民生活用水 1.38 元/吨，工业用水 1.88 元/吨，商业经营用水 2.88 元/吨，特殊用水 3.50 元/吨。在价格形成上，1997 年底通过的《中华人民共和国价格法》规定，制定关系群众切身利益的公用事业价格、公益性价格、自然垄断经营的商品价格实行政府指导价和政府定价，建立听证会制度，听取消费者、经营者的有关意见。在政府的决策中引进民主化程序，促进了决策的科学化。同时，根据形势的发展，开始规范自来水价格改革措施的尝试。1997 年 6 月，国家计委下发了《关于稳步推进公用事业价格改革的意见》，提出了一些公用事业价格改革的方向和一般原则。据此，潍坊市研究推行两步制水价和阶梯式水价。并按照保本微利原则，重点理顺水利工程供水价格、城市供水企业制水、输配水环节水价和污水处理费。在此指导下，潍坊市对自来水价格进行了相应调整（见表 7.1）。

表 7.1　　　　　　**潍坊供水价格历年调整表**

序号	水价调整执行时间	调整价格（表中价格均为第一梯次的基本水价）				
		生活用水		非生活用水		
		调整前（元/m³）	调整后（元/m³）	分项	调整前（元/m³）	调整后（元/m³）
1	1982 年	0.05	0.13	工业用水	0.1	0.20
2	1992 年	0.13	0.25	工业用水	0.20	0.60
3	1994 年	0.25	1.00	工业用水	0.60	1.50
4	1996 年	1.00	1.00	工业用水	1.50	1.50
				商业用水	1.50	2.50
5	1999 年	1.00	1.38	工业用水	1.50	1.88
				商业用水	2.50	2.88
				特殊用水	2.5	3.50
6	2006 年	1.38	1.80	工业用水	1.88	2.68
				商业用水	2.88	3.68
				特殊用水	3.50	6.00

资料来源：潍坊市自来水公司。

3. 价格改革的成效

（1）财政补贴明显减少。改革初期，1982 年自来水供水量 2034 万立方米，到 1995 年，自来水供水量增长了 1.5 倍，达到 3051 万方，当年亏损 680 万元，财政补贴 597 万元。到 2003 年，自来水供水量达到 4120 万方，比 1995 年增长 32%，亏损减少到 318 万元，比 1995 年降低 362 万元。

（2）城市自来水行业有了较大发展。价格改革及价格水平的提高，对公用事业的发展起了很大的作用。提高了自来水公司自我积累、自我发展的能力，经营规模不断扩大，城市经济发展和居民生活对自来水的需求在原有基础上得到很大改善。2003

年同1982年相比，供水普及率由65.4%提高到97.6%。

4. 目前存在的问题

（1）行政垄断突出。潍坊市自来水行业垄断的性质大多是行政垄断或法定垄断，行政垄断是指政府及其所属部门滥用行政权力所实施的限制竞争行为。如立法限制外地公用事业企业进入本地区；对外地公用事业产品收取各种名目的不合理费用；滥用质量检验手段，或者不正当地设置许可证、准销证等行政障碍来封锁市场，限制消费者选择。自来水经营单位利用行政权限或法律法规赋予的权限维护自身的垄断地位，一方面任意提高进入门槛，保持了较强的进入限制，排挤竞争者，使行业内部的竞争不充分或不合理，难以有效降低成本；另一方面，通过行政性手段维持高于合理水平的价格。

（2）法律法规不完善。目前，自来水价格的规制原则和方法主要参照《中华人民共和国价格法》及其他法律、法规，针对性不强，操作性也差。现行管理体制对价格的管理缺乏规范的标准和方法。比如对价格的审定基本上以企业上报的成本及其主管部门提出的调价方案为依据，没有法定的预测成本的根据，也无明确量化的效率提高标准和要求。由于价格管理部门无法控制与价格相关的因素，也不参与市场准入、需求管理及运行成本的监控，存在管理部门与企业之间信息严重不对称的情况，从而在主管部门与企业讨价还价时难以做到实际准确地审定价格，甚至还会出现价格监管主客体关系的颠倒。

（3）价格形成主体错位。一方面，价格由政府直接制定或批准，由于自来水产品的生产和消费直接关系到国计民生，因而政府在制定产品价格时既要考虑其成本的变动，以保证生产企业能够获得合理的利润；另一方面，又要考虑价格变动对其他部门、行业及居民生活的影响，致使价格的调整不能及时反映成本的变化。而对生产企业来说，在提出调价要求时，往往从企业自身的本位利益出发，向政府提出过分或不合理的要求，甚至采取多报成本支出的办法来达到提高价格的目的。在这种情况下，所谓政府定价，往往演变成企业与政府之间的讨价还价。

（4）定价基础缺乏成本约束。由于政府对自来水价格的制定或调整，一般都要根据企业的申报审批而成，企业则是在产品成本增加后为不减少利润而要求对价格进行调整、提高，但价格主管或审批部门又无法准确地审核其成本真实性，一般都是企业报多少是多少，同时考虑对政府财政、消费者的影响情况实施相应的批准。成本的增加缺乏相应的约束，其结果是价格随成本的增加而提高。

（5）价格既不反映供求，也不反映价值。首先，自来水价格是在核准成本的基础上制定的固定价格，缺乏有差别的、灵活的、激励性的价格方式。由政府制定固定价格，固然可以抑制自然垄断企业利用垄断力量谋取超额利润的行为，保护消费者的利益，但由此一来又隔断了企业与市场之间相互作用的关系，使价格调节机制受到很大限制。如果出现供求矛盾往往需要较长时间的论证过程才能做出反应，企业缺乏降低成本，提高效率的激励。从这个角度看，固定价格会影响到资源配置的效率。其次，自来水价格存在价外收费的问题。如同时收取污水处理建设基金、工程安装费、设计费、测绘费等。

（6）价格决策缺乏科学、民主、规范。调、定价透明度低，长期以来，政府价格管理停留在“你报价我审批”的模式上。企业上报提价方案，然后由政府物价部门根据经验，压一压水分，决定价格调整幅度。而且，物价部门内部审批价格往往采取科长主办、处长审核、局长审批方式，也就是说，名义上是物价部门在管，实际上是三个人决定价格调整。公用事业价格为什么要调整、调整多少、如何调整，老百姓不知道，甚至连物价部门本身的干部也不知道。这种价格决策方式不仅不科学，而且还容易导致腐败。

（7）成本审核与价格听证走过场。近几年来，在价格决策中，逐步引入了成本审核制度，但实际上走过场。现行的成本审核制度，实际上是由企业上报成本，物价部门进行审核。由于不少物价部门干部不具备足够的会计知识，根本不可能进行成本审核，更不用说亲自去搞成本统计、成本分析、成本调查、成本核算了。即使物价部门亲自到企业搞成本调查，由于企业保密，也难以掌握准确的成本资料。究竟公用事业企业的真实成本是多少，物价部门往往靠经验和企业上报的成本材料来判断。从1998年起，潍坊就在价格决策中，引入了价格听证会制度，但实际上价格听证会形同虚设，一些价格主管部门、业务主管部门把听证会制度看成可有可无，代表的意见也无足轻重。

（8）高收入低效率。应该说，自来水行业的垄断利润是比较丰厚的。近几年来，在通货紧缩环境的影响下，绝大多数商品价格连续下跌，但自来水价格不仅不下降，反而频频上涨。自1982年以来，潍坊自来水的平均价格上涨了十几倍。自来水行业的高收入主要不是通过改进技术和生产经营管理水平取得的，而是通过垄断高价取得的。

7.4 潍坊市自来水价格形成机制分析

自来水行业具备自然垄断行业的一般性质，同时又属于公用事业，与公共利益紧密相连，具有自身的特殊性质。一是自然垄断性。自来水行业独家垄断经营的总成本小于多家分散经营的成本之和。二是资本沉淀性。自来水行业一次资金投入很大，而且大多为沉淀资本，一时很难收回，也难以改为其他用途。三是有效排他性。消费者获取自来水产品或服务需要付出相应的代价，对应地，自来水产品提供具有公平性，即任何消费者付出合理费用后，有权得到生活所必需的自来水产品。四是区域差别性。不同地区的自然条件、经济发展、市场条件、收入水平、自来水企业经营与技术水平、资源状况的差异，决定了自来水行为配置水平与价格水平的差别。五是具有外部性。区域内自来水的健康发展与配置的高效率将对区域经济发展产生正的溢出效应；反过来，区域自来水发育的落后与配置的低效率将极大制约区域经济的发展。六是生产环节的可分性。由于经济性、安全性、可靠性等方面的原因，自来水的生产过程一般不局限在一个工厂进行，而采用某种布局方式分散安排。七是普遍服务性。水是人类生产和生活的基本要素之一，是人类生存和发展的基础，自来水的供应具有普遍服务的特征。

1. 自来水价格形成原则

自来水不同于一般的商品，它的特殊性对价格形成提出了特殊要求，其价格形成应遵循以下四个原则：

(1) 公平和效率原则。自来水与人民群众生活息息相关，与国民经济紧密相连，它是国民经济的基础性产品，其价格的高低，直接影响着国民经济运行成本的高低，影响着国民经济的整体竞争实力。不仅对经济的稳定、发展有重大意义，而且也对政治稳定有重要意义。因此，在制定调整价格时必须考虑公众利益，考虑社会效益。供水价格的制定必须满足所有人的需要，无论是低收入者还是高收入者，都应该有足够承担生活必需的用水费用的能力。不同用户之间也应有所体现，不同富裕程度的用户在享受用水时所得到的价值也是不同的，在不同用户和区域之间需要通过价格差别加以确定。

（2）公开性原则。公开性指的是定价程序要公开。政府在制定政府定价和政府指导价格时，要按照《价格法》的规定举行听证会，征求消费者、经营者和有关方面的意见，论证其必要性、可行性，保证价格的合理性。在进行价格听证时，政府价格主管部门和定价、调价商品或服务的经营者，应向参会人员或其他有关人员提供准确、完整的定价商品或服务的成本费用、工资、盈利状况、产销业务量及其他必要的资料。这些资料还应以一定的方式允许社会公众查询，并据此对政府和有关生产经营者的经营行为和价格行为进行监督。随着《价格法》的深入实施和完善，应在我国建立生产经营政府定价和政府指导价商品和服务的企业、事业单位的信息披露制度，以使社会各界了解它们执行政府定价和在既定价格下的经营状况。

（3）合理利润原则。合理利润是自来水企业扩大再生产的前提，是企业研究新技术、改善经营、降低成本的基础。没有合理利润，就没有积累，就没有创新，就没有自来水企业的进一步发展。供水价格的制定要保证供水企业不仅具有偿还债务的能力，而且能够获得一定的利润和以债券或股权等形式进行融资的能力。只有供水价格保证供水项目的投资得到正常回报，才能维持供水企业的正常发展，才能促进投资者对供水项目的投资积极性。

（4）促进社会福利最大化原则。通过自来水价格的制定和调整，使自来水与国民经济其他各部门协调发展，使资源配置在全社会的范围内达到最优。

2. 自来水价格的影响因素

自来水价格的形成，不仅仅是一个方法问题，来自自来水企业外部的诸多因素都可能对自来水价格的形成产生影响。一些因素的影响，虽然不会直接体现在自来水上，但对价格潜在的影响非常大。图 7.6 表明了能够对供水价格形成产生影响的主要因素，从图 7.6 中可以看出诸多因素共同影响着供水价格的形成，但各项因素究竟如何影响自来水价格的制定，其影响程度有多大，仍是一个值得研究的问题。

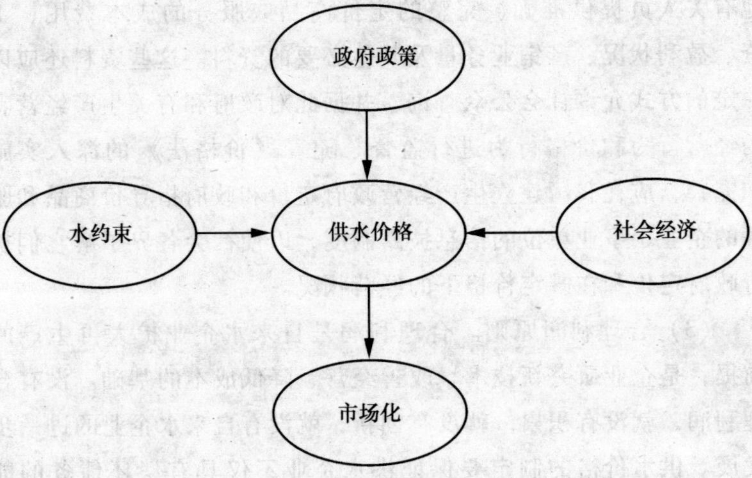

图 7.6　供水价格影响因素

（1）政府政策因素对自来水价格形成的影响。从各国供水行业的发展史看，由于水具有明显的社会属性，政府往往从社会福利、特定的社会发展目标和社会保障目标出发，通过各种政策规定，来间接影响城市供水价格。例如，让供水企业承担特困企业的生产用水和特困家庭用水等，除少部分由政府补贴外，大部分都由供水企业独立承担，往往造成供水企业应收账款过多的情况。

在正常情况下，因政府管制而制定的供水价格并不会对供水企业形成不利影响，只不过是对企业的利润进行的控制，使其维持在合理的水平。但在实际中，尤其是在还处于发展阶段的我国，许多政策难以真正落实。例如，国家原先规定自来水企业的净资产利润率必须达到6%，最近又将这一比例提高到8%—12%。这样规定是为了保证自来水企业能从水费收益中得到必要的利润和发展资金。而要达到这样一个净资产利润率水平，供水价格就是至关重要的环节。根据净资产利润率的计算公式，即净资产利润率=（净利润总额-所得税）/（平均净资产总额-负债总额），要想提高净资产利润率，可以通过提高净利润或者降低平均净资产来实现。但实际上，在企业实现了利润的前提下，带给企业的直接后果要么是固定资产的增加，要么是负债的减少，平均净资产总是增加的，也就意味着调节平均净资产未提高净资产利润率并不可行。因此只能调节净利润。净利润为利润总额减去所得税，所得税是随收入而定的，因此不可调节，那么就只剩利润总额可以增加。利润总额的形成主要包含主营业务利润、其他业务利润、营业费用、管理费用、财务费用等等，但对于自来水企业而言，其他业务利润所占比例非常小，而且各项费用的支出相对稳定，因此就只有主营业务利润最为关键。自来水企业的主营业务当然是自来水的生产与供应，自来水价格乘以售水量就是企业的主营业务利润在一段时期内，售水量相对稳定的情况下，供水价格就成了影响企业净资产利润率指标的唯一关键因素。由此可以说明，即使是政府为鼓励供水企业制定了合理的产业政策，但由于不合理的价格，供水企业的经营状况也难以得到根本改善。

政府对供水价格的管制，犹如一把双刃剑，管制适度，将会从制度上保证供水事业的快速发展和用户公平的用水权利。但如果管制过度，又会严重制约企业的发展，反过来影响人们从供水中得到的价值。因此，政府政策对于供水价格的影响具有不可预见性和强制性，从而使得供水价格在一定程度上不能真实地反映供水成本。

（2）社会经济因素对自来水价格形成的影响。过高的定价不仅会损害消费者的利益，给他们造成过重的经济负担，还可能引发其他的社会问题，这显然不利于我国的经济发展。就供水价格的制定来说，从目前的情况来看，水费支出在家庭消费中的支出比例并不大，但是这并不意味着就无须考虑一般用户对供水价格的承受能力。从国外研究的数据来看，当家庭的水费支出占到家庭总收入的6%时，人们将会感受到水费支出的压力。鉴于我国现阶段的经济水平，用户所能承受的自来水价格将会更低。因此，在制定供水价格的时候必须将用户的承受能力放在重要位置加以考虑。供水价格过高，不仅低收入的家庭难以承受，社会上各行各业也会提出生产中的用水成本问题。供水行业并不能单纯追求利润，在接受政府价格管制的同时，同样要接受市场的选择。因此，供水价格的制定要与当地的社会经济发展水平相适应，既要有利于供水企业的发展，又要兼顾用户的承受能力。基于此考虑，供水价格的制定实际上就是要找到企业追求经济效益和社会效益的平衡点。

目前，由于水价相对较低，居民水费支出在生活费用支出中的比重较小。据调查显示，2003年潍坊市城市居民水费支出占人均可支配收入比重的1.2%，而且收入越高，水费支出的比重越小；即便是低收入户，水费支出的比重也只有1.4%，远远低于国际上水费支出不超过可支配收入6%的承受标准，从承受能力角度分析，潍坊市水价还有较大的上调空间。在反映居民基本生活的水费、电费、燃料的支出中，水费、电费、燃料费的支出比例为1:3.39:2.78，水费在总支出的比例偏小，说明上调水价从居民的心理上应该能够接受。

（3）水资源约束和生态环境对自来水价格的影响。从水这种物质本身来讲，它是可再生的，能够反复利用。但是水所依存的环境却是不可再生的，如果人们肆意破坏水环境，人们享用水的权利也迟早会被剥夺。随着水环境的破坏，可利用的水资源就会越来越少，越来越稀缺，严重时会给经济发展、社会稳定构成巨大威胁。因此，自来水价格的制定应该能够促进人们对水资源及其环境保护意识的形成，只有这样，供水事业才能维持可持续发展的能力。潍坊市是全国42个严重缺水城市之一，水资源拥有量不足全国平均水平的五分之一。因此，必须在广开水源，保证充足供水的同时，大力加强节约用水，保护水资源，防止资源浪费。据调查，自1982年以来，潍坊水价的上调，并没有导致居民人均用水量的相应减少，价格对需求的影响并不显著，也就是水价具有低弹性。假若水价的涨幅明显高于收入的涨幅，可能会控制居民人均用水量的增长速度，达到节约水资源的效果。

（4）市场化水平对自来水价格的影响。改革开放以来，国家对基础产业的重视和所实施的倾斜政策，使自来水行业获得了较快的发展。但是，自来水行业改革的步伐却明显落后于其他竞争性行业，与整个国民经济的发展和市场化进程不相适应。一方面，政府承担了过多提供自来水产品的职能，与现阶段政府财力不相适应。另一方面，自来水行业的投资效率和运营效率不高，难以满足整个国民经济发展和人民生活水平提高的要求。因此，自来水行业推进投资主体多元化，加快现有企业市场化改革势在必行。

我国现行的自来水行业投资体制和企业组织形式，是在计划经济条件下逐步形成和发展起来的。其特点是建设资金来源于政府投入，企业产权制度国有化。事实上，这种传统体制存在着明显的弊端：一是企业资金来源单一，建设资金明显不足，政府用于供水设施建设的资金有限，存在城市供水缺口，而企业又无力自行解决；二是投融资成本偏高，使国家和企业都付出极高代价。传统体制是以政府为主要投资主体，没有建立投入产出与经济成本核算机制，因此成本控制不会引起政府和企业的重视，经济效益往往被忽视；三是在自然垄断的市场结构中，国有企业缺乏降低成本、提高效率的动力基础，使自来水行业发展成本居高不下，政府财政承受了巨大压力。因此，在新的历史条件下，为适应市场经济的要求，建立多元化的行业投资体制，实现市场化的企业组织形式，其目的就是要打破供水企业传统的单一融资方式，实现供水行业投资主体、投资方式及组织形式的多元化，促进水务资本与投资市场的建立和发展，最大限度地实现水务技术与资本的结合，推进水务走上市场化、产业化发展的道路。

3. 自来水价格成本基础

自来水价格的制定是以自来水的成本为基础的，因此自来水成本对自来水价格的制定起着决定性的作用。对自来水成本进行准确核算，将会使得自来水价格的制定更为合理。自来水在取水、制水、输水过程中产生的营运成本以及固定成本构成了供水成本，主要包括直接工资、直接材料、其他材料、制造费用等。成本核算随着供水工艺流程的各个环节所产生，因此，供水工艺流程就能够清晰地反映出供水成本的发生方式和构成。

(1) 取水成本。取水是指将源水从自然水环境中提取到水厂的过程。在这一过程中，机泵等固定设施的投入，以及电力消耗和直接人工构成了取水成本。

(2) 制水成本。源水被提取到厂里以后便进入制水环节，首先经过沉淀池进行泥沙沉淀和有机物絮凝沉淀，然后进入过滤池进行过滤，最后与消毒剂均匀混合，进入清水池。此时，所使用制水材料、消毒剂和人工，再加上相对较少的电力消耗构成了制水成本。

(3) 输水成本。清水池的自来水将会通过加压站进入输水管网，一部分自来水直接送往用户，但对于用水标准较高的用户，则需再次加压输送。输水环节同样由机泵投入、电力、人工以及管网维护构成输水成本。

整个供水成本也由取水成本、制水成本和输水成本这三部分组成。从上述对自来水成本的分析可以看出，供水成本实际上就是供水企业在生产和输送自来水过程中所投入的物力和人力的价值量总和。这部分成本作为供水企业的投入，理应在水费收入中得以回收。因此，供水价格的制定应该充分反映出企业为此所付出的代价。表 7.2 表明了潍坊市自来水的单位成本构成。

表 7.2　**潍坊市自来水单位成本明细表**　单位：元/吨

项目	2004 年	2005 年
源水费	0.14	0.16
原材料	0.02	0.03
动力	0.33	0.35
人工成本	0.27	0.25
固定资产折旧	0.45	0.51
水电费	0.01	0.01
差旅费	0.01	0.02
劳动保护费	0.01	0.01
修理费	0.14	0.27
取暖费	0.01	0.03
其他	0.03	0.04
管理费用	0.38	0.42
财务费用	0.01	0.03
主营业务销售税金及附加	0.01	0.01
合计	1.82	2.14

资料来源：潍坊市自来水公司。

从表 7.1 和表 7.2 比较来看，现在潍坊自来水还是在亏损状态下经营，供水价格并没有实现“成本 + 税金 + 合理利润”的形成机制。

4. 自来水价格结构分析

自然力量的作用形成了自然水，而自然水中有效用的部分水资源，由于受社会力的作用产生了水利工程供水，使自然水具备了效用、价值和价格而成为商品。有效用的自然水和水利工程供水不仅服务于人类的生活和生产，同时也服务于人类需要的环境和生态。但是，由于排水的作用能够削弱人类赖以生存的水环境和生态环境，因此又必须以社会力的作用治理废水污染，以确保水的良性循环。因此，现行水价理论就包括了以下三个部分，即资源水价、工程水价和环境水价。

(1) 资源水价。水资源是指能够被人开发利用并给人类带来福利、舒适或价值的各种形态的天然水体。水本身是一种自然之物，但在水价中，它又以水资源费的价格形式加以反映。资源水价是体现国家作为所有权主体制定的水资源的价格，包括水资源耗费的补偿，为加强对短缺水资源的保护、促进技术开发、促进节水、保护水资源和海水淡化技术进步的投入等。水资源之所以会存在价格，是因为水资源具有价值内涵，这主要体现在以下方面：

第一，水资源的稀缺性。稀缺性是资源价值的基础，也是市场形成的根本条件，只有稀缺的资源才会具有经济学意义上的价值。经济越发展，水的供给与需求矛盾就越突出，人们对水资源“用之不尽、取之不竭”的观念正在发生变化，不仅认识到水资源的开发利用价值，也意识到水资源对于环境的重要价值。

第二，水资源的产权。产权是现代市场经济中的一个重要概念，自然资源价值就是其产权的体现，我国宪法明确规定，水等自然资源属于国家所有，禁止任何组织或者个人用任何手段侵占或者破坏自然资源。因此，任何单位和个人开发使用水资源都必须支付一定的费用。

第三，水资源的劳动价值。对于水资源中的劳动价值，主要是指水资源的所有者为了有效开发利用水资源，而对水资源的数量和质量进行调查的劳动投入，如水文监测、水利规划和资源保护工作的前期投入。

水资源的价值内涵，赋予了水资源的价格表现形式，但水资源的定价却较为困难。原因在于水资源地域分布上的不均匀，造成水资源无法形成统一的市场价格，而只有区域价格。而且水价与水资源定价有着极强的互动关系，彼此之间互为核算基础，水资源定价较为困难。

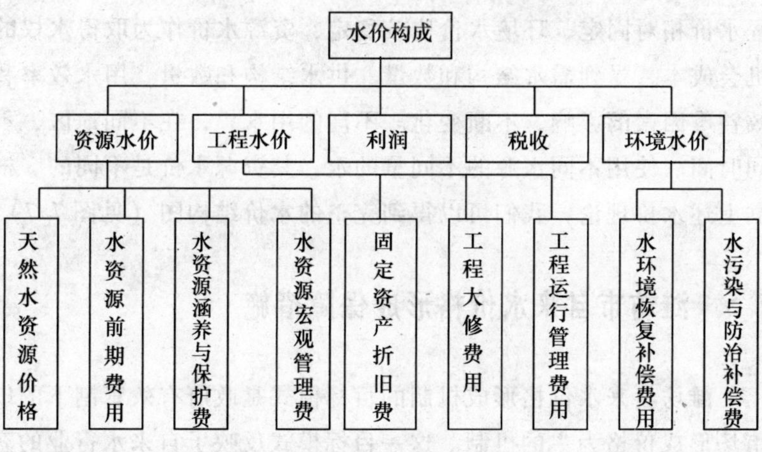

图 7.7　水价构成图

（2）工程水价。工程水价是通过物化劳动把资源水变成商品水所花费的代价，它体现了从水资源的取用开始到最终形成供水工程并提供自来水这一商品所投入的全部劳动价值量。按照《水利工程管理单位财务制度》规定，工程水价主要由四部分组成，即成本、费用、利润和税金。其中成本又包括直接工资、直接材料、其他直接材料、制造费用。供水工程，由于目前技术、经济条件的限制，在一个相当长的历史时段，供水工程仍然受到自然力的影响，不可能具备完整的商品属性，只能属于准商品性质，仍然需要国家的干预和扶持才能确保价格的实现。

（3）环境水价。环境水价就是经使用的水体排出用户范围后污染了他人或公共的水环境，为污染治理和水环境保护所需要的代价，实质上就是污水处理成本，在水价中反映为污水处理费。环境水价完全是社会力作用的结果，其水价机制成因及内涵和工程水价相似。只不过这一过程不再受自然力的影响，而是要受人们对废污水治理效用性认识程度的影响。上述水价构成中工程水价相对固定，环境水价比较稳定，资源水价作为取得水权的机会成本，受到需水结构和数量、供水结构和数量、用水效率和效益等因素的影响，不断变化。不同的用水户，在不同地区、不同时间、使用不同水源的不同量的水，其资源水价是不同的。根据上述水价理论，我们可以得到完整的水价结构图（见图 7.7）。

7.5 潍坊市自来水价格形成保障措施

潍坊自来水价格形成机制的目标模式是政府有效管制下的以市场形成价格为主的机制。这一目标模式反映了自来水行业的客观要求，通过市场调节和政府干预两种力量的最佳配合，使价格得到合理、规范、有效地形成，使市场和价格能最佳地配置资源。随着经济社会发展水平的提高，自来水行业的技术进步以及市场体系的日趋完善，促进发展是政府管制的第一要务，引入竞争是政府管制需重点解决的问题。政府要逐步放松市场准入和产品价格的管制，而把重点放在研究自来水的发展规划上，确定合理的发展规模，规范自来水行业的市场秩序，制定并监督自来水行业的服务标准、规范和质量上来。

1. 加快自来水行业的市场化进程

第一，加大自来水行业投资体制改革。政府要逐步从原有的直接投资、收费并排斥其他非政府主体投资的格局中退出来，鼓励并允许私人资本、外国资本以及其他非政府资本进行投资。政府主要通过制定有关的管理办法和制度框架对自来水投资和生产进行间接管理。

第二，加快现有自来水企业的市场化改造。政府要降低市场准入的门槛，逐步出让自来水企业的股份，通过竞标等形式，选择有实力、有经验、技术先进、管理规范的企业进入，实现自来水企业产权制度、组织形式的突破。

2. 确立合理的价格形成决策主体

公用事业价格的定价主体应该是一个决策复合主体。目前，政府在公用事业产品的定价过程中起着决定性的作用。随着社会主义市场经济体制的进一步完善，政府作为单一定价主体的弊端越来越明显。自来水价格的定价主体应该是多元的，即是以价格主管部门为主、经营者、消费者、专业性的消费者协会共同参与的复合主体。

自来水价格规制机构作为政府行使公共权力的代表，决定着它在决策复合主体中处于主导地位。自来水企业作为一个经营实体，其经营目标具有二重性。即一方面它要追求经济目标，追求利润的最大化，另一方面，由于自来水特有的公益性质，致使自来水企业处于一种两难的境地。在这种情况下，自来水企业往往看重经营性目标而忽视公益性目标，这不利于社会福利的最大化。而消费者往往从自身的角度来考虑调价问题。自来水企业和消费者的力量对比处于一种不对称的状态，公用事业企业处于优势地位，这时自来水价格规制部门作为政府行使公共权力的代表，不仅要考虑消费者、经营者的利益，还要考虑自来水的长远发展以及公用事业与国民经济其他各部门的协调发展问题。因此，由于自来水价格规制机构的行政地位和利益的超脱，可以在消费者、经营者以及公用事业的长远发展上取得平衡，因而在决策复合主体中处于主导的地位。

决策主体的多元化可以弥补自来水价格规制部门在决策中的缺陷。政府自来水价格规制部门由于信息、人员构成及素质、其他行业主管部门等因素的影响，使其在制定和调整自来水价格时往往达不到预期的目的，而经营者、消费者、专业性消费者协会（主要有律师、技术专家、经济学家组成）的参与，不仅能弥补政府信息的不完备，而且还可以弥补自来水规制部门人员素质及人员构成的缺陷，使自来水价格规制部门的定价和调价趋于合理，避免规制失灵的现象。

3. 健全自来水价格形成决策程序

在公用事业价格的价格决策主体由单一变为复合的情况下，自来水价格的形成程序应进一步科学化：

第一，由自来水企业向价格主管部门提出定价和调价申请，并提交与自来水价格调整有关的各种背景资料。或者，价格主管部门可以根据社会经济发展要求、企业发展状况以及市场供求态势，主动提出调价申请。

第二，价格主管部门将自来水企业成本资料，提交给独立的审计部门和相关专家，对自来水企业成本资料的真实性、合理性、合法性进行审查。

第三，价格主管部门根据自来水价格规制的原则、方法以及经济发展的形势和价格控制的目标提出定、调价方案。

第四，价格主管部门将定、调价方案提交决策复合主体进行价格听证，由当事各方进行协商、讨论，并提出修改意见。

第五，价格主管部门将修改后的调价方案再提交决策复合主体讨论，直至各方达成一致意见。

第六，由价格主管部门将定价或者调价方案经政府报批后颁布实施。

4. 完善自来水价格形成监督机制

为了保证决策复合主体在定价过程中的作用，应通过相应的法律、法规明确相应的制度安排。

第一，明确决策复合主体的地位。决策复合主体在正常情况下应拥有公用事业价格最终决策权，其决策形式分为封闭式决策和开放式决策。为了扩大透明度，便于社会监督，应采取开放式决策形式，即通过召开价格听证会的形式决定公用事业价格。

第二，明确价格主管部门对公用事业价格规制的主导地位。其主导地位主要体现在公用事业价格规制机构拥有依法制定公用事业价格的规制原则、目标、方法、提交定、调价方案以及签发定、调价文件的权力；拥有负责组织召开决策复合主体会议的权力；在决策复合主体会议闭幕后，具有对公用事业价格实施日程管理的权力。同时，建议赋予公用事业价格主管部门更完备的职能，市价格主管部门作为一个价格规制中心，具有主管市场准入、运行规程制定等职能，避免成本管理与价格管理相脱节。

第三，明确规定公用事业企业拥有定价和调价申请权、解释权以及申诉权，负责向决策复合主体、独立的审核机构提供客观、真实的定、调价报告及其背景资料，对提供不真实的背景资料须负法律责任。

第四，明确规定消费者及专业性消费者协会拥有对公用事业价格定、调价过程的监督权；具有审查定、调价方案中的成本资料是否具有真实性、合理性、合法性及对定、调价方案进行质询及要求修改的权力。

第五，决策复合主体各成员均具有定、调价方案的表决权，当内部成员不能达成统一意见时，价格主管部门应在参考多方意见的基础上，根据社会经济发展的需要，寻找各方的利益均衡点进行决策，以体现价格主管部门的价格主导作用。

为了使公用事业价格的形成更加合理，除定价主体作上述改进、加强内部制衡以外，还必须做好以下工作：一是公用事业上报的有关成本资料必须有独立的审计机构进行审核，同时，聘请相关专家对资料的合理性、合法性进行审查，以保证定、调价资料的真实性、合理性；二是进一步强化价格听证会在价格形成过程中的地位，保证公开透明原则在公用事业价格的形成中得到贯彻；三是进一步加强社会团体对公用事业价格制定与调整的监管力度。

附录一　潍坊供水排水改革方案

根据市委市政府放开城市公用事业市场的工作要求，为加快城市公用事业改革步伐，城建集团本着“积极稳妥、创新提高、完善社会功能、促进企业发展”的原则，不断探索城市公用企业改革改制的新路子，按照市场化运作，通过招商引资，实现企业产权制度改革，从而建立现代企业制度，转换经营机制，加快企业发展。

一　改革思路

由于城建集团同时拥有供排水两方面的业务，两者位于同一产业链的上下游，相近、相通，可以打破常规，通过改制进行资源整合，发挥规模效益，吸引更多资金，推动我市水务事业的超常规、跨越式发展。据此，我们把水务改革的形式确定为：利用自来水及污水的存量资产吸引增量资产，放大资产规模，整合水务市场，走供排水一体化道路，实现四区水务一体化，依靠规模效益，促进企业发展。

据此，我们先后与包括深圳润通在内的法国威望迪、中法水务、北京首创、海南润达、山东华特等多家水务公司洽谈投资与合作事宜，最终选定深圳联合润通水务发展有限公司为合作伙伴。

该公司是一家投资、经营自来水和污水处理的专业公司，有经营水务的经验和实力，有一支高素质、高效率的管理队伍，以及污水处理项目融资、建设、运营管理方面的高级人才，有较强的融资能力，有与我们相通的企业文化和我们可以接受的管理理念。

双方本着高效务实、互利共赢的原则，经过磋商，签订了《潍坊市水务项目投资合同书》。

二 合作内容

双方在水务项目上的合作分为三大步骤：

第一步，双方合资组建“潍坊市水务（集团）有限公司”。合资公司注册资本3000万元人民币。城建集团以现金出资900万元，占注册资本的30%；深圳润通以现金出资2100万元，占注册资本的70%。合资双方以水务集团作为合资合作开发建设潍坊市水务市场的平台。

第二步，投资建设水务项目。首先，由深圳润通以股东借款的形式向水务集团注入资金，投资建设白浪河水厂、中水处理厂水务项目。

同时，由深圳润通以BOT方式独立投资建设高新技术开发区污水处理厂；以TOT模式投资市污水处理厂。

第三步，水务集团增资扩股，实现潍坊市四区供排水一体化。城建集团将自来水公司的净资产注入水务集团，转化为对水务集团的增资；深圳润通将对水务集团的股东借款及项目投资转化成为对水务集团的增资，增资扩股后双方在水务集团的股权比例保持在3∶7，不足部分，以现金平衡缺口。同时，双方同意，水务集团将全部接受原自来水公司及原污水处理厂的职工，并保证职工的工资及福利待遇整体水平不降低。

改制后的水务集团在经营区域上，着眼于做大，在实现潍坊市四区供排水一体化的基础上，逐步向外扩张，实现规模效益；在经营领域上，着眼于做强，走供水、排水、中水纵向一体化的道路，全面整合整个水务产业链上的资源和业务，提高核心竞争力，为企业上市创造条件。

三 进展情况

目前，高新技术开发区污水处理厂 BOT 项目，深圳联合润通已投资约4000万元，正在进一步建设中；市污水处理厂 TOT 项目已于2004年6月1日完成第一次移交，正式运作；水务集团也已注册成立；自来水的改革改制工作正在积极推进。待自来水改制完成后，将按照双方的约定进行增资扩股，组建大水务集团。

随着潍坊市经济的快速发展，按照适度超前的原则，目前，概算投资为1.193亿元，供水能力为12万吨/日的白浪河水厂建设初步设计已经批复，并已经省计委批准立项，目前所有准备工作已经完成。2005年3月份已开工建设，2006年建成后，城区供水能力将达到30万吨/日，届时可形成城区东、西双向大格局供水框架，供水保证率将大大提高，可充分满足市区较长一段时间经济发展和人民群众生产生活的需要。

附录二　潍坊污水处理厂 TOT 项目情况

一　污水处理厂基本情况

污水处理厂是潍坊市重点基础设施之一，1993 年 11 月开始筹建，1994 年 2 月由省计委、外经贸委批准立项，1995 年 6 月 16 日，以鲁计外（基）字（1995）433 号文批复可研报告，该厂设计规模为日处理污水 20 万吨，分两期建设。一期工程建设规模为日处理污水 10 万立方米，1998 年 2 月省建委以鲁建设字（1998）43 号文批准初步设计。概算总投资 21603 万元，其中利用英国政府贷款 470 万英镑，折合人民币 6042 万元；国内配套资金 15561 万元。该项目由中国市政工程华北设计研究院设计，采用先进的奥伯尔氧化沟生化处理工艺，主要对奎文、潍城、高新技术开发区区域内的生产和生活污水进行二级生化处理，服务面积 56 平方公里，服务人口 50 多万。

该项目于 1997 年开工，2000 年底建成并试运营。2002 年底该项目厂外管网建成后，根据市政府 1996 年 58 号文件收费标准，居民用水 0. 30 元/吨，工业用水 0. 45 元/吨，每年只能收取 800 万元左右的运行费用，而污水处理厂满负荷运转即日处理污水 10 万立方时，运行成本在 1. 00 元/吨左右，年运行费用约为 3500 万元，仅靠收取 800 万元远远不能满足污水处理厂正常运营及偿还债务的需要。截至 2004 年 5 月 31 日，污水处理厂的负债高达 8000 多万元。

二　TOT 项目情况

随着城市化进程的加快，国家和省先后出台了一系列文件，要求积极推进城市污水处理产业化，向投资主体多元化、运营主体市场化、运营管理市场化方向发展和过渡，并明确提出要改革管理体制，逐步实行城市污水处理设施的特许经营。我们按照上级文件精神和市委、市政府的部署要求，对潍坊市污水处理厂现状进行了认真分析论证，认为只有通过改革，改变事业单位的管理模式，实现运行主体市场化，建立符合市场规律的运营机制，才能有效保障污水处理厂的高效运转。

我们首先提请市政府将污水处理厂由事业单位改为企业，然后通过招商引资，积极与深圳市润通投资有限公司进行污水处理 TOT 合作洽谈。2004 年 1 月 18 日，双方签署了《潍坊市污水处理厂 TOT 合作项目合同书》，潍坊市政府以经专业机构评估并经国有资产管理部门认定污水处理厂的净资产为转让价格，由深圳润通承接原污水处理厂的全部债务，以 TOT 方式将污水处理厂红线内经营性资产转让给深圳润通特许经营，经营期限 20 年，经营期满，深圳润通再将能正常运行的污水处理厂无偿移交回市政府。特许经营期间，深圳负责污水处理厂的运营，每处理一方污水，市政府按约定的单价支付 0.9 元的污水处理服务费。同时，深圳润通将接收原潍坊市污水处理厂的全部人员，保证污水处理厂人员的工资、福利水平逐年提高。市政府在不影响污水处理厂正常运行的情况下，可随时对项目进行监督。

三　改制效果

污水处理厂于 2003 年 12 月份顺利完成事改企工作，于 2004

年6月1日正式移交给深圳联合润通水务发展有限公司，更名为潍坊市污水处理厂有限公司，成为一家民营企业。改制后的污水处理厂，完善了法人管理结构，建立了现代企业制度。不仅承接了原单位的全部国有资产和债权债务，而且全部接受了现有在职干部职工和离退休人员，签订劳动聘用合同，执行企业工资制度。通过改革改制，大大提高了污水处理厂的运行效率，日处理污水量由改革前的3万至5万方增加到现在的10万方以上，实现了满负荷运行，各项出水水质指标远远低于设计标准，我市城区污水处理率已达到70%以上，城市环境和虞河、白浪河下游的生态环境得到了极大改善。

污水处理厂通过TOT运作方式，吸引了外资，盘活了资产，减轻了政府负担；同时引进了先进、科学的管理理念和管理模式，对提高我市污水处理事业的运营管理水平，促进全市市政公用事业的发展起到了十分积极的作用。

该项目是山东省污水处理行业首家TOT项目，它的成功运作标志着我潍坊市污水处理已跨入了市场化运作、企业化经营、产业化发展的轨道。

参考文献

泰勒尔：《产业组织理论》，中国人民大学出版社 1997 年版。

迈克尔·波特：《竞争战略》，华夏出版社 1997 年版。

卡尔顿、佩罗夫：《现代产业组织》，上海人民出版社 1998 年版。

H. 克雷格·彼得森、W. 克里斯·刘易斯：《管理经济学》，中国人民大学出版社 1998 年版。

弗兰克：《资本市场：机构与工具》，经济科学出版社 1998 年版。

斯蒂格利茨：《政府为什么干预经济》，中国物资出版社 1998 年版。

保罗·A. 萨缪尔森、威廉·D. 诺德豪斯：《经济学》，机械工业出版社 1998 年版。

丹尼尔·F. 史普博：《管制与市场》，上海三联书店、上海人民出版社 1999 年版。

曼昆：《经济学原理》（上册），北京大学出版社 1999 年版。

罗伯特·考特、托马斯·尤伦：《法和经济学》，上海三联书店、上海人民出版社 1999 年版。

科斯、哈特等：《契约经济学》，经济科学出版社 1999

年版。

布坎南、塔洛克：《同意的计算——立宪民主的逻辑基础》，中国社会科学出版社 2000 年版。

柯武刚、史漫飞：《制度经济学》，商务印书馆 2000 年版。

奥利弗·E. 威廉森：《治理机制》，中国社会科学出版社 2001 年版。

让·雅克·拉丰、让·泰勒尔：《电信竞争》，人民邮电出版社 2001 年版。

V. 奥斯特罗姆、D. 菲尼、H. 皮希特：《制度分析与发展的反思》，商务印书馆 2001 年版。

尼古拉·阿克塞拉：《经济政策原理：价值与技术》，中国人民大学出版社 2001 年版。

戴维·M. 纽伯里：《网络型产业的重组与规制》，人民邮电出版社 2002 年版。

刘易斯·卡布罗：《产业组织导论》，人民邮电出版社 2002 年版。

默里·L. 韦登鲍姆：《全球市场中的企业与政府》，上海三联书店、上海人民出版社 2002 年版。

迈克尔·波特：《国家竞争战略》，华夏出版社 2002 年版。

盖瑞·J. 米勒：《管理困境——科层的政治经济学》，上海三联书店、上海人民出版社 2002 年版。

青木昌彦等：《市场的作用　国家的作用》，中国发展出版社 2002 年版。

小贾尔斯·伯吉斯：《管制和反垄断经济学》，上海财经大学出版社 2003 年版。

王俊豪：《中国政府管制体制改革研究》，经济科学出版社 1999 年版。

贺卫：《寻租经济学》，中国发展出版社 1999 年版。

刘树杰：《垄断性产业价格改革》，中国计划出版社 1999 年版。

郝寿义、安虎森：《区域经济学》，经济科学出版社 1999 年版。

金碚：《产业组织经济学》，经济管理出版社 1999 年版。

张维迎：《企业理论与中国企业改革》，北京大学出版社 1999 年版。

曾鸣：《电力市场理论及应用》，中国电力出版社 2000 年版。

杨惠馨：《企业的进入退出与产业组织政策》，上海人民出版社 2000 年版。

于立：《产业经济学理论与实践问题研究》，经济管理出版社 2000 年版。

王红梅：《电信全球竞争》，人民邮电出版社 2000 年版。

张昕竹：《网络产业：规制与竞争理论》，社会科学文献出版社 2000 年版。

张昕竹：《中国规制与竞争：理论和政策》，社会科学文献出版社 2000 年版。

王俊豪：《政府管制经济学导论》，商务印书馆 2001 年版。

戴伯勋、沈宏达：《现代产业经济学》，经济管理出版社 2001 年版。

蒋自强、史晋川：《当代西方经济学流派》，复旦大学出版社 2001 年版。

李太勇：《市场进入壁垒》，上海财经大学出版社 2002 年版。

陈凯：《中美电信竞争力比较》，人民邮电出版社 2002

年版。

黄海波：《电信管制：从监督垄断到鼓励竞争》，经济科学出版社 2002 年版。

夏大慰：《产业组织：竞争与规制》，上海财经大学出版社 2002 年版。

周其仁：《真实世界的经济学》，中国发展出版社 2002 年版。

国家电力公司：《电力工业“九五”总结》，中国电力出版社 2002 年版。

于良春：《自然垄断与政府管制》，经济科学出版社 2003 年版。

夏大慰、史东辉：《政府规制：理论、经验与中国的改革》，经济科学出版社 2003 年版。

王俊豪：《美国联邦通信委员会及其运行机制》，经济管理出版社 2003 年版。

戚聿东：《中国经济运行中的垄断与竞争》，人民出版社 2004 年版。

张维迎：《博弈论与信息经济学》，上海三联书店、上海人民出版社 2005 年版。

迟福林：《走入 21 世纪的中国基础领域改革》，中国经济出版社 2005 年版。

王俊豪：《美国和英国的价格管制模型及其启示》，《价格理论与实践》2000 年第 6 期。

于立、肖兴志：《自然垄断理论演进综述》，《经济学动态》2000 年第 6 期。

余晖：《受管制市场里的政企联盟——以中国电信产业为例》，《中国工业经济》2000 年第 1 期。

刘戒骄:《自然垄断产业的放松管制与管制改革》,《中国工业经济》2000 年第 11 期。

李仕明、唐小我:《现代企业产权制度——内涵、结构与激励机制》,《中国软科学》2000 年第 5 期。

陈宏平:《市场结构、政府规制及其动态性研究——关于自然垄断行业规制结构的动态分析与扩展》,万方博士论文数据库,馆藏号:Y361541,2000 年 9 月。

胡继连、王仁强、方金:《山东农业新科技革命与农村经济体制改革》,《农业技术经济》2000 年第 5 期。

胡继连、周玉玺、西爱琴:《我国的小型农田水利产业化发展问题研究》,《当代经济科学》2000 年第 3 期。

胡继连:《农业技术产权保护问题研究》,《农业经济问题》2001 年第 11 期。

周脉玉等:《厂网分开后电站上网电价的形成机制》,《中国物价》2000 年第 1 期。

刘珺、张平:《我国电力工业增长方式现状研究》,《武汉水利电力大学学报》(社会科学版)2000 年第 9 期。

余永林:《关于电力工业市场化改革的几点思考》,《经济理论与经济管理》2001 年第 4 期。

肖兴志:《自然垄断型国企改革的战略思考》,《改革》2001 年第 3 期。

何勇健、范斌:《浅议我国发电市场结构及电价模式选择》,《价格理论与实践》2001 年第 10 期。

胡鞍钢、过勇:《从垄断市场到竞争市场:深刻的社会变革》,《改革》2002 年第 1 期。

王俊豪:《A－J 效应与自然垄断产业的价格管制模型》,《中国工业经济》2001 年第 10 期。

王俊豪：《对可竞争市场理论的评论》，《商业经济与管理》2001年第4期。

余化良：《电力市场结构与运行绩效分析》，《中国电业》2002年第10期。

曹秋艳、林木西：《电信行业管制的国际比较及对我国的启示》，《经济社会体制比较》2002年第6期。

周玉玺、胡继连：《基于水资源外部性特征的配置制度安排研究》，《山东科技大学学报》（社会科学版）2002年第1期。

胡继连、葛颜祥、解秀兰、武华光、吕志轩：《山东的小麦供求关系及生产安排方案研究》，《山东经济》2002年第3期。

张吉国、胡继连、周林：《WTO农业标准与我国的农业标准化问题研究》，《农业科技管理》2002年第1期。

张吉国、胡继连、张新明：《我国农产品质量管理的标准化问题研究》，《农业现代化研究》2002年第3期。

周玉玺、胡继连、周霞：《基于长期合作博弈的农村小流域灌溉组织制度研究》，《水利发展研究》2002年第5期。

刘谦：《电力行业的监管及其法律问题》，《经济社会体制比较》2002年第6期。

王小平、詹华忠：《中国电力市场及竞争》，《国际电力》2002年第3期。

王俊豪：《美国本地电话的竞争政策及其启示》，《中国工业经济》2002年第12期。

王俊豪：《英国自然垄断产业企业所有制变革及启示》，《财经论丛》2002年第1期。

王俊豪：《我国自然垄断产业民营化改革的若干思考》，《商业经济与管理》2002年第1期。

王廷惠：《自然垄断边界变化与政府管制的调整》，《中国工业经济》2002 年第 11 期。

戚聿东:《我国自然垄断产业分拆式改革的误区分析及其启示》,《管理世界》2002 年第 2 期。

曹艳秋、林木西:《电信行业管制的国际比较及对我国的启示》,《经济社会体制比较》2002 年第 6 期。

胡鞍钢、周绍杰:《新的全球贫富差距,日益扩大的“数字鸿沟”》,《中国社会科学》2002 年第 3 期。

胡汉辉:《产业开放背景下的普遍服务问题之我见》,《东南大学学报》(哲学社会科学版)2002 年第 3 期。

刘伟:《论瓶颈垄断》,《上海经济研究》2002 年第 5 期。

周玉玺、胡继连、周霞:《流域水资源产权的基本特性与我国水权制度建设研究》,《中国水利》2003 年第 11 期。

于永德、胡继连:《农业科技成果转化研究综述》,《农业科技管理》2003 年第 6 期。

胡继连、张维:《农区非公有制林业专业产业区的形成与发展机理研究——以山东省菏泽市为例》,《林业经济问题》2003 年第 6 期。

张吉国、胡继连:《退耕还林的外部性及政府行为》,《林业经济问题》2003 年第 5 期。

张维、胡继连:《农村林业产权制度改革研究》,《林业经济问题》2003 年第 2 期。

胡继连、周玉玺、谭海鸥:《小型农田水利产业组织问题研究》,《农业经济问题》2003 年第 3 期。

杨开忠、陶然等:《解除管制、分权与中国经济转轨》,《中国社会科学》2003 年第 3 期。

余晖:《监管权的纵向配置》,《中国工业经济》2003 年第 8 期。

杜传忠：《激励规制理论研究综述》，《经济学动态》2003年第2期。

陶爱萍、刘志迎：《国外政府规制理论研究综述》，《经济纵横》2003年第6期。

杨永忠：《电价管制的制度分析及启示》，《价格理论与实践》2003年第6期。

杨永忠：《中国融资困境对基础产业融资的启示》，《改革》2003年第2期。

杨永忠：《自然垄断产业的微观管理再造》，《四川大学学报》（哲社版）2003年第5期。

杨永忠：《组织冲突中的报酬激励》，《当代经济科学》2003年第4期。

杨永忠：《对自然垄断产业伦理建设的思考》，《生产力研究》2003年第3期。

杨永忠：《上市激励：一种自然垄断产业竞争模式》，《当代经济》2003年第2期。

杨永忠：《电力市场改革要重视制度要素》，《经济论坛》2003年第11期。

杨永忠：《自然垄断产业定价探索》，《当代财经》2003年第9期。

杨永忠：《电信市场变迁——3个经典博弈模型的应用分析》，《哈尔滨工业大学学报》2003年第10期。

杨永忠、熊祖辕：《基于消费不足的中国效率市场结构分析》，《统计研究》2003年第11期。

于永德、胡继连：《农业科技进步的组织制度研究》，《农业经济问题》2004年第12期。

赵娉婷、胡继连、徐光增：《我国水资源管理体制研究》，

《水利经济》2004 年第 5 期。

葛颜祥、胡继连、张维、薛兴利:《基于期权的林木产权评估方法》,《林业经济问题》2004 年第 4 期。

于仁竹、胡继连、王桂红:《蔬菜国际贸易绿色壁垒透析》,《山东经济》2004 年第 4 期。

张吉国、胡继连:《信息不对称对林产品市场的影响及对策》,《林业经济问题》2004 年第 3 期。

周玉玺、周霞、胡继连:《灌溉组织制度演进的经济学分析及其模式选择》,《水利发展研究》2004 年第 3 期。

王俊豪:《自然垄断产业市场结构重组的目标、模式与政策实践》,《中国工业经济》2004 年第 1 期。

王俊豪:《美国的电信普遍服务政策及其启示》,《科技进步与对策》2004 年第 2 期。

张昕竹:《发展中国家普遍服务义务的经济分析》,《当代财经》2004 年第 1 期。

张维迎:《从制度环境看中国企业成长的极限》,《企业管理》2004 年第 12 期。

刘华军:《论政府规制均衡及均衡的动态调整》,《财贸研究》2004 年第 4 期。

夏骋翔:《自然垄断行业市场化改造模式初探》,《城市发展研究》2004 年第 5 期。

于良春、于华阳:《自然垄断产业垄断的“自然性”探析》,《中国工业经济》2004 年第 11 期。

于良春:《论自然垄断与自然垄断产业的政府规制》,《中国工业经济》2004 年第 2 期。

于立、肖兴志、姜春海:《自然垄断的“三位一体”理论》,《当代财经》2004 年第 8 期。

肖兴志、陈艳利:《推进辽宁自然垄断型国有企业改革的战略选择》,《财经问题研究》2004 年第 6 期。

肖兴志、陈艳利:《公用事业民营化改革:理论基础与政策选择》,《经济社会体制比较》2004 年第 4 期。

伍世安、王万山:《自然垄断产品的价格形成与优化分析》,《经济经纬》2004 年第 1 期。

丁艳华:《城市公用事业市场化改革探讨》,《城市公用事业》2004 年第 4 期。

史际春、肖竹:《公用事业民营化及其相关法律问题研究》,《北京大学学报》(哲学社会科学版)2004 年第 4 期。

邵念荣:《中国城市公用事业市场化趋势及对策之我见》,《城市公用事业》2004 年第 3 期。

李健全:《公用事业民营化中的寻租行为分析》,《福建行政学院福建经济管理干部学院学报》2004 年第 1 期。

赵娉婷、徐光增、胡继连:《我国水资源管理体制构想及其运作博弈分析》,《水利发展研究》2005 年第 2 期。

葛颜祥、胡继连、张维、薛兴利:《基于期权的林木产权评估》,《资源科学》2005 年第 1 期。

王俊豪:《中国垄断性生产业管制机构的改革——以中国电信产业管制机构为例》,《中国工业经济》2005 年第 1 期。

张维迎:《中国企业成长中制度环境的局限与改善》(上),《上海企业》2005 年第 2 期。

张维迎:《中国企业成长中制度环境的局限及改善》(下),《上海企业》2005 年第 3 期。

陆伟芳:《英国公用事业改制的历史经验与启示》,《探索与争鸣》2005 年第 4 期。

廖成林、王璐:《公用事业产量隐性下政府管制的有效性分析》,《中国软科学》2005 年第 1 期。

王芳:《BOT 中特许协议的法律性质及争议解决初探》,《重庆邮电学院学报》(社会科学版)2005 年第 2 期。

李青:《BOT 模式下的小区直饮水运营经济效益分析》,《给水排水》2005 年第 1 期。

赵美英、徐邓耀:《BOT 投资方式及对我国古城旅游开发模式创新的启示》,《生态经济》2005 年第 2 期。

林晨:《ABS 融资方式用于基础设施建设中的优劣分析》,《交通科技》2005 年第 2 期。

朱斌:《如果有稳定的现金流就将它证券化》,《国际金融》2006 年第 10 期。

叶晓甦、陈菲:《PPP 项目融资中利益相关者的协调机制构建研究》,戴大双:《公共事业/基础设施项目特许经营国际会议论文集》,大连理工大学出版社 2007 年版。

杜静:《PFI 模式特点与应用领域探讨》,戴大双:《公共事业/基础设施项目特许经营国际会议论文集》,大连理工大学出版社 2007 年版。

王增忠、范立础:《开展 PPP 项目的几个问题讨论与思考》,戴大双:《公共事业/基础设施项目特许经营国际会议论文集》,大连理工大学出版社 2007 年版。

陈敬武、张宪、袁慧:《河北省基础设施项目融资模式研究》,戴大双:《公共事业/基础设施项目特许经营国际会议论文集》,大连理工大学出版社 2007 年版。

叶晓甦、李艳艳:《PPP 项目融资模式的风险识别与分配研究》,戴大双:《公共事业/基础设施项目特许经营国际会议论文集》,大连理工大学出版社 2007 年版。

柯永建、王守清、陈炳泉:《中国基础设施 PPP 项目风险定量分担研究框架》，戴大双：《公共事业/基础设施项目特许经营国际会议论文集》，大连理工大学出版社2007年版。

Andreoni, J., "Cooperation in Public-Goods Experiments: Kindness or Confusion?" *American Economics Review* 85, 1995.

Armstrong, "Competition in Telecom," *Oxford Review of Economic Policy*, Vol. 13, 1997.

Bardsley, N., Control Without Deception: Individual Behavior in Free-Riding Experiments Revisited, Working Paper, School of Economics and Social Studies, University of East Anglia, 2000.

Baumol, W. J., On The Proper Cost Tests for Natural Monopoly in a Multi-product Industry, AER Vol. 67, No. 5, 1997.

Baumol, W. J., J. C. Panzar and R. D. Wilig, *Contestable Markets and the Theory of Industry Structure*, New York: Harcout Brace Javanovich Ltd., 1982.

Berg, S. V. and J. Tschirhart, *Natural Monopoly Regulation*, Cambridge University Press, 1982.

Bishop, M. J. Kay and C. Mayer, *The Regulatory Challenge*, Oxford: Oxford University Press, 1995.

Clarke, R. and Davies, S. W., Market Structure and Price-Cost Margins, *Economics*, 1982. 49. *Journal of Economic Theory*, 1994, 63.

Dasgupta, P., Stiglitz, J. E., "Potential Competition, Actual Competition, and Economic Welfare," *European Economic Review* 32, 1988.

Demsetz, H., "Barriers to Entry," *American Economic Review*, 1982, 72 (1).

Dieter Helm, Him Jenkinson, "The Assessments Introducing Competition into Regulated Industry," *Oxford Review of Economic*

Policy 13, 1997.

Foster, C. D. , *Privatization*, *Public Ownership and the Regulation of Natural Monopoly*, Oxford: Blackwe 11, 1992.

Fudenberg, D. and Tirole, J. , *Dynamic Models of Oligopoly*, Chur: Harwood Academic Publishers, 1986.

Goff Brian, *Regulation and Macroeconomic Performance*, London, Kluwer Academic, 1996.

Gilber, R. J. , "The Dynamic Efficiency of Regulatory Constitutions." *Rand Journal of Ecnomics*, 1994, 79 (2).

Hemphill, T. A. , "Self-Regulating Industry Behavior: Antitrust Limitations and Trade Association Codes of Conduct," *Journal of Business Ethics*, 1992, 11 (12).

Joskow, P. L. and R. Schmalensee, *Markets for Power-An Analysis of Electric Utility*, *Deregulation*, Cambridge: The MIT Press, 1983.

John Vickers and George Yarrow, *Privatization*: *An Economic Analysis*, The MIT Press, 1988.

Kenneth W. Clarkson, Roger Leroy Miller, *Industry Organization*, *Theory*, *Evidence*, *and Public Police.* McGraw-Hill Book Company, 1982.

Kenneth Meier, *The Political Economics of Regulation*, State University of New York Press, 1998.

Laffount, J. J. , "The New Economics of Regulative Ten Years after," *Econometrice*, Vol. 62, 1994.

Littlechild, S. C. , *Regulation of British Telecommunication ' s Profitability*, London: HMSO, 1983.

Luis M. B. Cabral, Introduction to Industrial Organization, Massachusetts Institute of Technology, 2000.

M. A. Uttton, *The Economics of Regulation Industry*, Basil

Blackwell, 1986.

Meier, K. J., *Regulation, Politics, Bureaucracy, and Economics*, New York, St. Martins Press, 1985.

Miller, W. H., "Regulation: Make it Rational," *Industry Week*, 1995, 244 (2).

Mil1er, E. S., "Economic Regulation and the Social Contract: An Appraisal of Recent Developments in the Social control of Telecommunications," *Journal of Economic Issues*, 1994, 28 (3).

Notth Douglass C., *Institutional Change and Economic Performance*, Cambridge: Cambridge University Press, 1990.

Neri, J. A., "Price Caps and Rate of Return: The British Experience," *Public Utilities Fortnightly*, 1994, 132 (17).

Pradhan, Sanjay, Evaluating Public Spending: A framework for Public Expenditure Reviews. The World Bank, Washington, D. C, 1996.

Price, C. W., "Competition and Regulation in the UK Gas Industry," *Oxford Review of Economic Policy*, 1997, 13 (1).

Salant, D. J., "Behind the Revolving Door: A New View of Public Utility Regulation," *Rand Journal of Economics*, 1995, 26 (3).